dtv

DAS URLAUBSLESEBUCH FEIERT GEBURTSTAG!

1985 erschien bei dtv das erste Mal ›Das Urlaubslesebuch‹ unter dem Motto: »Urlaub wird durch Lesen schön!« Seitdem ist es ein treuer und beliebter Ferienbegleiter. Lassen Sie sich auch diesen Sommer großartig unterhalten mit Geschichten von:

Dietmar Bittrich, T. C. Boyle, Katinka Buddenkotte, Rena Dumont, Osman Engin, F. Scott Fitzgerald, Wilhelm Genazino, Frank Goldammer, Elke Heidenreich, Dora Heldt, Diana Hillebrand, Sandra Hoffmann, Benno Hurt, Jess Jochimsen, Arnold Küsters, Siegfried Lenz, Caro Martini, Jutta Profijt, Rafik Schami, Philip Teir, Uwe Timm und Liv Winterberg.

Urlaubslesebuch

Zusammengestellt von
Karoline Adler

Deutscher Taschenbuch Verlag

Ausführliche Informationen über
unsere Autoren und Bücher
finden Sie auf unserer Website
www.dtv.de

MIX
Papier aus verantwortungsvollen Quellen
FSC® C019821
www.fsc.org

Originalausgabe 2015

(siehe Quellenhinweise S. 264 ff.)
Umschlagkonzept: Balk & Brumshagen
Umschlaggestaltung und -illustration: Katharina Netolitzky
Gesetzt aus der Garamond 10/12,5·
Gesamtherstellung: Druckerei C.H.Beck, Nördlingen
Gedruckt auf säurefreiem, chlorfrei gebleichtem Papier
Printed in Germany · ISBN 978-3-423-21589-3

Inhaltsverzeichnis

Siegfried Lenz

Der heimliche Wahlsieger

Keiner, Nachbarn, war in Bollerup so beliebt wie der Waldarbeiter Fiete Feddersen. Das steht fest, auch wenn niemand bei uns in der Lage war, alle Gründe für diese Beliebtheit zu nennen. War es seine hartnäckige Bescheidenheit? Vielleicht die sanfte, unbeirrbare Höflichkeit, die von jedem Wetter unabhängig war? Oder lag es daran, daß er, tief in den Wäldern tätig, die meiste Zeit der Woche unsichtbar blieb? Nicht zuletzt aber kann seine Beliebtheit auch dadurch erklärt werden, daß er, wenn er sich überhaupt äußerte, dies auf so unerhört einsilbige Weise tat, daß kaum etwas übrigblieb, was man ihm hätte übelnehmen können.

Wer die Gründe erfahren zu müssen glaubt, kann ihnen nachgehen; für die Geschichte braucht lediglich festgestellt zu werden, daß Fiete Feddersen, der seiner eigenen Kraft so mißtraute, daß er es nicht einmal wagte, ein Vogelei zwischen die Finger zu nehmen, ohne das geringste Bemühen zum beliebtesten Einwohner von Bollerup geworden war. Doch wenn er sich schon nicht darum bemühte, zu werden, was er war, so bemühten sich doch andere darum, seine außerordentliche Beliebtheit für ein sozusagen hohes Ziel nutzbar zu machen: für die Politik nämlich.

Ich darf hier nicht schweigen: Kurz vor den letzten Wahlen durchstreifte eine kleine Kommission die Fichtenschonung, lauschte, streifte durch den Mischwald, lauschte und wandte sich, den rhythmischen Schlägen eines schweren Hammers folgend, zum Kiefernwald hinüber, wo gerade das Bruchholz aus der vergangenen Sturmnacht zerlegt wurde. Dort arbeitete Fiete Feddersen. Zwischen gestürzten, geknickten, verdrehten Stämmen arbeitete er, fleißig auch ohne Aufsicht, auf dem Kopf die sonderbare Mütze mit den extra langen, nun aber hochgebundenen Ohrenschützern, die ihm das Aussehen eines bedröppelten Hasen gaben. Die Kommission – sie bestand aus meinem Großonkel Franz Jesper Feddersen und aus Arnim Daase, einem Vertreter für Landmaschinen – grüßte freundlich; man setzte sich auf leuchtendes Stubbenholz, bot einander Tabak an, rauchte aber nur kalt, um nicht die Schilder ins Unrecht zu setzen, die auf Brandgefahr aufmerksam machten. Und dann kam die Kommission zur Sache. Sie bot Fiete Feddersen an, für die Grüne Union zu kandidieren, für die Partei des Fortschritts und der zähen Reformen. »Ein Mann wie du«, sagte die Kommission, »kann seine politische Heimat nur in der Grünen Union haben.« Und sie sagte: »Mit deiner Hilfe, Fiete, wird es uns gelingen, den feinen Eduard Kallesen und seine feine Schwarze Union eindrucksvoll zu schlagen.«

Der Waldarbeiter lächelte bekümmert und schüttelte den Kopf. »Nein«, sagte er, und mehrmals hintereinander: »Nein, nein.« Zu helfen, dazu sei er immer gern bereit, aber er könne nur dort helfen, wo es ihm gegeben sei, sagte er. Und er wies darauf hin, daß es ihm nicht nur an den einschlägigen politischen Kenntnissen fehle, sondern auch an der Gabe, ohne die kein Politiker auskommt: Reden zu halten.

Das war der Kommission bekannt. Sie wußte auch, daß sich niemand in Bollerup mehr durch Einsilbigkeit hervorgetan hatte als ihr neuer Kandidat; dennoch blieb sie bei ihrer Wahl. »Wir haben«, sagte die Kommission, »alles berücksichtigt: Was wir brauchen, ist der Mann Fiete Feddersen, und der kann so schweigsam bleiben, wie er war; was erforderlich ist, wird Arnim Daase für dich übernehmen; er wird für dich die Fragen beantworten, wo es sein muß; er wird Erklärungen in deinem Namen abgeben, und falls man ihn dazu zwingt, wird er für dich reden. Es genügt, wenn du zu seinen Worten nickst.«

Fiete Feddersen zuckte die Achseln, wollte und wollte nicht, war einerseits bereit, zu helfen, und andererseits unsicher, ob er selbst dem verminderten Anspruch genügen würde; doch schließlich – nachdem die Kommission förmlich an ihn appelliert hatte – erhob er sich, stand einen Augenblick in redlicher Verlegenheit da, und dann nickte er, sachte, aber erkennbar: Die Grüne Union in Bollerup hatte den beliebtesten Einwohner für sich gewonnen.

Die Kommission gratulierte und verabschiedete sich, und als sie sich in die Fichtenschonung zwängte, erschrak der Waldarbeiter nachträglich – gerade so, als ob er sich selbst verkauft hätte. Vor Unruhe gelang ihm nichts mehr, kein Schlag und kein Hieb, er mußte an das gegebene Wort denken und an sein erstes öffentliches Auftreten, und am liebsten wäre er der Kommission nachgelaufen, um sich sein Versprechen zurückgeben zu lassen. Blieb ihm vielleicht etwas anderes, als sich auf einen Stamm zu setzen und zu grübeln? Eben, und darum setzte er sich und begann, nicht ohne ein schmerzhaftes Ziehen in der Brust, zu grübeln.

Von der Grünen Union wußte er immerhin, daß sie sich selbst die Partei des Fortschritts nannte. Ihre Mitglieder – Kleinbauern, Vertreter, Arbeiter wie er selbst – trugen fast ausnahmslos Taschenuhren. Sie wollten um jeden Preis mehr Gerechtigkeit. Doch wenn er sich nicht irrte, strengte sich eben dafür auch die Schwarze Union an, deren Mitglieder fast ausnahmslos Armbanduhren trugen. Sie nannte sich die Partei der Bewahrer und hatte in Eduard Kallesen einen Vorsitzenden, der jederzeit ohne eine einzige schriftliche Notiz vier Stunden reden konnte, und das auch noch mit erkennbarer Begeisterung. Nicht einmal Arnim Daase konnte es mit ihm aufnehmen, obwohl der mitunter redete, daß die Milch zu Butter wurde. Ließ sich der leichtsinnige Entschluß nicht doch noch rückgängig machen?

Früher als sonst machte Fiete Feddersen an diesem Tag Feierabend und ging nicht allein bedrückt, sondern auch auf Umwegen nach Hause. Seine Frau wußte bereits alles: Franz Jesper Feddersen war mit einem Stapel von Broschüren, von Merkzetteln und Programmen vorbeigekommen und hatte ihr von der Kandidatur erzählt. Für seine Niedergeschlagenheit hatte sie nichts anderes übrig als ihren Lieblingsausspruch, mit dem sie sich über alles hinweghalf: »Ach, Fiete, dat löpt sech allns trecht.« Danach rührte sie Eier in die Bratkartoffeln, während Fiete seufzend den Stapel mit den Wahlschriften umkreiste, plötzlich stehenblieb, sich ein Heftchen schnappte und zu lesen begann. Er las; und wie ich ermittelt habe, las er beim Abendbrot und die halbe Nacht durch, ohne damit fertig zu werden. Aber wer denkt, daß Fiete schon am nächsten Abend weitergelesen hätte, der täuscht sich: Mit einem Gesichtsausdruck, der schwer zu deuten war, trug er die Papiere in den Schuppen, Abteilung Brennbares. Hielt er das Material für überflüssig? Oder hatte er, noch vor der drohenden Auseinandersetzung mit Eduard Kallesen, sanglos aufgegeben? Einiges spricht dafür; denn fortan kümmerte Fiete Feddersen durch die Tage, ließ in seiner aufmerksamen Höflichkeit nach, unterbrach öfter seine Arbeit und saß in schwermütiger Versunkenheit auf einem Stubben. Niemand wird erstaunt darüber sein, daß er am Tag der großen Auseinandersetzung nicht in der Lage war, Nahrung zu sich zu nehmen.

Danach fragten allerdings nicht seine Freunde von der Grünen Union. Sie holten ihn frühzeitig ab, scherzten, munterten ihn auf, versuchten, ihm etwas von ihrer Zuversicht abzugeben. Sie nahmen ihn in ihre Mitte und zogen gemütlich, um von möglichst vielen bemerkt zu werden, die Straße zum Mühlenkrug hinab, Parolen rufend, ein Siegeszeichen in die Luft schreibend.

Am Eingang zum Mühlenkrug, vor den beiden Linden, erschrak Fiete auf einmal so sehr, daß er wie betäubt dastand: Er hatte sein Bild auf dem Plakat entdeckt. Es war ein altes Bild, das ihn mit geschulterter Axt zeigte, vergnügt, wie ihn jeder kannte, auf dem Kopf die sonderbare Mütze mit herabgelassenen Ohrenschützern; im Hintergrund bogen sich Tannenäste unter der Last des Schnees. Er las die Bildunterschrift – Auf ihn ist Verlaß! – und äugte zum Nachbarplakat hinüber, auf dem Eduard Kallesen abgebildet war, hoch zu Pferd, seine Mütze ziehend, und unter dem Bild der Satz: Mit ihm über jede Hürde! Instinktiv wollte Fiete sich abwenden, umkehren, doch seine Freunde schoben ihn unerbittlich vorwärts durch Rauch und Lärm erst einmal in ein Hinterzimmer. Hier drückten sie ihn auf einen Stuhl, steckten ihm eine Plakette an den Rockaufschlag, verbesserten den Sitz der ungeliebten Krawatte. Und Arnim Daase wiederholte noch einmal die Strategie, die zum Sieg führen sollte: »Schweigen, Fiete, du mußt schweigen, auch wenn sie dich provozieren. Dasitzen mußt du. Beifällig nicken mußt du. Und immer wieder: schweigen. Was zu reden ist, übernehme ich.«

Fiete Feddersen zeigte matt an, daß er alles verstanden hatte, man trocknete ihm den Schweiß ab, zog ihn vom Stuhl und drängte ihn hinaus, einen zugigen Gang entlang und dann zum Podium. Es war verabredet worden, daß beide Parteien gleichzeitig durch den Vorhang schlüpfen sollten, die Grüne Union von links, die Schwarze von rechts; das gelang. Gleichzeitig traten die Wahlkämpfer an den Tisch heran, gleichzeitig nahmen sie Platz, begleitet von Beifall, Pfiffen und Hochrufen. Das dröhnte, das gellte und frohlockte, Biergläser reckten sich ihnen entgegen, glimmende Zigarren schrieben rotierende Feuerräder in die Luft, Flaschen begannen auf wackligen Tischen zu hüpfen – jeder kennt ähnliche Bilder der Leidenschaft. Fiete Feddersen zwang sich, in den Saal zu blicken, wanderte blickweis die Tische ab, die zu schwimmen schienen in Qualm und Dunst. All diese Zeichen und Gesten, die begeisterten Zurufe – galten sie tatsächlich ihm? Sie mußten ihm gelten, denn schon jetzt, bevor die Vorstellung begann, bildeten sich einige, wenn auch dünne Sprechchöre, die »Fie-te, Fie-te!« riefen. Und daß er gewisse Hoffnungen trug, zeigte sich dann auch bei der Vorstellung, denn es war unüberhörbar, daß der Beifall, den er verbuchen konnte, ein wenig stärker war als der, den Eduard Kallesen einheimsen durfte.

Sodann wurden beide Parteien aufgefordert, eine Grundsatzerklärung abzugeben; das Los hatte entschieden, daß Kallesen als erster sprechen durfte, und wer ihm noch nie als Redner begegnet ist, dem darf ich versichern, daß der ebenso energische wie elastische Mann, der das Mikrophon lässig wie eine Zigarre vor dem Mund hielt, der sowohl überlegen wie dauerhaft lächelte, einen starken Eindruck hervorrief. Jedenfalls hätte Arnim Daase, der nach ihm für die Grüne Union sprach, den Eindruck von sich aus nicht wettmachen können, wenn nicht Fiete Feddersen so heftig genickt hätte, daß viele, einfach dem Zwang des Beispiels folgend, mitnicken mußten. Damit blieb einstweilen alles unentschieden; auch der Anfang der scharf geführten Diskussion änderte nichts an der Ausgeglichenheit der Stimmung im Saal.

Wie herablassend und dabei unerbittlich dieser Eduard Kallesen die Diskussion bestritt! Es machte ihm augenscheinlich ein diebisches Vergnügen, sich fortgesetzt an Fiete Feddersen zu wenden, obwohl dieser ihm nicht antwortete. »Würde mir«, so fragte er etwa, »mein verehrter Gegenspieler, Herr Fiete Feddersen, ein wenig seine Preispolitik erläutern, falls das private Land in kommunalen Besitz übergeführt werden sollte?« Arnim Daase erhob sich sogleich und leitete seine Antworten mit Wendungen ein wie: »Unser Kandidat ist der Ansicht ...« oder: »Meine Freunde und ich stimmen darin überein ...« oder aber: »Fiete Feddersens Meinung zu diesem Problem lautet ...« – wobei Fiete oft schon Zustimmung nickte, bevor seine angebliche Meinung ausgesprochen wurde.

Hin und her ging es zwischen Kallesen und Daase; sie setzten sich über Schlachtprämien auseinander, über Milchsubvention, über Rentenversicherung für Landwirte und, in schärferer Tonart, über Verteidigungspolitik. Zwischen ihnen saß nachdenklich, die gefalteten Hände im Schoß, Fiete Feddersen mit schweißglänzendem Gesicht. Manchmal zuckte er; das war, wenn ihm saurer Schweiß in die schlechtbewimperten Augen tropfte. Folgte er überhaupt der Diskussion? Bemerkte er, daß, am Beifall aus dem Saal gemessen, die Auseinandersetzung immer noch unentschieden war? Er mußte es bemerken, denn auf einmal hob er die Hände auf den Tisch und musterte Kallesen mit unergründlichem Blick. Der hatte sich gerade, und zwar nahezu höhnisch, nach der Schulpolitik der Grünen Union erkundigt, und wollte jetzt wissen, ob Fiete Feddersen tatsächlich mit dem Gedanken umging, alle Zeugnisse abzuschaffen. Und die

Prüfungen. Und den sogenannten »Hokuspokus mit den Zensuren«. Wörtlich fragte er: »Müssen wir fürchten, daß mein verehrter Gegner, dessen persönliche Leistungen wir alle schätzen, über Nacht ein Feind aller Leistung geworden ist? Soll auch in Bollerup eine trübe Gleichmacherei triumphieren?« Der Beifall, den Kallesen darauf erhielt, war so frenetisch, daß Arnim Daase Mühe hatte, ihm zu entgegnen. Vielleicht war er in der Schulpolitik nicht so bewandert, vielleicht aber war er Kallesen tatsächlich nicht gewachsen, jedenfalls gelang es Arnim Daase diesmal nicht, den Vorsprung an Sympathie aufzuholen.

Kallesen wäre nicht Eduard Kallesen gewesen, wenn er nicht sofort seine Chance erkannt hätte, den ausgepunkteten Gegner vollends auf die Bretter zu schicken. Er schnellte hoch. Getragen von Beifall, setzte er zu neuer Rede an und wollte von Fiete wissen, wie er zum Bau der Sport- und Reithalle stehe – mit anderen Worten, wie groß Fiete die Gesundheitspolitik schreibe. »Mit einer Reithalle könnte Bollerup ein Mittelpunkt werden«, rief er. Man hätte Nordische Meisterschaften in den Mauern. Bei Spiel und Sport könnten die Kinder gesund heranwachsen – und so weiter. Nun?

Herausfordernd sah er Fiete Feddersen an, und natürlich in der Erwartung, daß Arnim Daase für ihn antworten werde, doch da geschah etwas, was niemand bei uns vergessen wird. Fiete Feddersen erhob sich und straffte den Oberkörper. Das Murmeln im Saal hörte auf. Man stieß sich an, vertrieb die Rauchwölkchen. Verblüfft blickte Kallesen, verstört mancher Freund von der Grünen Union, und Arnim Daase versuchte, nachdem er sich von seinem Schrecken erholt hatte, Fiete durch ein Zeichen aufzufordern, bei der Strategie des Schweigens zu bleiben. Umsonst! Ich persönlich dachte nur: So nimm denn, Unglück, deinen Lauf.

Fiete Feddersen schluckte, pochte mit kräftigem Fingerknöchel auf die Tischplatte und trank erst einmal ein ganzes Glas Mineralwasser leer. Dann sagte er mit sehr leiser Stimme: »Vierzig Jahre war ich im Wald, in der Natur. Dachs und Wiesel wurden meine Freunde, die Krähe kam zum Frühstück, mit dem Eichhörnchen stand ich auf du und du. Wenn ihr mich fragt, wo die größte Fröhlichkeit anzutreffen ist, dann sage ich euch: unter den jungen Dachsen. Sie haben nur sich selbst; ein Tannenzapfen genügt ihnen zum Spiel für einen ganzen Vormittag. Wer jung ist, will sich balgen und sich beißen, dabei schärft er seine Sinne. Auf die Dauer freut man sich an bescheidenen Spielen. Und so möchte ich sagen: Wozu eine Reithalle? Zeigt den Kindern den Wald und laßt sie dort spielen wie die Dachse. Sie werden es euch danken mit Fröhlichkeit.«

Nicht nur üblicher Beifall, sondern ein Beifallssturm dankte dem Redner, der betreten abwinkte, sich faßte und sagte: »Die Waldtaube ist eines der wenigen Tiere, das sich um die Alten kümmert. Statt eine Reithalle zu bauen, sollten vielleicht einige Gemeindeschwestern angestellt werden, die könnten tun, was die Waldtaube tut.«

Ich sah einmal schnell zu Kallesen hinüber; der schüttelte den Kopf, seufzte, verzog geringschätzig sein Gesicht – vermutlich, weil er mit solcher Rede nichts anfangen konnte. Aber was ihn seufzen ließ und mutlos machte, das gefiel unten im Saal, das wurde mit Beifall und Bravo aufgenommen. Jetzt wollte man nur noch Fiete Feddersen hören, und Fiete sprach, fortgetragen von brausender Zustimmung und Begeisterung. Was er ihnen anzubieten hatte, war immer nur dies: Waldworte, Walderfahrung, dunkles Waldgleichnis; die setzte er auf jedes politische Problem. Er sagte etwa: »Der Jäger stellt dem Fuchs ein Zeugnis aus«, oder »Der Häher warnt auch seinen Feind«, und auf einen freundlichen Zwischenruf ließ er sich zur Eigentumspolitik so vernehmen: »Wenn ihr mich fragt, wo der schönste Sinn für Eigentum anzutreffen ist, dann sage ich euch: unter verwilderten Hauskatzen. Wenn das Waldrevier zu klein ist, einigen sie sich, wer zu welcher Zeit jagen darf. So gehört der Wald jedem und keinem. Denn was einer hat, ist alles nur geliehen. Aus dem Teilen kommt erst die Zufriedenheit. Das zeigt die verwilderte Hauskatze.«

Ich wunderte mich nicht, daß die Grüne Union nach anfänglichem Befremden auf einer Welle der Hoffnung schwamm, aber plötzlich wurde es ihr mulmig. Fiete Feddersen begann nicht nur, von den »natürlichen Herrschern des Waldes« zu sprechen, er verteidigte auch auf seine Art das Leistungsprinzip, indem er sachkundig auf das Beispiel der winzigen Haselmaus hinwies. Jetzt hellte sich sogar Kallesens Gesicht auf, und ob er es wollte oder nicht, er und seine Schwarze Union mußten einfach klatschen. Das geschah nun öfter — einmal jubelten die Grünen bei Fietes Rede, einmal die Schwarzen, und mitunter klatschten auch alle. Niemand in Bollerup kann sagen, wie lange Fiete eigentlich sprach, da niemand es wagte, auf die Uhr zu sehen. Unvermutet rief er aus: »Die Elster kann vieles, dennoch kann sie aus einem silbernen Löffel kein Junges ausbrüten.« Er machte eine Pause, wir sahen uns bestürzt an, und dann bat Fiete alle Anwesenden, seine Kandidatur zurückziehen zu dürfen. »Es ist«, sagte er, »wegen der fehlenden politischen Kenntnisse«, und damit setzte er sich.

Auch wer gar keine Phantasie hat, wird sich vorstellen können, was im Saal passierte: Die Leute stürzten zum Podium, bedrängten und bestürmten Fiete, ließen ihn hochleben, doch Fiete ließ sich nicht umstimmen. Er begründete seinen Verzicht mit den Worten: »Manche fragen sich, warum der Dachs nur ein einziges Mal in seinem Leben ins Wasser geht. Darum, weil er schon beim ersten Mal einsieht, daß es ihm zu naß ist.«

Übrigens haben die Grünen die letzten Wahlen mit knappem Vorsprung gewonnen, und natürlich wissen sie, wem sie es zu verdanken haben. Der heimliche Sieger der Wahl aber war unbestritten Fiete Feddersen.

Dora Heldt

Königin der Meere

Ela

»Freust du dich?«

Ich riss mich so zusammen, dass mir der Nacken wehtat, und versuchte das strahlende Lächeln meiner kleinen Cousine auszuhalten, ohne hysterisch loszulachen. Sprachlos starrte ich auf den »Gutschein für eine Kreuzfahrt«.

Daniela, von allen nur Dani genannt, tippte aufgeregt auf die Abbildung eines monströsen Schiffes. »Von Barcelona nach Mallorca. Wie im Fernsehen. Wir beide.«

Sie platzte fast vor Freude und Aufregung, während ich krampfhaft auf der Suche nach einer Antwort war.

»Eine Kreuzfahrt«, wiederholte ich tonlos. »Das ist ja was.«

Meine kleine Cousine ist zehn Jahre jünger als ich. Auch unsere Mütter haben diesen Altersunterschied. In unserer Familie bekommt man Kinder eigentlich mit 25. Dani kann es noch schaffen, sie hat noch ein Jahr Zeit, bis sie das Vierteljahrhundert vollmacht. Ich bin schon aus der Nummer raus, übrigens zum Entsetzen meiner Mutter und meiner drei Tanten, die das unmöglich finden und alles auf mein seltsames Leben schieben. Ich bin nämlich aus unserem Dorf weggegangen und lebe jetzt in der Großstadt. In einer Wohnung, statt auf einem Bauernhof, und ich habe nicht ein einziges Haustier und im Moment auch keinen Mann. Außerdem bin ich zu dünn, meine

Haare sind zu kurz, ich mache irgendetwas mit Werbung, was im Dorf niemand versteht, geschweige denn braucht, ich habe meine Jugendliebe verlassen, der jetzt der Landarzt ist und viel Geld verdient, und ich habe mich geweigert, den Hof meiner Eltern zu übernehmen. Die Einzige aus meiner Familie, die mich nicht für geisteskrank hält, ist Dani. Im Gegenteil: Sie himmelt mich an, trägt mit Handkuss meine Garderobe auf und besucht mich hin und wieder in Hamburg. Alles, was ich mache, findet sie toll, wahrscheinlich weil es alles so ganz anders ist als das, was sie macht. Sie ist Köchin im Lokal »Zum grünen Jäger«, wohnt noch bei ihren Eltern, hat einen Freund, der Feuerwehrmann ist, einen verhaltensauffälligen Hund namens Jogi Löw und zwei Schwestern, die mit ihren Männern und Kindern in den Nachbarhäusern wohnen. Und sie hat ein unfassbar sonniges Gemüt und, wie ich jetzt gerade gelernt hatte, ein großes Talent fürs Kreuzworträtsel. Bei einem solchen hatte sie nämlich die Kreuzfahrt für zwei Personen gewonnen. Die zweite Person war ich, Manuela, von allen nur Ela genannt. Leider.

»Warum nimmst du nicht deinen Lars mit?«, versuchte ich es mit schwacher Stimme. »Ich weiß gar nicht, ob ich überhaupt Urlaub bekomme.«

»Bekommst du«, beteuerte Dani freudig. »Ich habe nämlich sofort, nachdem ich von dem Gewinn erfahren habe, in deinem Büro angerufen und mit deiner Kollegin Susanne gesprochen. Sie hat sich total gefreut für dich und deinen Urlaub bereits eingetragen. Außerdem: Für Lars wäre so eine Reise nichts. Der muss immer spucken, wenn er auf dem Wasser ist. Er kann noch nicht mal schwimmen. Außerdem muss er auf Jogi Löw aufpassen. Also, freust du dich jetzt? In zwei Wochen geht es los. Ich freue mich wahnsinnig, ich habe nur ein bisschen Angst vor dem Flug, aber du bist ja dabei.«

»Und du willst wirklich, dass ich mitkomme?«, versuchte ich es ein letztes Mal. »Was ist denn mit deinen Eltern oder Schwestern oder einer Freundin?«

»Ach, Ela«, sagte Dani sanft und legte mir ihre Hand auf den Arm. »Ich habe nur deinetwegen bei diesem Kreuzworträtsel mitgemacht. Um die Kreuzfahrt zu gewinnen. Weil du doch in Hamburg immer so viel arbeitest und dein Freund mit dir Schluss gemacht hat, und weil du deswegen so dünn geworden bist, und weil du neulich gesagt hast, dass du keine Lust mehr hast, deinen Urlaub zu Hause oder auf Norderney zu verbringen. Deshalb.«

Sie guckte mich treuherzig und voller Güte an. So wie sie es sagte, klang das gar nicht so schlimm. Richtig war aber, dass nicht mein Freund mit mir Schluss gemacht, sondern seine Frau uns erwischt hatte. Mein Job stand auf der Kippe, weil mein Freund auch mein Chef war und damit mein Verbleib in der Firma noch nicht endgültig geklärt war. Deshalb hatte Susanne mir auch ohne weiteres den Urlaub gegeben. Die freute sich nämlich wie Bolle, dass wir aufgeflogen waren, weil sie meinen Chef immer für sich haben wollte. Aber das konnte ich der naiven Daniela natürlich nicht erzählen.

Ich atmete also tief aus, erwiderte Danielas Blick und sagte, dass ich mich geehrt fühlte. Was sollte ich auch sagen, ohne sie zu verletzen? Dabei bekam ich schon Pickel, wenn ich am zweiten Weihnachtstag das ›Traumschiff‹ im Fernsehen angucken musste, was zwingend zu den Weihnachtsritualen meiner Familie gehörte. Lauter schöne Menschen in der untergehenden Abendsonne, Musik und Tanz, bunte Cocktails, abenteuerliche Liebesgeschichten und zuallerletzt das Happyend mit Wunderkerzen und Tusch der Bordkapelle. Grauenvoll. Und jetzt würde ich selbst eine Kreuzfahrt gemeinsam mit meiner fröhlichen kleinen Cousine machen. Unfassbar.

»Mich machen all diese Spanier ganz verrückt«, sagte Dani, sah sich misstrauisch um und drückte ihre Handtasche fest an sich. »Ich verstehe kein Wort von dem, was sie sagen.«

»Wir sind in Spanien«, antwortete ich, ohne das Gepäcklaufband aus den Augen zu lassen. »Da leben Spanier. Die verstehen dich übrigens auch nicht.«

Nur noch wenige Taschen und Koffer zogen an uns vorbei, die meisten Fluggäste hatten bereits mit ihrem Gepäck die Halle verlassen. Selbst Danis schrecklicher Koffer war schon da, der alte graue Familienkoffer mit den Aufklebern, die von der Reiselust unserer großen Familie zeugten. Jetzt fehlte nur noch mein metallic roter, teurer und fast neuer Koffer. Langsam wurde ich nervös. »Wann legt das Schiff denn ab?«, fragte ich Dani. »Nicht, dass die ohne uns fahren.«

Sie kramte die Reiseunterlagen aus ihrer Tasche. »Gott sei Dank, erst um 19 Uhr. Wir haben noch jede Menge Zeit.«

Aber mein Koffer kam nicht. Das verbesserte meine Laune nicht unbedingt. Ich schickte Dani mitsamt ihrem Gepäckmonster in die Ankunftshalle, damit sie sich schon mal beim Abholservice melden konnte, während ich zum Schalter für verloren gegangenes Gepäck ging. Das fing ja schon mal ganz toll an.

Eine halbe Stunde später saßen wir im Bus, der uns zum Hafen brachte. Dani überschlug sich geradezu vor lauter Begeisterung über die Palmen, die Sonne, die Häuser und was weiß ich nicht noch alles. Ich hatte einen Hals, weil ich ohne Gepäck an Bord gehen musste. Ein Mitarbeiter der Reederei meinte zwar mit einem beruhigend professionellen Lächeln, dass wir meine Sachen im nächsten Hafen abholen könnten, das änderte aber nichts an der Tatsache, dass ich aktuell noch nicht einmal eine Zahnbürste, geschweige denn irgendetwas zum Anziehen hatte. Meine Cousine fand das überhaupt nicht schlimm, sie meinte nur, sie habe doch genug mit und könne mir problemlos etwas leihen. »Und jetzt guck doch endlich mal, die vielen Palmen. Wie im Film.«

Ich hasse Palmen.

Danis Tagebuch

Jetzt sind wir also da. Ela und ich auf diesem riesengroßen Schiff. Und weil ich auf keinen Fall irgendetwas von der Reise vergessen will, habe ich mir ein Notizbuch gekauft, in das ich alles eintragen werde. Aber von Anfang an:

Der Flug war toll, wir hatten unsere Plätze ziemlich weit vorn, in der fünften Reihe, und konnten sogar einmal kurz ins Cockpit gucken. Es gab auch etwas zu essen, Hörnchen und Kaffee und so kleine Schokoladentafeln. Ganz toll. Die Schokolade habe ich aufgehoben, als Erinnerung. Ela hat fast den ganzen Flug über geschlafen, die ist total kaputt von der Arbeit und ihrer Trennung und so und ist erst kurz vor der Landung aufgewacht. Als wir in Barcelona gelandet sind, war ich erst total durcheinander, weil um mich herum ja nur noch Spanisch oder Englisch gesprochen wurde. Ich habe gar nichts mehr verstanden. Ela blieb ganz cool, aber die ist ja auch das Reisen ins Ausland gewöhnt. Für mich ist es schließlich das erste Mal. Dann mussten wir unsere Koffer abholen. Meinen Koffer kann man ja sofort erkennen, er hat diese schönen Aufkleber. Er kam auch sofort, nur Elas nicht. Dann war Ela ziemlich sauer, was ich übertrieben fand, weil der nette Mitarbeiter vom Schiff sich sofort gekümmert hat.

Morgen sind wir in Marseille in Frankreich, und da soll der Koffer dann zum Hafen gebracht werden, hat er gesagt. Ich habe so viele Klamotten eingepackt, da leihe ich ihr gerne welche. Sie kennt sowieso alle. Sind ja von ihr. Lustig!

Die Busfahrt durch Barcelona war toll, überall Palmen und schönes Wetter und dann der Hafen. Dieses riesengroße Schiff. Ich konnte gar nicht reden, so beeindruckt war ich. Auf dem Schiff sieht es überhaupt nicht aus wie auf einem Schiff, sondern wie in einem ganz vornehmen Hotel. Es gibt Unmengen Etagen, Treppen, Fahrstühle und Gänge, mir wurde ganz schwindelig, und ich hoffe nur, dass ich mich hier nicht verlaufe. Ela ging so schnell zu unserer Kabine, dass ich kaum hinterherkam. Sie meinte, sie müsste erst mal duschen. Die Kabine ist auch toll, mit Balkon und eigenem Badezimmer, mit Fernseher, Kühlschrank. Es ist wie im Film.

Später hat uns eine nette Dame abgeholt, und wir wurden in einen Salon gebeten. Weil wir doch Preisträger sind. Da waren noch drei Ehepaare und zwei Frauen. Ich weiß gar nicht, ob das auch Gewinner waren, jedenfalls gab es für alle Sekt und kleine Häppchen. Danach bekamen wir eine kleine Führung durchs Schiff und wurden zum Schluss in ein Restaurant geführt. Das war der reine Wahnsinn. Für so viele Leute gleichzeitig zu kochen! Ich habe mich den ganzen Abend gefragt, was die für eine Küche haben. Ich weiß ja, was das für ein Stress ist, wenn bei uns Schützenfest ist, müssen wir zweihundert Essen gleichzeitig ausgeben. Ich werde fragen, ob ich mir die Küche mal angucken kann. So, jetzt muss ich Schluss machen, Ela will das Licht ausmachen, sie ist schon den ganzen Abend müde gewesen. Sie mochte gar nicht gerne reden, es wird wirklich Zeit, dass sie sich mal ein bisschen erholt. Bis morgen.

Ich wurde von einem Heidenlärm wach. Nicht von Danis Schnarchen, sondern von den Geräuschen, die entstehen, wenn ein Schiff dieser Größenordnung in einem Hafen anlegt. Nach einem kurzen Blick auf die Uhr setzte ich mich auf die Bettkante, wartete ab, dass der Schwindel nachließ, und ging dann leise auf den Balkon. Marseille im Nebel war kein Anblick, der mich zu Begeisterungsstürmen hinriss. Lauter graue Häuser in viel grauem Nebel. Dazu ein leichter Nieselregen und höchstens zehn Grad. Der zweite Tag fing so an wie der erste geendet hatte. Ich hatte ja keine Ahnung gehabt, dass man als Preisträger eines Kreuzworträtsels zum Champagner mit dem Kapitän gebeten wurde, sonst wäre ich wohl kaum in einer von Danis Jeans und Blazer losgegangen. Dani hatte mir ganz stolz die Sachen rausgelegt. Meine helle Hose von der Reise konnte ich leider nicht mehr anziehen, denn darauf prangten mittlerweile undefinierbare Flecken. Wenn etwas schiefgeht, dann geht gleich alles andere auch schief. Ich fühlte mich in diesem Moment, als hätte sich alles gegen mich verschworen, besonders als mir auch noch einfiel, dass auch meine gesamte Kosmetik gerade in meinem Koffer durch die Gegend irrte. Ich war nicht nur schlecht angezogen, ich war auch gänzlich ungeschminkt. Und Dani konnte mir in dieser Beziehung nicht aushelfen. Sie gehörte in die Gruppe »ungeschminkte Wahrheit« und benutzte weder Mascara, Make-up oder Puder. Ich dachte noch, wir würden nur kurz übers Schiff schlendern und am Selbstbedienungsbüfett etwas essen. Aber dann saß ich in einer Jeans, die mir inzwischen fast zwei Nummern zu groß war, und in einem roten Blazer, den ich schon vor drei Jahren aussortiert und in den meine Cousine Schulterpolster eingenäht hatte, weil so etwas bei uns im Dorf immer noch modern war, beim Kapitänsempfang und fühlte mich wie den Achtzigerjahren entsprungen. Der Kapitän hatte uns kaum eines Blickes gewürdigt. Die anderen Gäste waren eindeutig besser angezogen als wir. Zwei der Paare wollten an Bord heiraten, eines feierte hier seine Silberhochzeit, und zu guter Letzt kamen noch zwei Frauen, die zur Reederei gehörten. Beide unglaublich gut angezogen, mit perfektem Make-up und teuren Schuhen. Dani wurde immer aufgeregter, und ich habe drei Gläser Champagner in mich geschüttet und ein Stoßgebet abgesandt, damit dieser erste Abend ganz schnell vorbeigehen würde. Tat er aber leider nicht. Wir wurden noch durch das Schiff geführt, anschließend bekamen wir im Restaurant einen Tisch zugewiesen. Dani hat sich sofort mit allen unterhalten. Als sie dann auch noch den Namen der Firma, in der ich arbeitete, nannte, rief eine Frau am Nachbartisch ganz begeistert aus, dass diese Werbefirma ja ihrem Bruder gehöre, Alex Wiener, und dass er ja dann mein Chef sei. Mein Nicken war gequält und versiegte ganz, als sie mir erzählte, dass sie sich auf Mallorca mit ihm und seiner Frau treffen wollten, um das silberne Freudenfest zu feiern. An dieser Stelle beschloss ich, den Abend zu beenden.

Und jetzt saß ich hier und starrte in die Nebelbänke von Marseille. Wenigstens sollte im Laufe des Tages mein Koffer kommen, hat man mir gesagt. Dani hatte sich für heute mit einem der beiden jungen Brautpaare zum Landausflug verabredet, ich hatte abgelehnt, weil ich meinen Koffer ja in Empfang nehmen wollte und außerdem in der Spa-Abteilung einen Massagetermin hatte. Ich brauche dringend ein paar Stunden Ruhe.

Ich sitze hier in einem französischen Café, trinke einen Milchkaffee, esse ein Stück Kuchen und muss schnell mal ein bisschen was schreiben, damit ich nichts vergesse. Marseille ist ja toll, alle sprechen französisch und sind elegant, die Häuser sind ziemlich alt, und auf dem Markt habe ich echte Tintenfische gesehen, die noch so lebendig waren, dass sie immer wieder aus ihren Behältern rausgekrochen sind und von den Fischern wieder eingefangen werden mussten. Essen wollte ich die nicht mehr.

Es ist zu schade, dass Ela keine Zeit hatte, mit an Land zu kommen. Sie muss auf ihren Koffer warten, hat sie gesagt, und dass sie schon zweimal in Marseille gewesen sei. Wo Ela überall schon war, das ist wirklich kaum zu glauben. Ich war mit meinen neuen Freunden Jonas und Jennifer unterwegs, sie heiraten hier an Bord, am nächsten Freitag. Ich finde das wahnsinnig romantisch. Wir haben uns eine Kathedrale angesehen, haben die bunten Kunststoff-Stiere auf dem Marktplatz angefasst und in einem Schokoladenladen alle möglichen Pralinen probiert. Jonas und Jennifer wollten dann shoppen, aber ich habe mir lieber ein paar Ansichtskarten und einen Aufkleber für den Koffer gekauft und bin ins Café gegangen. Gleich fahre ich mit dem Bus zurück zum Schiff. Bis später.

So, jetzt sitze ich wieder auf dem Schiff, und zwar an der Poolbar, die ist auch super. Ich habe Ela einen Zettel in die Kabine gelegt, damit sie weiß, wo sie mich finden kann. Oh, und jetzt muss ich Schluss machen, weil gerade die vier Kegelschwestern aus Cuxhaven auf mich zukommen und mich zu einem Getränk einladen wollen. Also: Prost.

Als ich im Bademantel von der Massage in die Kabine zurückkam, fand ich Danis Zettel: Bin in der Poolbar. Vom Koffer gab es übrigens nichts Neues. An der Rezeption hatte man mir gesagt, dass es ihnen wahnsinnig leidtue, aber irgendetwas sei wohl schiefgegangen. Es sei extra jemand vom Schiff zum Flughafen gefahren, aber mein Koffer sei nicht in Marseille angekommen. Wir könnten ihn am nächsten Tag in Monaco abholen. Ich war kurz davor auszurasten, habe mich dann aber zusammengerissen und beschlossen, mir dann wenigstens an Bord in einer der Boutiquen eine passende Jeans und eine etwas bessere Bluse zu kaufen. Die Rechnung würde ich der Fluggesellschaft schicken. Das war ja wohl das Mindeste. Das Problem war nur, dass die Boutiquen erst öffnen durften, wenn das Schiff auf See war. Und das war an dem Abend gegen 21 Uhr.

Ich würde also ein weiteres Mal schlecht angezogen zum Abendessen gehen. Aber ich hatte einen solchen Hunger, dass ich nicht aus modischen Gründen bis 21 Uhr im Bademantel in dieser Kabine hocken wollte. Ich stellte mich also vor den Schrank und suchte ein einigermaßen passendes Outfit zusammen. Es war nicht einfach. Wie gesagt: Ich trug mittlerweile zwei Kleidergrößen kleiner. Außerdem war Dani etwa fünfzehn Zentimeter kleiner als ich und hatte deshalb alle meine Klamotten kürzen müssen. Nach mehreren Fehlversuchen griff ich nach einem dunkelblauen Rock, schlang meinen eigenen Gürtel um den Rockbund, worauf sich wulstige Falten in der Taille bildeten, zog eine sehr weite rot-weiß gestreifte Hemdbluse darüber und machte mich auf zur Poolbar, um Dani abzuholen. Augen zu und durch. Morgen, das schwor ich mir, würde ich mein enges, schwarzes, sexy

Schlauchkleid, die grüne Lederjacke und Highheels tragen.

Ich fand die Poolbar auf Anhieb, konnte Dani aber nirgends entdecken. Ich schlenderte langsam suchend über das Deck, bestellte mir erst mal ein Glas Weißwein und entdeckte plötzlich meine Cousine. Umringt von vier Frauen saß sie in einer Sitzgruppe, ein Glas mit einem blauen Getränk in der Hand und strahlte. Als sie mich sah, riss sie ihren Arm hoch und schrie: »Ela, hier!« Alle sahen mich an. Ich trank den Wein aus und ging zu ihr.

Die vier Frauen hießen Rosi, Gudrun, Dagmar und Jutta, waren gut gelaunt, nicht mehr ganz nüchtern und begrüßten mich, als hätten wir jahrelang eine Wohngemeinschaft gehabt. »Du siehst schon richtig nach Urlaub aus«, rief Jutta mir zu. »Gar nicht mehr wie diese Werbetussis.«

Anerkennend betrachteten mich die vier und nickten. Sie trugen übrigens alle das gleiche grüne T-Shirt mit dem Aufdruck »Cuxi-Möwen«. Ich bestellte mir ein neues Glas Wein und ließ mich neben Dani in die Polster sinken.

»Mein Koffer ist übrigens nicht gekommen«, seufzte ich. Ihre Antwort war ein strahlendes Lächeln und ein Schluckauf. »Wir ... haben ja ... genug Sachen ... mit. Guck mal ... Rosi ... das waren früher Elas Klamotten, aber jetzt gehören die mir. Ganz ... teure ... Sachen.«

Während Rosi mit Daumen und Zeigefinger den Stoff des Blazers befühlte, beobachtete ich Gudrun und Dagmar, die einer Männergruppe am Tresen unmissverständliche Zeichen gaben. Als die fünf Männer, von denen drei Trainingsjacken mit dem Aufdruck »Fußballfreunde Bochum« trugen, zurückwinkten und schwerfällig von den Barhockern kletterten, griff ich Dani fest am Arm und sagte schnell: »Wir gehen jetzt essen, viel Spaß noch«.

Es ist noch sehr früh, aber ich bin von selbst aufgewacht, und zwar genau in dem Moment, als das Schiff in Monaco eingelaufen ist. So was Tolles kann sich kein Mensch vorstellen. Der Hafen ist nämlich mitten in der Stadt, überall liegen hier die Millionärsyachten, die man sonst nur aus dem Fernsehen kennt. Und diese Häuser! Es sieht aus wie auf einem Wimmelbild, tausende Fenster, alles Hochhäuser, die irgendwie in die Felsen gebaut sind, und überall gibt es reiche Leute. Caroline von Monaco und ihr Bruder Albert wohnen ja quasi um die Ecke, weil Monaco so klein ist. Vielleicht treffen wir die sogar!

Leider habe ich ein bisschen Kopfweh, weil irgendetwas in diesem blauen Getränk drin war, was ich überhaupt nicht vertragen habe. Meinen neuen Freundinnen aus Cuxhaven war auch etwas schwindelig. Ela und ich waren dann alleine beim Essen. Ich glaube, sie hat nicht besonders viel Lust, andere Menschen kennenzulernen, weil sie noch an der Trennung von ihrem Freund knabbert. Das kann man ja verstehen. Beim Essen ist mir dann ein bisschen übel geworden, vom Essensgeruch und vom Seegang. Ela hat mich dann in die Kabine zurückgebracht. Die Arme musste dann den Abend ganz allein verbringen. Das Gute war, dass ich früh eingeschlafen bin und deshalb jetzt schon den Hafen von Monaco sehen kann. Im Gegensatz zu Ela, die schläft nämlich noch tief und fest. Auf dem Sessel steht eine Tüte von der Schiffsboutique. Ich habe ganz vorsichtig reingeguckt, da ist ein blaues Kleid drin. Mit einem Matrosenkragen. Dass Ela so etwas mag, hätte ich gar nicht gedacht. Ich gehe jetzt jedenfalls frühstücken und freue mich auf Monaco. Bis später.

Das Pochen in meinen Schläfen und mein trockener Mund ließen mich aus dem Schlaf hochschrecken. Ich musste kurz überlegen, dann fiel mir alles wieder ein: Ich war auf einem Schiff, war immer noch nicht im Besitz meines Koffers, hatte meine kleine sturzbetrunkene Cousine gestern Abend vorzeitig in die Kabine gebracht und war dann noch mal in die Bar gegangen. Dort hatte mich ein Mann angesprochen, der mir vage bekannt vorkam, was aber auch am Wein liegen konnte, den ich schon reichlich genossen hatte. Irgendwann saßen Gregor und ich eingehakt nebeneinander und erzählten uns unsere leidvolle Geschichte. Ich erzählte von Alex, er von Marie, die ihn verlassen hatte, und wir bemitleideten uns gegenseitig und versuchten herauszufinden, wem von beiden es schlechter ging. Dann sind wir noch zusammen in der Schiffsboutique gewesen, die leider eine ausschließlich maritime Auswahl hatte. Dort suchte Gregor ein blaues Matrosenkleid für mich aus, was ich kaufte. An mehr konnte ich mich nicht erinnern.

Ich setzte mich stöhnend im Bett auf und überlegte, ob es eine gute Idee war, dieses Kleid zu kaufen. Mittlerweile war es zehn Uhr, ich hatte völlig verschlafen, aber wenigstens würde Dani schon beim Frühstück sein. Ich beschloss, aufs Essen zu verzichten. Stattdessen würde ich duschen, das neue, hoffentlich nicht allzu peinliche Kleid anziehen und mich auf den Weg zur Rezeption machen, wo ich so lange mit den Fingern auf den Tresen trommeln würde, bis jemand mich zum Hafenmeister begleitete, der meinen Koffer in Empfang nehmen sollte. Vielleicht würde ich auch Gregor wieder über den Weg laufen, wir hatten weder die Nachnamen, Telefonnummern noch die Kabinennummern ausgetauscht. Aber bei zweitausend Menschen an Bord wird es wohl ein Leichtes sein, sich wiederzufinden.

Danis Tagebuch

Ach, was war das für ein schöner Tag. Monaco ist der tollste Ort, den ich je gesehen habe. Für Ela war es wahrscheinlich nicht so ein schöner Tag, denn ihr Koffer ist immer noch nicht angekommen. Aber diesmal war sie gar nicht so sauer, nur ein bisschen komisch. Dabei sieht sie ganz süß in ihrem neuen Matrosenkleid aus, das kann sie auch gut zwei Tage anziehen. Und ich glaube, dass sie sich schon ein bisschen erholt hat, weil sie im Gesicht ganz jung aussieht. Dieses Schminken macht sie doch irgendwie älter.

Und dann hat sie verkündet, dass wir uns jetzt Monaco angucken werden und dass sie shoppen gehen würde, bis ihre Kreditkarte qualmt. Sie ließe sich doch nicht von unfähigen Fluglinien, die nicht mit Gepäck umgehen können, zwei Tage lang in ein Matrosenkleid stecken.

Wir haben uns dann am Hafen ein Ticket gekauft, mit dem man in ganz Monaco herumfahren kann, das ist sehr praktisch. Ela wollte eigentlich gleich zum Shoppen, aber plötzlich sprang sie wie angestochen in diesen Ausflugsbus, weil sie erst mal sehen wollte, wo überall die schönen Geschäfte sind. Es war so ein Erlebnis! Wir sind sogar zum Grimaldi-Palast gefahren, leider guckte Caroline aus keinem einzigen Fenster, ich habe trotzdem alles fotografiert und dann noch ganz tolle Monaco-Aufkleber gekauft, mit dem Palast und der Fürstenfamilie darauf.

Später sind wir dann durch die Gegend gelaufen und haben die schönen Geschäfte angeschaut. Die sind da allerdings wahnsinnig teuer. Ich habe nur geschluckt, als ich die Preise von der Unterwäsche gesehen habe, die sich Ela kaufen wollte. Aber so teure Wäsche ist doch wirklich nicht nötig, habe ich gesagt. Aber Ela hat nicht geantwortet. An der Kasse hat sich dann herausgestellt, dass Elas Karte nicht funktionierte. Ela hat in perfektem Französisch gesagt, dass sie nicht genug Bargeld dabeihatte, sie würde jetzt zur Bank gehen und später wiederkommen. Doch blöderweise wollte auch der Bankautomat die Karte nicht akzeptieren. Ich wollte ihr Geld leihen, aber Ela hatte dann keine Lust mehr und wollte nur noch zurück an Bord und sich betrinken. Das hatte ich zumindest verstanden, aber sie hat bestimmt etwas anderes gesagt. Eigentlich trinkt sie nämlich keinen Alkohol.

Ich bin dann noch mit meinen neuen Freunden, den vier Mädels aus Cuxhaven und Jonas und Jennifer, ins Casino gegangen. Das hieß zwar »Casino Monte-Carlo«, war aber nur ein Automatencasino, allerdings ein sehr schickes und elegantes. In das richtige wären wir wahrscheinlich nicht reingekommen, hatte Jonas gesagt, weil man da nicht mit kurzen Hosen reindarf. Erst wollte ich nicht um Geld spielen, aber dann habe ich doch fünf Euro in einen Spielautomaten geworfen. Sofort drehten sich alle möglichen Bilder, es klingelte und blinkte, und ich drückte ab und zu einfach auf irgendeinen Knopf. Der Automat hörte gar nicht auf mit Klingeln und Rattern, und plötzlich blinkte eine rote Lampe, auf der das Wort »Cash« stand. Was soll ich sagen? Ich habe 253,55 Euro gewonnen! Der Wahnsinn, oder? Alle haben laut geklatscht, und ich habe ganz stolz das Geld an der Kasse abgeholt.

Bevor wir zurück an Bord gingen, bin ich dann noch schnell in den Wäscheladen gegangen und habe für Ela die zwei Unterhosen gekauft. Aber nur zwei. Die waren ja so wahnsinnig teuer.

Es war ein Tag, um mit einem Lächeln in eine Kreissäge zu springen. Es ging heute Morgen schon mit dem Anblick des blauen Matrosenkleides los. Man sollte Kleidung definitiv nur nüchtern kaufen. Das hatte ich jetzt davon. Ich hatte tatsächlich ein Kleid gekauft, in dem ich mich bestenfalls vor zwanzig Jahren hätte konfirmieren lassen können. Und in diesem Kleid musste ich einen ganzen Tag durch Monaco laufen. Und als ob das nicht schon Strafe genug gewesen wäre, bekam ich auch noch vor dem Frühstück eine SMS von Alex. Der erste Satz lautete: »Wir müssen reden«, die letzten Sätze: »Ich halte es für besser, wenn wir uns nicht mehr sehen. Meine Frau macht mir die Hölle heiß und ihr gehört die Firma. Ich schreibe dir ein hervorragendes Zeugnis und werde dich auch bei der Suche nach einem neuen Job unterstützen. In Liebe, A.«

Ich hatte der Versuchung widerstanden, das Handy über die Reling zu werfen. Stattdessen atmete ich dreimal tief durch und beschloss, als kleine Matrosin zusammen mit Dani auf einen ultimativen Shopping-Marathon durch Monaco zu gehen.

Über die dann folgenden Ereignisse des Tages konnte man nur den Mantel der Liebe decken. Es war ein Desaster. Nachdem wir das Schiff verlassen hatten und im Hafen standen, entdeckte ich plötzlich Gregor, der, im Gegensatz zu diesem albernen Matrosenkleid, auch bei Tageslicht sehr attraktiv war. Nur leider stieg er gerade mit dem Silberpaar, das ja zur Hälfte aus Alex' Schwester bestand, in ein Taxi. Sie kennen sich, dachte ich in Panik. Ich habe einem Freund von Alex' Schwester das ganze Theater erzählt! Vermutlich gab es Marie gar nicht, vermutlich sollte er mich aushorchen, vermutlich hatte ich gerade Verfolgungswahn und wurde hysterisch. Also änderte ich sehr spontan den Tagesplan und beschloss, zunächst eine Stadtrundfahrt zu machen. Hoffentlich würde ich Gregor dabei nicht über den Weg laufen.

Dann war die Sache mit der EC-Karte passiert. Keine Ahnung, wie das passieren konnte, aber die Karte war kaputt. Und meine Bargeldvorräte waren erschöpft, weil ich gestern mein dämliches Matrosenkleid bar bezahlt hatte. Dani wollte mir netterweise Geld leihen, aber ich hatte die Nase voll. Es ist weiß Gott kein Vergnügen, pleite, ungeschminkt, albern gekleidet und mit ruinierten Nerven mitten in Monaco zu stehen. Da munterte es einen auch nicht auf, wenn eine Gruppe von Marinesoldaten an einem vorbeilief, die bei meinem Anblick grinsten und die Hände zum Gruß hoben. Ich wollte so schnell wie möglich zurück an Bord und den Rest des Tages im schiffseigenen Bademantel im Spa-Bereich verbringen. Da sahen wenigstens alle gleich aus.

Und während in Monaco das Leben, der Jetset und meine Cousine mit ihren neuen Freunden tobten, lag ich im weißen Bademantel im Ruheraum und schlief. Das konnte ich zum Glück schon immer. Sobald ich größere Probleme, Liebeskummer, finanzielle Sorgen oder einfach nur das Leben gegen mich hatte, wurde ich müde. Und schlief ein. Stundenlang. Und an diesem Tag gab es genug Gründe, mich in den Tiefschlaf zu befördern.

Als ich wach wurde, stand Gregor vor mir. »Hey«, sagte er, lächelte und ließ sich auf die nebenstehende Liege sinken. »Und? Hattest du einen schönen Tag in Monaco?«

»Ja, danke«, sagte ich und versuchte meine Schlaftrunkenheit abzuschütteln. »Schöne Stadt. Und du?«

»Ich auch.«

Das lief ja wie geschmiert, dachte ich und überlegte,

wie ich die Sprache auf das Silberpaar bringen könnte. Mir fiel aber nichts ein. Das war auch gar nicht nötig.

»Mich hat ein nettes Ehepaar im Taxi mitgenommen«, erzählte er leichthin. »Ich hatte einen Termin in Monaco und wusste nicht genau, wie ich da hinkommen sollte. Und zufällig saßen die beiden bei mir am Frühstückstisch. Wir sprachen kurz darüber und die beiden kennen sich hier aus. Da hatte ich Glück, die mussten auch in die Gegend. Warst du gar nicht frühstücken?«

»Nein.« Ein Termin in Monaco? Was machte der Mann denn beruflich? Geldwäsche? »Ich war ein bisschen malade. Zu viel Wein gestern.«

»War aber schön.« Er lächelte wieder. »Oder?«

»Doch.« Ich setzte mich auf und versuchte, den Bademantel am Auseinanderklaffen zu hindern. Gelang mir fast. »Ich habe ein bisschen viel Blödsinn erzählt, befürchte ich. Ich vertrage nicht so viel Wein.«

»Ich habe schon alles vergessen.« Er stand wieder auf. »Mach dir keine Gedanken. Ich fand es sehr schön. Wollen wir heute Abend zusammen essen?«

»Oh, ich bin ja mit meiner Cousine hier«, antwortete ich. »Ich kann sie nicht allein lassen. Gestern Abend war sie ein bisschen seekrank und deshalb so früh im Bett. Aber heute legt das Schiff spät ab, und Daniela möchte gern auf die Poolparty. Da gehen wir zusammen hin.«

»Dann sehen wir uns da«, er nickte. »Ich gehe jetzt in die Sauna, bis später.«

Ich starrte ihm nach, bis die Tür hinter ihm zufiel. Poolparty. War ich völlig irre? Ich wollte auf gar keinen Fall da hin. Weder als Matrose noch als Achtzigerjahr-Queen. Ich sollte am besten einfach weiterschlafen. Im weißen Bademantel. Aber dieser Gregor hatte was. Vielleicht würde der Tag nicht ganz so bescheuert enden, wie er angefangen hatte. Auch wenn er vielleicht hauptberuflich Geldwäsche betrieb. Gemeinsam mit Alex' Schwester. Ich nahm mir vor, das herauszukriegen.

Danis Tagebuch

Kleine Geschenke, auch wenn sie in diesem Fall teuer gewesen waren, wirken Wunder, das hat meine Tante Gerhild immer schon gesagt. Als Ela das elegante Päckchen vorhin aufgemacht hat, kamen ihr vor Freude die Tränen, und sie hat mich ganz doll gedrückt. Ich glaube, so hat sich noch niemand über zwei Unterhosen gefreut. Sie war so glücklich, dass sie überhaupt nicht mehr über den Koffer geredet hat. Sie hat sich dann ein Leinenkleid von mir übergeworfen. Es sieht ein bisschen aus wie ein Sack, aber Ela ist ganz zufrieden und will tatsächlich nach dem Essen mit auf die Poolparty gehen. Sie ist fast wie früher und sieht in dem weiten Kleid auch nicht mehr so dünn aus. Tante Gerhild würde sich freuen.

Beim Essen saßen wir erst allein am Tisch, dann kamen zwei meiner Cuxhavener Freundinnen dazu und schließlich das nette Ehepaar, das hier seine Silberhochzeit feiert. Ela hat ein bisschen komisch geguckt, und ich habe mich gewundert, als die Frau Ela plötzlich nach Alex fragte. Ich wollte gerade was sagen, als Ela nach mir trat, vielleicht aus Versehen, aber ich habe dann den Mund gehalten, auch weil es so wehtat. Am Nebentisch saß ein Mann, der Ela immer angeguckt hat. Aber sie hat gar nicht reagiert. Dabei sah er nett aus. Als Ela mal weggeguckt hat, habe ich ihm zugezwinkert. Er hat gelächelt. Wirklich ganz nett.

Nach dem Essen ging die Poolparty los. Die Cuxhavener Frauen hatten jetzt goldene T-Shirts mit dem Aufdruck »Prinzessinnen auf Tour« an. Echt witzig. Es gab eine richtige Band, die ganz toll gespielt hat. Die haben sich auch nicht dauernd »versungen« wie unsere Band daheim auf dem Schützenball. Sind halt Profis.

Dauernd kamen Kellner mit bunten Cocktails vorbei, ich habe aber nur die alkoholfreien getrunken, ich wollte ja nicht schon wieder seekrank werden. Dafür haben wir sofort angefangen zu tanzen, bei der Musik konnte man gar nicht auf seinem Stuhl hockenbleiben. Ela hat nicht getanzt, sie saß neben dem Mann vom Silberpaar. Seine Frau tanzte gerade mit einem fremden Mann, dessen Hand auf ihrem nackten Rücken lag. Die hatte nämlich so einen ganz tiefen Ausschnitt. Ich finde das eigentlich unmöglich. Aber das müssen die ja selbst wissen. Der Ehemann kann Ela wenigstens nicht seine Hand auf die Haut legen, bei dem Kleid kommt man ja gar nicht ran. Irgendwann wollte der nette Mann vom Nebentisch Ela zum Tanzen auffordern. Aber sie hatte anscheinend keine Lust, deshalb ging er dann wieder.

Um Mitternacht gab es ein ganz schönes Feuerwerk. Wir standen alle an der Reling und sahen auf den Hafen von Monaco, das war richtig magisch. Und mitten in der Magie sah ich plötzlich Ela ganz dicht neben dem netten Mann an der Reling stehen. Das ist bestimmt ein Zeichen. Ich bin schon ganz aufgeregt.

So, morgen sind wir auf Korsika, da freue ich mich drauf, und deshalb gehe ich jetzt ins Bett. Ela schläft schon. Sie sieht ganz glücklich aus, bestimmt träumt sie von dem netten Mann.

Korsika – Ela

Der einzige Urlaub, den ich je mit meinem Exfreund Alex gemacht hatte, war der auf Korsika. Deshalb empfand ich einen Anflug von schlechter Laune, als ich das Anlegemanöver von unserem Balkon aus beobachtete. Dani schlief noch, sie war anscheinend von ihrer Tanzerei so fertig, dass sie überhaupt nicht wach wurde. Es war trotzdem Zeit, meine täglichen Rituale zu feiern: die Auswahl meiner Garderobe und den Versuch, meinen Koffer zu finden. Das mit der Garderobe ging schnell. Meine helle Hose nebst Bluse waren auch beim Waschservice an Bord nicht sauber geworden, also war heute wieder das gelüftete Matrosenkleid dran. Man spart viel Zeit, wenn man keine Auswahl hat.

Als ich von der Rezeption zurückkehrte, traf ich Gregor im Fahrstuhl, der auf dem Weg zum Frühstück war.

»Guten Morgen.«

Sein Lächeln war ziemlich sexy, wenn man genau hinsah.

»Hast du Lust, mit mir nach Ajaccio zu fahren? Oder machst du den Landausflug mit?«

»Ich?« Verdattert starrte ich ihn an. »Nein. Ich meine, ich mache den Landausflug nicht mit. Aber ich kann … Also gut, von mir aus.«

»Okay. Halb elf an der Gangway. Bis später.«

Die Fahrstuhltür ging zu, ich blieb davor stehen und merkte auf einmal, wie mein Ärger darüber, dass auch heute Morgen, wie gewohnt, mein Koffer noch nicht da war, einfach so verpuffte. Ich hatte eine Verabredung.

Kurze Zeit später wandelte ich in meinem flotten Matrosenkleid neben einem attraktiven Mann auf den Spuren von Napoleon Bonaparte durch Ajaccio. Er wusste alles über diesen Ort, der personifizierte Reiseführer. Nach zwei Stunden hob ich erschöpft die Hand und fragte: »Woher weißt du das alles?«

»Ich arbeite für ein Reiseunternehmen und war hier schon ein paarmal. Willst du noch etwas über diese Insel wissen? Du warst noch nie hier, oder?«

»Doch, aber ich hatte Korsika nicht so interessant in Erinnerung.«

»Komm, ich lade dich zum Mittagessen ein. Gleich da drüben auf dem Markplatz kenne ich ein schönes Lokal.« Gregor legte leicht die Hand auf meinen Rücken, was bei mir einen kleinen Schauer auslöste, den ich sofort verdrängte. Ich war erleichtert, zum einen, weil es etwas zu essen gab, und zum anderen, weil er mich einlud. Mein Barvermögen bestand aus genau 65 Euro. Damit kam ich bei den Korsen nicht weit.

Nach dem wirklich wunderbaren Mittagessen liefen wir dann leider dem Silberpaar über den Weg.

»Ach?« Mit hochgezogenen Augenbrauen betrachtete mich Alex' Schwester, deren Namen ich immer noch nicht kannte, von oben bis unten und wieder zurück. »Was machen Sie denn hier? Haben Sie sich auch zufällig getroffen? Na ja, der Ort ist ja nicht so groß.«

Gregor sah sie freundlich an und sagte dann zu mir: »Darf ich vorstellen? Das ist das Ehepaar Lindemann und das ...«

»Wir haben uns schon kennengelernt«, unterbrach ihn Frau Lindemann, ohne mich eines Blickes zu würdigen. »Haben Sie hier eigentlich auch beruflich zu tun?«

Gregor nickte. »Teilweise. Ich verbinde gerade Beruf und Urlaub auf geschickte Weise. Ich schaue mir gleich noch ein Hotel an, es soll das beste am Ort sein. Mal gucken, ob es wirklich so edel ist.«

»Und Sie? Sie gehen so mit?« Jetzt sah Frau Lindemann mich an, als würde ich im Leopardentanga vor ihr stehen. Mir fiel auf einmal auf, dass sie denselben arroganten Ausdruck wie ihr Bruder hatte.

»Ja«, sagte ich mit schockgefrorener Stimme, »ich gehe einfach so mit. Schönen Tag noch.«

Ich hakte Gregor besitzergreifend unter und zog ihn mit. »Diese blöde Ziege«, zischte ich leise. »Was bildet die sich ein?«

Leise lachend lief Gregor neben mir und drückte meinen Arm. »Alles gut. Frau Lindemann hat sich gewundert, dass jemand wie du, ich zitiere, bei ihrem wunderbaren und trendigen Bruder arbeitet. Ist der denn so wunderbar und trendy?«

»Na ja«, ich beschleunigte meine Schritte. »Das ist nicht so einfach zu erklären. Ich fand es zumindest mal. Vielleicht reden wir später mal drüber.«

Danis Tagebuch

Heute war wirklich ein ganz verrückter Tag. Es ging damit los, dass ich mich überhaupt nicht bewegen konnte. Also, ich meine wirklich gar nicht. Ich hatte einen solchen Muskelkater in den Beinen, dass ich keinen Schritt machen konnte, ohne vor Schmerzen zu winseln. Der Wahnsinn. Auf den Landgang musste ich dann wohl verzichten. Ich wäre ja die Gangway gar nicht runter-, geschweige denn später wieder hochgekommen. Dafür ist Ela gegangen, und zwar mit dem netten Mann gestern vom Nebentisch. Der heißt Gregor und hat sie heute Morgen gefragt, ob sie ihn begleiten will. Geht doch, habe ich mir gedacht. Meine Mutter sagt immer: Andere Mütter haben auch schöne Söhne.

Ich habe dann den ganzen Tag am Pool verbracht und mir einen richtigen Sonnenbrand geholt. Aber es war toll. Ich habe mit so vielen Leuten gesprochen, die sind ja hier alle so wahnsinnig nett. Das Beste war, dass ich Max kennengelernt habe. Der ist hier Koch und hat mir vorgeschlagen, dass er mir morgen die Küche zeigen kann. Morgen sind wir in Rom und fahren mit dem Bus durch die Stadt. Da will ich nicht mit. Dank Schwager Albert musste ich schon so oft mit dem Bus durch die Gegend fahren, das reicht für zwei Leben. Rom hin oder her. Das kann ich auch alles im Reiseführer lesen. Und außerdem reden alle italienisch. Das verstehe ich sowieso nicht.

Ela ist erst sehr spät wiedergekommen. Sie sah ganz anders aus als heute Morgen. Irgendwie schöner. Und sie hat kein Wort darüber verloren, dass ihr Koffer auch im Lauf des Tages nicht gekommen ist. Stattdessen hat sie sich nur meine braune Strickjacke geholt und ist noch mit Gregor in die Bar aufs Außendeck gegangen. Richtig romantisch finde ich das. Ich gehe heute nicht mehr an die Bar. Ich gucke lieber einen Liebesfilm im Fernsehen. Den kann ich vom Bett aus sehen und meine schmerzenden Beine schön mit Pferdesalbe einreiben. Damit ich morgen wieder besser laufen kann.

Civitavecchia – Ela

In einem Hafenort mit einem unaussprechlichen Namen kam dann der Höhepunkt der Reise. Ich redete schon gar nicht mehr davon, dass mein Koffer auch hier nicht eingetroffen war. Das gehörte mittlerweile schon zum festgefügten Ritual. Nein, ich ging heute Morgen von Bord, um Daniela beim Aufkleberkaufen zu begleiten, drehte mich in der Menschenmenge, die auf dem Platz vor dem Hafen auf die Busse nach Rom wartete, nach Daniela um und prallte auf – Alex. Ganz genau: auf Alex. Der, den ich nie wieder sehen wollte, der arrogante Blödmann, der mir die Kündigung per SMS geschickt hatte, der vor seiner Frau kuschte, der, mit dem ich mich viel zu lange beschäftigt hatte. Und ich stand da in sehr kurzen, sehr weiten Hosen, einem langen weißen Hemd und Flipflops, die auf Korsika nur drei Euro gekostet hatten, weshalb ich sie mir leisten konnte. Ich war immer noch ungeschminkt und duftete nach grüner Seife. Und Alex? Der starrte mich stumm an, als hätte ich gerade die Finger an einer Bombenzündung.

Daniela stand dicht hinter mir und fragte: »Ist was, Ela?«

»Nein«, antwortete ich und starrte dabei Alex an. »Es ist gar nichts. Überhaupt nichts. Komm weiter, hier stehen so viele Idioten rum.«

Wir gingen einfach weiter, in den nächsten Kiosk, und kauften zwei Aufkleber. Einen für den Koffer und einen für mich. Hier in diesem Hafenort hatte ich eine Erscheinung gehabt. Und deshalb werde ich mir den gelben Aufkleber mit der Aufschrift Civitavecchia auf den Kühlschrank kleben. Zur ewigen Abschreckung aller Männer, die wie Alex waren.

Danis Tagebuch

Italienisches Eis ist doch das beste der Welt. Ela und ich haben in einem Ort mit einem sehr langen Namen große Eisbecher gegessen, anschließend war uns so schlecht, dass wir kleine Schnäpse getrunken haben. Es war so lustig. Ich habe Ela lange nicht mehr so lachen sehen. Wir haben dann einen Kassensturz gemacht. Dank meines Casinogewinns haben wir zusammen noch 297,69 Euro. Und weil wir morgen einen Schiffstag haben und an Bord kein Geld brauchen, haben wir unser Geld in zwei Kleider gesteckt. Ela in ein gelbes und ich in ein roséfarbenes.

Richtig tolle italienische Sommerkleider. Elas passt ihr wie angegossen. Sie hat gesagt, es sei ihr völlig schnuppe, wo ihr Koffer sei, sie hätte es nur einmal zu gern der blöden Lindemann gezeigt. Gestylt und mit hohen Schuhe an ihr vorbeirauschen. Das wär's gewesen.

Als wir wieder auf dem Schiff waren, gab es Mittagessen. Ela war total entspannt, zumindest so lange, bis Gregor kam. Da wurde sie dann ein bisschen nervös, aber ich habe ihr gesagt, dass es mir nichts ausmacht, wenn sie mit ihm weggeht. Ich hatte ja sowieso meine Küchenbesichtigung mit Max. Das war übrigens sehr beeindruckend: so ein große Küche und so viel Köche. Toll. Abends war ich dann mit Ela, Gregor, Jonas und Jennifer im Musical. Das war total schön. Das einzig Blöde war, dass alle um mich herum Händchen hielten. Ja, auch Ela und Gregor. Ich tat zwar so, als hätte ich es nicht gesehen, aber ich bekam in dem Moment eine Mordssehnsucht nach Lars und Jogi Löw.

Danis Tagebuch

Schade, schade, jetzt sitzen wir schon wieder im Flugzeug und sind auf dem Weg nach Hause. Die Zeit ist so schnell vorbeigegangen. Gestern war noch mal ein richtig schöner Abschlusstag. Das Schiff ist ja den ganzen Tag und die ganze Nacht gefahren, das nennt sich dann Bordtag. Ela und ich haben ausgeschlafen, dann gefrühstückt und sind dann erst mal in aller Ruhe einmal um das ganze Schiff gelaufen. Als wir wieder zu unserer Kabine kamen, gab es eine Riesenüberraschung: Elas Koffer stand vor unserer Tür. Einfach so, wie vom Himmel gefallen. Ela bekam einen Lachkoller und konnte sich kaum beruhigen. Aber sie hat sich nicht gleich umgezogen, sondern trug weiterhin ihr italienisches Sommerkleid. Ich hatte nämlich zufällig gehört, dass Gregor ganz leise im Theater zu ihr gesagt hatte, dass er es so schön findet, endlich mal eine Frau zu küssen, die nicht dauernd so durchgestylt sei. Das hat Ela anscheinend gefallen. Nur am Abend, da hat sich Ela für das letzte Abendessen an Bord richtig aufgedonnert. Sie schwebte in einem ganz engen schwarzen Schlauchkleid mit tiefem Ausschnitt, sehr hohen Absätzen und knallrotem Lippenstift an Frau Lindemann vorbei. Und als dann Gregor Elas Arm nahm, sind der fast die Augen rausgefallen. Auf einmal wollte sie dann doch mit Ela sprechen. Aber da hat meine Cousine sie ganz schön abblitzen lassen. So etwas kann sie nämlich ganz hervorragend. Dann bekommt sie schmale Augen und so eine frostige Stimme.

Leider ist unsere Reise nun vorbei, und morgen fahren wir ganz früh zum Flughafen und dann nach Hause. Vielleicht können Ela und ich ja noch einmal so etwas machen. Das heißt, ich werde jetzt ganz viele Kreuzworträtsel lösen, damit ich wieder etwas gewinne. Obwohl, Gregor arbeitet ja bei einem Reiseunternehmen. Vielleicht kriegen wir das bei ihm dann billiger. Dann könnten auch mal meine Schwestern, Eltern, Tanten, mein Onkel und der Schwager mit. Das Schiff ist ja groß genug. Da geht man sich nicht so schnell auf die Nerven. Nur Lars wird zu Hause bleiben müssen. Schade. Aber der passt dann wieder auf Jogi Löw auf.

Also, liebes Tagebuch, bis zur nächsten Reise.

Deine Dani

Wir flogen in aller Herrgottsfrühe von Palma de Mallorca zurück nach Hamburg. Keine Chance mehr, Palma zu sehen, in Ruhe zu frühstücken oder sich lange zu verabschieden. Und dann waren wir schon über den Wolken, Dani saß neben mir, völlig verschlafen, starrte aus dem Fenster und schrieb zwischendurch immer wieder etwas in ihr Notizbuch. Wahrscheinlich versuchte sie, alles, was passiert war, zu dokumentieren. Sie wollte jede Kleinigkeit aufschreiben, damit sie nichts vergaß. Vielleicht sollte ich das auch mal machen, um mich später besser erinnern zu können.

Was war jetzt also auf dieser Kreuzfahrt passiert? Ich hatte mehrere Länder und Städte gesehen, ich hatte eine Erscheinung gehabt und damit Alex aus meinem Kopf katapultiert, ich war eine Woche ohne Make-up und schlecht angezogen durch die Welt gegangen, die dadurch trotzdem nicht untergegangen war, ich hatte Gregor kennengelernt, der nicht nur bei einem Reiseveranstalter arbeitete, sondern sogar der Inhaber war und eine Werbefachfrau für sein Unternehmen suchte, also hatte ich vermutlich auch einen neuen Job in Aussicht, und ich war ein Fan von Kreuzfahrten geworden. Das war doch kein schlechtes Ergebnis für so eine kurze Zeit. Und das alles nur, weil Dani das Wort »Liebeskummer« bei einem Kreuzworträtsel herausgefunden hatte.

Ich beugte mich zu Dani und küsste sie auf die Wange. »Danke schön, kleine Cousine«, sagte ich, schloss die Augen und lehnte mich zufrieden zurück.

Wilhelm Genazino

Tarzan am Main

Ich war zehn Jahre alt, als ich zu glauben begann, dass in Kürze ein Krieg ausbrechen würde. Deswegen wollte ich, dass meine Eltern mir von den Kriegen erzählten, die sie selbst erlebt hatten. Von einem kommenden neuen Krieg wussten sie nichts. Kind, was dir alles im Kopf herumgeht, sagte meine Mutter. Vater schüttelte den Kopf und winkte ab. Dann, plötzlich, gab es in der DDR einen Volksaufstand. Wir lebten im Westen und schauten uns die Bilder im Fernsehen an. Zum ersten Mal sah ich fahrende Panzer in einer Stadt und Männer, die Steine von der Straße aufhoben und gegen die Panzer warfen. Hier!, rief ich meinen Eltern entgegen, der Krieg ist nah! Erzählt mir alles, was ihr von dem Krieg wisst! Jetzt lachten meine Eltern gemeinsam und schickten mich ins Bett.

Ich schnitzte mir einen Stock und nahm ihn mit in die Schule. Der Lehrer war vernünftig und sah ein, dass ich mich für den kommenden Krieg mit einer Waffe ausrüsten musste. Er verlangte nur, dass ich mich während des Unterrichts von meinem Stock trennte. Ich stellte ihn in einer Ecke ab, so dass ich ihn bei einem Angriff sofort zur Hand haben würde. Ich war mit mir übereingekommen, dass ich den kommenden Krieg nicht mitmachen wollte. Ich war zur Flucht entschlossen. Ich wollte Deutschland über Frankreich verlassen und von Marseille auf einem Frachter nach Südamerika fliehen. Neuerdings musste ich in der Schule Englisch und Französisch lernen. Ich saß ruhig in meiner Bank und weigerte mich, mich für Fremdsprachen zu interessieren, die ich im Dschungel nicht brauchen konnte. Der Religionslehrer wollte, dass wir Kinder schöne Lieder sangen. Ich verstand die Lieder nicht, aber ich sang mit. Ein Lied hieß »Wem Gott will rechte Gunst erweisen…«. Warum sollten wir Gott eine Gunst erweisen, was war überhaupt eine Gunst, und wie erwies man sie einem Gott? Ich fragte auch den Religionslehrer nach dem kommenden Krieg, er schüttelte den Kopf wie Vater und hob den Taktstock zum Weitersingen.

Fast täglich las ich Tarzanhefte, die mir mein Freund Günter auslieh. Günter war bereit, mit mir zu fliehen. Das Beste an Tarzan war, dass er sich an langen Lianen von Baum zu Baum schwang. Das wollte ich im Dschungel genauso machen. Wir würden uns eine Baumhütte bauen, dort würden wir den Krieg überleben. Am Ende des Unterrichts nahm ich meinen Schulranzen und meinen Stock und ging nach Hause zu meinen ahnungslosen Eltern. Das heißt, ich machte ein paar Umwege, um mir zerstörte Häuser anzuschauen, die vom vorigen Krieg übriggeblieben waren. Diese fast ganz kaputten Häuser gefielen mir. Von einem war nur die vordere Mauer übriggeblieben. Durch die leeren Fenster sah man den Himmel, auf den Fenstersimsen wuchs Gras, der Eingang war zugemauert. Zusammen mit Günter würde ich demnächst auf das Trümmergelände hinter dem Haus vordringen.

Unterwegs sah ich zwei Jungen in meinem Alter, die neben einer Regenpfütze knieten. Als ich näher kam, sah ich, dass sie Ameisen fingen und sie dann in die Pfütze warfen. Sie hatten Vergnügen daran, die Ameisen gegen ihren Tod kämpfen zu sehen. Die kleinen Tiere waren kraftvoll und zäh. Keine einzige Ameise schien den Kampf gegen den Tod zu verlieren. Sie rackerten sich nah an den Rand der Pfütze heran und wurden sogar noch kräftiger, als sie Boden unter ihren Beinen spürten. Da griff einer der Jungen mit der Hand in die Pfütze, erfasste eine der nassen Ameisen und warf sie auf mich. Ich erschrak, obwohl die Ameise mich verfehlte. Schon griff der Junge nach der nächsten Ameise. Da erhob ich meinen Stock und hielt ihn drohend gegen ihn. Tatsächlich ließ er daraufhin das Tier in die Pfütze zurückfallen und sah mich erstaunt an.

Ich ging wortlos weiter, wie Tarzan. Ich kam nach Hause wie ein Krieger. Der schlägt sich durch, sagte Vater und lachte anerkennend. Seine Bemerkung gefiel mir. Endlich fängt er an, vom zukünftigen Krieg zu erzählen, dachte ich. Aber ich hatte mich geirrt, er fing wieder nicht an. Es war schön, ein Kinderkrieger zu sein. Ich hatte keine Feinde und konnte mich in aller Ruhe auf den Krieg vorbereiten.

Meine Mutter erzählte immer wieder die Geschichte von dem ersten Wort, das ich als Kind aussprach. Als ich noch sehr klein war, saß ich mit meinen Eltern immer wieder in unserem verdunkelten Wohnzimmer. Mutter hatte mich auf dem Schoß und hielt sich den rechten Zeigefinger auf den geschlossenen Mund. Der Finger auf den Lippen war das Zeichen, dass ich ebenfalls den Mund halten sollte. Vater saß mit uns im dunklen Wohnzimmer und sah auf den Boden, dann zu seiner Frau und mir und dann wieder auf den Boden. Von fern hörten wir das Näherkommen der Bomber. Sie warfen ihre Bomben auf unsere Stadt und flogen dann weiter. Bisher hatten wir Glück gehabt. Mutter sah mich an und lächelte im Halbdunkel und inmitten des näher kommenden Gedröhns. Es war wieder ein Kampfverband, das heißt mehrere Flugzeuge, vielleicht zehn oder zwanzig, die in einer geschlossenen Formation nebeneinanderher flogen und auf ein Signal hin ihre Klappen öffneten. Da sagte ich zum ersten Mal das Wort Fanderband. Als die Flugzeuge weg waren und wir wieder einmal Glück gehabt hatten, knipste Vater das Licht an, Mutter hob mich in die Höhe und küsste mich mehrmals quer über das Gesicht. Aus Begeisterung benutzte sie selbst anstatt des Worts Kampfverband mein eigenes erstes Wort Fanderband. Sie war glücklich, dass ich ein so kompliziertes Wort aussprach, auch noch auf so originelle Weise falsch.

Später, nach den Schulaufgaben, ging ich auf die Straße und suchte nach Ingeborg. Sie war so alt wie ich und interessierte sich für meine Fluchtpläne. Außer Marseille gab es noch eine andere Fluchtmöglichkeit. Man musste früh aufstehen und nach Hamburg kommen und von dort mit einem Schiff nach Australien. Ingeborg wusste nicht, wo Australien liegt, ich erklärte es ihr. Sie erzählte ihren Eltern kein Wort von unseren Absichten, was ich gut fand. Ingeborg war mir zugetan und wollte immerzu neue Einzelheiten über den Krieg und unsere Flucht hören. Ich wollte Ingeborg so weit bringen, dass sie bereit war, mit mir zu verschwinden. Bald fing sie ebenfalls an, vom Krieg zu sprechen. Vermutlich erzählte sie nur weiter, was sie zu Hause von ihren Eltern gehört hatte. Auch sie hatte, genau wie ich, ein Lieblingskriegswort: das Wort Haubitze. Ingeborg lachte jedes Mal, wenn sie es aussprach. Erst viel später ging mir auf, dass sie einen Großvater gehabt haben musste, der ihr vom Ersten Weltkrieg erzählt hatte; denn im Zweiten wurde meines Wissens nicht mehr mit Haubitzen Krieg geführt.

Zum Dank für ihre Erzählungen machte ich Ingeborg mit ein paar Überlebenstricks vertraut. Ich sagte ihr, dass sich den Tag über eine Menge Staub auf unseren nackten Unterarmen ansammelte. Wenn man starken Hunger empfindet und nichts zu essen hat, kurz: Wenn man sich im Krieg befindet, kann man sich zur Not den Staub von den Unterarmen lecken. Man streckt die Zunge heraus, so weit es geht, und zieht mit der Zunge eine schmale Spur den Arm hinauf. Der Staub schmeckt silbrig und fremd, aber der Geschmack stillt den Hunger, jedenfalls für eine Weile. Am späteren Nachmittag lud ich Ingeborg zu einem Ausflug in die Innenstadt ein. Ich will dir etwas zeigen, sagte ich. Ingeborg wollte wissen was, ich sagte es ihr nicht.

Ich führte sie in die Kaufhäuser beziehungsweise zu den Fahrstühlen, die es dort gab. In fast allen Fahrstühlen arbeiteten damals bein- oder armamputierte Männer als Fahrstuhlführer. Wenn ihnen ein Bein fehlte, lehnten sie in einer Ecke der Fahrstuhlkabine und bedienten die Knöpfe. Männer, denen nur ein Arm oder eine Hand fehlte, hatten es leichter. Wenn wir die Fahrstühle wechselten, erklärte ich Ingeborg, dass die Männer ihre Körperteile im Krieg verloren hatten. Wir wollten einen Fahrstuhlführer fragen, aber dann trauten wir uns nicht. Während des Heimwegs erzählten wir uns, was wir machen würden, wenn uns im kommenden Krieg etwas abgeschossen würde. Ingeborg versprach, dass sie mich sofort mit ihrem Taschentuch verbinden würde. Ich versprach, dass ich sie auf die Arme nehmen und ins nächste Krankenhaus tragen würde. Wir waren der Meinung, dass man trotz eines fehlenden Beins oder Arms sehr gut weiterleben konnte. Kurz vor der Heimkehr hatten wir Hunger. Wir setzten uns auf ein Gartenmäuerchen und leckten unsere Arme. Wieder hatte uns niemand vom Krieg erzählt, aber wir hatten seinen Geschmack im Mund.

Jutta Profijt

Wer andern eine Blume sät

Ich habe keinen grünen Daumen, weiß Gott nicht. Zimmerpflanzen überleben bei mir keinen Monat, mein Balkon ist eine Wüste aus grauem Beton und bröckeliger, trockener Erde in anthrazitfarbenen Pflanzkästen. Jedes Jahr versuche ich mein Glück mit Geranien, Wildblumenwiesen oder Bienenfreund-Saatmischungen oder wie das ganze Zeug heißt, das auf den Abbildungen der Samentütchen so prächtig aussieht. Auf den drei Balkonen über meinem grünt und blüht es, bei mir geht gelegentlich eine Geranienknospe oder ein Saatkorn auf, aber nach spätestens zwei Wochen ist alles entweder ertrunken oder vertrocknet. Ich kann es einfach nicht.

Umso erstaunter war ich, als ich am ersten Mai des vergangenen Jahres die Gardine aufschob und statt der dürren Vorjahresreste auf einmal richtig schöne Pflanzen erblickte. Einige Osterglocken nickten im leichten Wind, dazwischen blühten Hornveilchen und Vergissmeinnicht. In jedem Blumenkasten streckten irgendwelche Keimlinge ihre Blättchen in die kräftige Frühlingssonne.

Ich wusste nicht, ob ich mich über die Pracht freuen oder über das Eindringen in mein Reich ärgern sollte.

Nachdem ich einen Anruf bei der Polizei verworfen hatte (»Ja, ich möchte einen Einbruch melden. Nein, es fehlt nichts, außer ein paar abgestorbenen Pflanzenresten vom Vorjahr. Stattdessen blühen Osterglocken, Hornveilchen und Vergissmeinnicht an meinem Geländer.«), überlegte ich, welche Haltung ich zu dem heimlichen Gärtner einnehmen wollte, konnte mich aber nicht entscheiden. Zumal mir auch nach etlichem Nachdenken beim besten Willen niemand einfallen wollte, dem ich diese Aktion zutraute. Der einzige Mensch, der außer mir einen Schlüssel zu meiner Wohnung besaß, war die Nachbarin über mir. Nicht, weil wir uns besonders nahestanden, sondern weil sie mir eines Tages einfach ihren Schlüssel gegeben hatte. Für den Fall, dass mal der Schlauch der Waschmaschine platzt und ihre Lauge in mein Badezimmer läuft. Da ich zu niemandem im Haus näheren Kontakt unterhielt, hatte ich die Gelegenheit beim Schopf gepackt und ihr im Gegenzug meinen Schlüssel gegeben. Die Vorstellung, dass Frau Gebert in einer Nacht- und Nebelaktion meinen Balkon verschönert haben sollte, war so absurd, dass ich den Gedanken gleich wieder verwarf.

Natürlich konnte jeder, der ein Interesse daran hatte, meinen Balkon ohne Schwierigkeiten erreichen. Die Vormieter hatten eine Treppe in den Gemeinschaftsgarten anbringen lassen, an deren oberem Ende ein abgeschlossenes Törchen ungebetene Besucher abhalten sollte. Da das Schloss aber seit drei Jahren kaputt war und der Vermieter sich nicht darum kümmert, musste man noch nicht einmal über die Brüstung steigen, um auf meinen Balkon im Hochparterre zu kommen. Nur – wer sollte das tun? Und warum?

Nach der Arbeit, ich bin Sachbearbeiterin für Einkommenssteuer, Buchstabe L bis M, im hiesigen Finanzamt, war alles unverändert, und ich war mit meinen Überlegungen keinen Schritt weitergekommen. Die von mir argwöhnisch beobachteten Kollegen hatten sich alle unverdächtig verhalten. Ehrlich gesagt hatte ich auch nie ernsthaft einen von ihnen in Erwägung gezogen. Ich kannte niemanden näher, geschweige denn, dass ich mit jemandem befreundet war. Man arbeitete zusammen, man grüßte sich, sprach vielleicht ein paar Sätze in der Mittagspause, aber mehr nicht. Vielleicht lag es auch an meinem enormen Körperumfang, dass ich lieber mit mir alleine war und es vorzog, den mitleidigen oder verächtlichen Blicken meiner Umwelt aus dem Weg zu gehen. Meine Familie bestand aus meiner Mutter, die seit einigen Jahren dreihundert Kilometer entfernt in einem Heim für Demenzkranke lebte. Ich besuchte sie einmal im Monat. Kurz gesagt, mir fiel einfach kein Mensch ein, der mir so eine Überraschung hätte bereiten wollen. Ich war absolut ratlos.

Am achten Mai standen zwei neue Pflanzgefäße mit nackter Erde auf dem Balkon, und in den seitlichen Kästen steckten lange Stangen, die bis an die Unterseite von Frau Geberts Balkon reichten. Die Keimlinge in allen vier Kästen waren enorm gewachsen. Selbst ich konnte erkennen, dass es unterschiedliche Pflanzen waren, die da heranwuchsen.

Wer war mein heimlicher Gärtner? Ich beschloss, mich auf die Lauer zu legen.

Da die beiden Verschönerungsaktionen bisher jedes Mal in der Nacht von Sonntag auf Montag geschehen waren, nahm ich mir vor, am kommenden Wochenende auf den Fremden zu warten. So lang dauerte es allerdings nicht, bis sich wieder etwas tat. In der Nacht zu Mittwoch glaubte ich, ein Geräusch zu hören, und schlich mich leise zum Wohnzimmerfenster. Tatsächlich sah ich einen Schatten auf dem Balkon, allerdings nicht in Gartenarbeit versunken, sondern gemütlich in meinem Liegestuhl liegend und rauchend. Ein Mann, ganz klar. Mir blieb das Herz stehen. Polizei!, war mein erster Gedanke. Doch irgendwie verfolgte ich diesen nicht weiter. Ich verwarf ihn auch nicht wirklich, vielmehr entglitt er mir, verlor an Dringlichkeit. Denn der Mann, der da in meinem Liegestuhl auf dem Balkon lag, hatte gemächlich seine Zigarette ausgedrückt, hatte seine Jacke über sich ausgebreitet und war eingeschlafen.

Am Morgen erwachte ich etwas orientierungslos und mit fürchterlichen Schmerzen im Nacken. Dann erinnerte ich mich. Ich war auf dem Sofa eingenickt, während ich noch überlegt hatte, was ich wegen des Balkonschläfers unternehmen sollte. Mühsam kam ich auf die Beine. Auf dem Balkon entdeckte ich ein weiteres Pflanzgefäß mit einem kleinen Bäumchen. Bei genauem Hinsehen meinte ich, Fruchtansätze zu erkennen. Was das wohl war? Aus den Blumentöpfen, die der Gärtner vergangenen Sonntag aufgestellt hatte, lugten inzwischen kleine Keimblättchen.

Ich stellte mich unter die heiße Dusche, nahm eine Tablette gegen die Kopfschmerzen, die vom verrenkten Nacken hochzogen, und ging ins Büro.

Innerhalb der nächsten Wochen erschienen sechs weitere Töpfe oder Balkonkästen. Die Pflanzen wuchsen schnell und kräftig und bekamen offenbar immer ausreichend Wasser, wenn auch nicht von mir. Ich freute mich jeden Tag darauf, nach Hause zu kommen und zu schauen, wo sich wieder ein Blatt entrollt, eine Blüte geöffnet oder ein neuer Keimling aus der feinen Erde geschoben hatte. Die Osterglocken verblühten und verschwanden über Nacht, die Vergissmeinnicht ebenso, nur zwei Hornveilchen blühten unermüdlich weiter.

Noch zwei Mal hatte ich nachts den Mann in meinem Liegestuhl gesehen, aber beide Male nichts unternommen. Ich war mir nicht sicher, ob ich wollte, dass das, was da im Gange war, aufhörte.

Ich weiß nicht, ob ich je den Mut gefunden hätte, den Mann anzusprechen, wenn nicht am neunten Juli Folgendes passiert wäre: Bei mir wurde eingebrochen. Allerdings nicht vom Balkon aus, sondern durch das Küchenfenster. Der Eindringling stolperte über den Stapel Altpapier, den ich mitten in die Küche gestellt hatte, damit ich am folgenden Tag daran dachte, ihn zum Container zu bringen. Offenbar beim Versuch, sich irgendwo festzuhalten, riss der Gauner die Vase vom Küchentisch. Das zerspringende Glas weckte mich, aber ich traute mich zunächst nicht aus dem Schlafzimmer heraus, sondern tappte leise zur Tür, drehte den Schlüssel im Schloss und rief die Polizei..

Erst als die kam, verließ ich das Schlafzimmer, warf aber vorher noch einen Blick auf den Balkon. Von meinem Gärtner war nichts zu sehen, nur seine Jacke lag neben dem Liegestuhl. Ich hob sie auf, klopfte den Staub ab und legte sie auf die Sitzfläche.

Die Polizisten vergewisserten sich, dass sich kein Bösewicht in meiner Wohnung versteckte, rieten mir, abschließbare Beschläge einzubauen, wenn ich die Fenster kippen wollte, und untersuchten auch die Balkontür auf Anzeichen einer Beschädigung. Einer der beiden wunderte sich über die Männerjacke auf dem Balkon, aber ich erklärte ihm, ein Freund habe sie vergessen. Und zu meiner eigenen Verwunderung fühlte sich die Formulierung richtig an. Der Mann, dessen Namen ich nicht kannte, war mein bester Freund. Und ich sorgte mich um ihn wie um einen Freund. Wo war er hin? Mitten in der Nacht! Hoffentlich würde er wiederkommen. Immerhin hatte er ja seine Jacke zurückgelassen.

Doch in den darauffolgenden Nächten blieb es still auf meinem Balkon. Jeden Morgen schaute ich hoffnungsvoll hinaus, aber die Jacke lag unberührt im Liegestuhl. Langsam machte ich mir echte Sorgen. Um ihn, aber verrückterweise auch um mich. Die Vorstellung, dass er für immer aus meinem Leben verschwunden sein sollte, nahm mir jede Energie. Ich fühlte mich schwach und meldete mich im Finanzamt krank.

Weitere zweiundsiebzig Stunden harrte ich am Wohnzimmerfenster aus, dämmerte zwischendurch weg, schlief unruhig, aß und trank praktisch meine gesamten Vorräte leer und kaute vier Fingernägel bis aufs Blut ab. Dann, endlich, eine Woche nach dem Einbruch, kurz vor Mitternacht, kam er. Ich weiß nicht, wie er mich bemerkte, denn ich hatte kein Licht gemacht und rührte mich nicht. Aber da stand er plötzlich. Ein Schatten vor meiner Scheibe. Und starrte mich an. Ganz langsam, als wolle ich mich einem scheuen Vogel nähern, ging ich zur Balkontür und öffnete sie. Er ließ mich die ganze Zeit nicht aus den Augen. Ich blieb auf meiner Seite der Türschwelle stehen, er auf seiner. »Hallo«, sagte ich.

»Hallo.«

»Da sind Sie ja wieder. Sie haben Ihre Jacke hier vergessen. Ich habe sie in den Liegestuhl gelegt.«

Er lächelte. Zumindest vermutete ich das, denn sein Walrossbart verdeckte den Großteil der unteren Gesichtshälfte.

»Danke schön.«

»Ich heiße übrigens Marianne.«

»Ich bin Marek.«

Er sprach mit polnischem Akzent.

»Danke für die Blumen.«

Jetzt lächelte er eindeutig. »Bitte.«

Mein Gott, ich stand hier wie eine Türwächterin. Wie peinlich. Ich bin sicher, ich wurde rot, und fragte schnell: »Wollen Sie nicht reinkommen?«

Marek schüttelte den Kopf.

»Aber es regnet.«

Er zeigte wortlos nach oben.

Natürlich, er hatte recht, der Balkon war überdacht.

»Muss ich schlafen«, sagte Marek leise. »Morgen viel Arbeit.«

»Ja, klar, das verstehe ich«, sagte ich eilig. »Entschuldigung, ich wollte Sie nicht aufhalten.«

»Gute Nacht«, sagte Marek. »Träumen Sie schön.«

»Danke. Sie auch.«

Ich schloss die Balkontür, winkte Marek noch einmal verstohlen zu und ging ins Bett. Schlafen konnte ich natürlich nicht.

Die Pflanzen an den dünnen Stangen stellten sich als Bohnen heraus, die jeden Tag zehn Zentimeter wuchsen, rot, aprikotfarben und weiß blühten und den Balkon in ein grünes Zimmer verwandelten. In den Kästen und Kübeln erblühten Kornblumen, Cosmeen, Sonnenblumen, rotes Basilikum, Mangold mit roten, gelben oder weißen Rippen und Tomaten, die so süß schmeckten, dass man sie für Konfekt hätte halten können. Ich traf Marek jetzt immer freitag- und samstagabends, denn unter der Woche kam er sehr spät und ging sehr früh. Am Wochenende wartete ich schon auf ihn. Dann holte ich mir einen Stuhl auf den Balkon, und Marek erklärte mir die Pflanzen. Über sich selbst sprach er ungern.

»Wo arbeitest du?«

»Neubaugebiet.«

»Wo wohnst du sonst?«

»Überall, wo Arbeit ist.«

»Was isst du?«

»Imbiss mit Kollegen.«

Lange traute ich mich nicht zu fragen, wo er duschte, aber irgendwann fiel ihm ein Ausweis aus der Hosentasche, auf dem ich das Logo des städtischen Freibades erkannte. Ein Saison-Abo. Damit war auch das geklärt. Oft saßen wir einfach schweigend beieinander. Er rauchte und ich las.

Der Hochsommer verging und die Tage wurden kürzer. Wir aßen Bohnen, Mangold, Äpfel, sogar Kartoffeln und einen Kürbis, der über mehrere Wochen, in einem Netz von der Balkonbrüstung hängend, dicker und dicker geworden war. Die Kästen, in denen die Sommerblumen verblüht waren, bepflanzte Marek mit Winterstauden. Christrosen, Mühlenbeckia, Heide. Dazwischen steckte er Zwiebeln von Schneeglöckchen und Krokussen.

»Damit du nicht so allein bist im Winter«, sagte er.

Ein Kloß in meinem Hals machte eine Antwort unmöglich. Natürlich hatte ich es geahnt, aber als er es aussprach, war mir dann doch zum Heulen zumute. Und an dem Tag, an dem er sich mit einem kräftigen Händedruck und einem heiseren »Leb wohl« verabschiedete, flossen die Tränen wirklich. Mein einziger Trost waren die blühenden Balkonkästen – aber würden die nicht in spätestens zwei Wochen voller vertrockneter Stängel sein?

Ich kaufte Bücher über erfolgreiches Gärtnern auf dem Balkon, Selbstversorgung vom Balkon, Kräuter und Gewürze vom Balkon, Wildbienenhotels, Regenwurmkisten und alles, was ich zu dem Thema sonst noch finden konnte. Den Winter über las und plante ich, streifte durch Gartencenter und kaufte bereits im Januar Blumenzwiebeln und Saatgut, das noch Monate auf besseres Wetter würde warten müssen. Die Kollegen neckten mich wegen der frischen Blumen, die ich nun jede Woche mit ins Büro brachte, und die Nachbarin, die meinen Schlüssel hat, lobte mich für die beiden bepflanzten Kübel auf den Stufen vor der Eingangstür. Ich hörte zufällig von »Guerilla Gardening« und warf mit klopfendem Herzen und einer Mischung aus schlechtem Gewissen und Revoluzzertum Saatgut auf öffentliche Brachflächen.

Als die ersten, noch von Marek gepflanzten Schneeglöckchen blühten, weinte ich wieder, aber dieses Mal vor Freude. Nacheinander kamen die Krokusse, Veilchen, Leberblümchen, Osterglocken und, und, und. Ich stellte, ohne den Vermieter um Erlaubnis zu fragen, eine Regenwassertonne auf, in der ich das Wasser vom Garagendach sammelte, und achtete genau auf die Wettervorhersagen und die tatsächlichen Bedingungen. Wochenlang hoffte ich, gegen jede Vernunft, auf Mareks Rückkehr, aber als ich mir endlich eingestand, dass er längst in einer anderen Stadt auf einer anderen Baustelle arbeitete, kaufte ich mir einen Einkaufstrolley, um die Blumenerde nach Hause schaffen zu können, und bepflanzte die Balkonkästen nach dem Plan, den ich im Winter erstellt hatte. Im Juni blühten die Wiesenblumen, die ich als Guerilla Gardener auf öffentlichen Flächen ausgesät hatte, im Juli aß ich Stangenbohnen, im August Kartoffeln und im Herbst Kürbis von meinem Balkon.

Im Dezember begann es zu schneien und die Christrosen verschwanden unter einer weichen, leichten Decke aus Schnee. Es machte mir nichts aus, denn ich wusste ja, dass sie da waren. Aber was würden die Vögel jetzt essen?, dachte ich. Und: Warum hatte ich früher nie daran gedacht?

Ich kaufte ein Vogelhäuschen und einen Sack Körnerfutter dazu und ging als letzte Kundin vor Ladenschluss zur Kasse.

Dort blickte der korpulente Mitarbeiter, der mir in den letzten Monaten alle meine Fragen geduldig beantwortet hatte, mit wehmütigem Blick auf meine winterlichen Einkäufe.

»Schade, dass die Saison zu Ende geht. Dann kommen Sie gar nicht mehr so häufig her.«

Ich spürte, dass ich rot wurde, und wusste nicht, was ich sagen sollte.

Er räusperte sich unsicher und scannte die zwei Preisschilder ein. Dann schien ihm etwas einzufallen. »Wir haben ein kleines Präsent für unsere besten Kunden.« Er sang es fast in einem lächerlich übertriebenen Verkäufertonfall. »Hier, ein bisschen Vorfreude auf die nächste Saison.«

Er reichte mir ein Samentütchen für Kornblumen.

»Die können Sie jetzt schon säen, die sind total unempfindlich.«

Das wusste ich bereits, aber seine Begeisterung gefiel mir. Wir hatten uns schon häufiger über die speziellen Anforderungen der Balkongärtnerei unterhalten. Auf die Idee wäre ich früher nie gekommen. Da hatte ich nie gewusst, worüber ich mit Menschen reden sollte – außer über meine Arbeit im Finanzamt. Nicht das unterhaltsamste Gesprächsthema.

Mein »Danke sehr« war ernst gemeint, und ich nahm das Tütchen in Empfang. Quer über dem Bild der leuchtend blauen Blumen stand der Spruch: Wer andern eine Blume sät, blüht selber auf.

»Das würde Marek gefallen«, murmelte ich.

Die Mundwinkel des Verkäufers sackten nach unten.

»Ein, äh, entfernter Bekannter«, murmelte ich. »Er hat mir das Gärtnern beigebracht.« Ich wurde wieder rot.

»Ach so.« Schweißperlen erschienen auf seiner Stirn.

Die Lautsprecheranlage ließ ein Pfeifen hören, dann forderte eine Stimme die Kunden auf, zu den Kassen zu gehen.

»Ich habe jetzt Feierabend«, sagte der Verkäufer.

»Entschuldigung, ich wollte Sie nicht aufhalten«, sagte ich und wollte Richtung Ausgang gehen.

»Oh nein, so war das nicht gemeint!«, rief er hinter seiner Kassentheke hervor. Dabei sprang er hektisch auf, der Stuhl knallte gegen die Wand, er verlor das Gleichgewicht und fiel hin. Einen Moment war es still. Ich starrte erschrocken auf die Theke, hinter der er mühsam versuchte, wieder auf die Beine zu kommen.

»Ich wollte fragen, ob …«, japste er, während er sich erst auf ein Knie und dann auf die Beine quälte, »… ob Sie einen Kaffee mit mir trinken. Weil ich doch jetzt Feierabend habe.«

Mit hochrotem Gesicht drehte er sich zu mir um. Langsam nahm ich meine Hand vom Mund und versuchte ein Lächeln, das mir angesichts seines verrutschten Toupets zu entgleisen drohte.

Mit einem fahrigen Handgriff rückte er die Haare gerade. Die Geste löste in mir ein Gefühl unglaublicher Verbundenheit aus.

»Was meinen Sie?«, flüsterte er.

»Sehr gern«, erwiderte ich. »Wenn es Ihnen nichts ausmacht, dass ich Tee trinke. Kaffee vertrage ich um diese Uhrzeit so schlecht.«

Beschämt schaute er mich an. »Ich auch nicht. Ich dachte nur, es klingt cooler.«

Mein Kichern löste die Sorgenfalten in seinem Gesicht und sein Lächeln entfaltete sich wie die Blüte der Nachtkerze in der Dämmerung. Vielleicht konnte er mir bei Gelegenheit mal erklären, warum die Pflanze sich dabei nicht von einer übergestülpten Tüte überlisten ließ. An Gesprächsstoff jedenfalls würde es uns nicht mangeln.

Caro Martini

Viva Las Vegas

Das ewige Fressen machte Angelika ganz verrückt. Es schien, als ob Männer sich im Urlaub nur von einer Mahlzeit zu anderen hangelten. Alleine wäre sie ja noch mit Andreas fertiggeworden, aber Ralfs bloße Anwesenheit schaffte eine männliche Übermacht, unter der Angelikas Meinung in puncto Essen zur absoluten Bedeutungslosigkeit schrumpfte.

Ralf hätte ja weiß Gott den Anstand haben können, sie beide alleine fliegen zu lassen, dachte Angelika.

Ralfs Freundin Ellen hatte die ganz Reise angezettelt, nur um im letzten Moment aufgrund einer mysteriösen Erkrankung wieder abzuspringen und sie zu dritt in eine ausgesprochen peinliche Lage zu bringen. Was blieb Angelika und Andreas anderes übrig, als Ralf mitzunehmen, zumal alles gebucht war und er keinerlei Anstalten machte, von selber wieder abzuspringen. So war Angelika also allein mit zwei Männern nach Las Vegas geflogen – eine Entscheidung, die sie langsam anfing zu bereuen.

Andreas kaute konzentriert und schob zügig, aber ohne Hast immer neue Happen in seinen Mund.

»Mmh«, machte er. »Willst du mal kosten?«

»Nein danke«, erwiderte sie. »Ich bin noch satt vom Frühstück.«

»Wirklich?«, fragte er überrascht. »Du hast doch nur so einen Saft getrunken.«

»Einen Smoothie«, korrigierte sie ihn. »Waren bereits 320 Kalorien.«

»320 Kalorien!« Ralf und Andreas lachten beide los. Angelika zwang sich zu einem Lächeln.

Ralf war endlich mit seinem Burger fertig und schob den Teller zur Seite. »Heute gewinnen wir was. Ich kann es richtig spüren!«, sagte er. »Es ist ganz einfach, ich habe schon alles beobachtet und mir ein System ausgedacht.«

Gestern Abend waren sie angekommen und staunend durch die glitzernde und scheppernde Welt des Glücksspiels gelaufen. Man konnte hier zu jeder Tages- und Nachtzeit essen, trinken und Geld ausgeben. Voller Verwunderung hatten sie die Menschen an den Spielautomaten beobachtet, die wie Laborratten davorsaßen und auf Knöpfe und Hebel drückten. Ralf war begeistert von einem Spieltisch zum anderen gelaufen und hatte fachmännisch den Leuten über die Schultern geschaut. Dabei war Skat das einzige Kartenspiel, das er konnte.

»Ich denke, wir fangen mit Roulette an«, meinte er jetzt zu Andreas. Dieser nickte und zog ein kleines Notizbuch heraus, in das er *»1. Roulette«* schrieb.

Angelika lachte auf. »Kannst du dir nicht merken, was Ralf gesagt hat?«

»Das wird ein Plan«, erwiderte Andreas herablassend.

»Dann macht's mal gut, ihr *Ocean's Two*«, sagte Angelika und stand auf. »Ich werde mir jetzt mal die Nägel schick machen lassen.«

»Heißt das, du willst nicht mit Roulette spielen?«, fragte Ralf enttäuscht.

»Ihr macht das schon«, meinte sie. »Lasst mir noch was von euren Milliarden übrig. Ich buche uns eine Show für heute Abend.« Damit stand sie auf.

Sie hatte das unbestimmte Gefühl, dass sich das Blatt zu ihren Ungunsten gewendet hatte. Es war, als ob die Anwesenheit eines weiteren männlichen Wesens sämtliche Junggesellenmacken von Andreas wieder hervorlockte. Heute Morgen waren die beiden Männer mit ihren albernen Sonnenbrillen wie zwei pubertierende Playboys herumgelaufen. Sie rülpsten ungeniert beim Essen und kommentierten die implantierten Oberweiten der weiblichen Gäste. Beim Anblick eines Ferraris waren sie ganz aus dem Häuschen geraten, hatten sich in endlosen Kommentaren und Begutachtungen ergangen und nur widerwillig davon losreißen können.

Vor dem Hotel sprang sie die Hitze an wie die Flammen einer Feuerwand. Kein Wunder, dass kaum ein Mensch auf der Straße war. In Las Vegas spielte sich das Leben im Großen und Ganzen drinnen ab, in klimatisierten Kunstwelten mit Kunstpflanzen, Kunsthimmel und Kunstbrüsten. In der Häuserfassade erhaschte sie einen Blick auf ihr Spiegelbild. Meine Güte, wie sah sie denn aus. Verschwitzt und müde vom Jetlag, entnervt und zerknittert.

Die Mani- und Pediküre würden ihr guttun, dachte Angelika und betrat den *Nail Spa* Salon.

Angelika ließ sich von der zwitschernden vietnamesischen Angestellten auf einen Stuhl pressen und ihre Füße in ein sprudelndes Fußbad eintauchen. Wie von Geisterhand erschien noch mehr Personal und machte sich mit Mundschutz und Feile über Angelikas Füße und die einer dicken Frau her, die neben ihr Platz genommen hatte.

Die Angestellten waren allesamt kleine Asiatinnen, die an den Beinen der Kundinnen herumfuhrwerkten und aufgeregt miteinander in ihrer zwitschernden Sprache schwatzten. Hin und wieder lachten sie laut auf. Worüber sie sich wohl amüsierten? Konnte es sein, dass sie die Kundinnen anlächelten und dabei: »Gott, hast du die verkeimten Hufe von der da gesehen«, sagten?

»Where are you from?«, fragte plötzlich die dicke Frau.

»Hm?« Angelika zuckte erschrocken zusammen. »Tschörmännie«, sagte sie dann.

»Ah, Germany«, kicherte die Dicke. »I am a Berliner!« Sie lachte schallend auf. Angelika lachte verwirrt mit. Ihre Fingernägel wurden jetzt gestutzt und poliert. Die dicke Frau war bereits fertig und stand auf.

»Thanks girls«, rief sie den Angestellten zu. Dann wandte sie sich wieder an Angelika.

»Did you win anything?«, fragte sie.

»Oh, no, nothing I ...«, Angelika suchte nach Worten. Wie sollte sie in ihrem spärlichen Schulenglisch erklären, dass sie Glücksspiel für eine blödsinnige Zeitverschwendung hielt? Wegen ihr hätte es nicht Las Vegas sein müssen; sie wäre auch gerne an die Ostsee gefahren. Ohne Ralf.

»Try it!«, sagte die Dicke. Sie fischte einen Chip aus ihrer Hosentasche und gab ihn Angelika.

»Sänk you!«, erwiderte Angelika verlegen.

Eine halbe Stunde später machte sie sich in der dampfenden Hitze wieder auf den Heimweg. In dem gleißenden Licht glänzten ihre Nägel feucht und in einem fast etwas obszönen Rot. Sechzig Dollar hatte der Spaß gekostet, was aber sicher noch wenig war verglichen mit dem, was Andreas und Ralf mit großer Wahrscheinlichkeit verplempert hatten.

Als sie an der Hotelrezeption vorbeikam, fiel ihr wieder ein, dass sie sich ja um die Abendgestaltung kümmern wollte. Nach einem kurzen stotternden Gespräch mit der plastisch schönen Empfangsdame merkte Angelika, dass sie komplett überfordert war. Ein Ereignis jagte das andere, die Auswahl war gigantisch. Zögernd zeigte sie auf den einzigen Namen, der ihr bekannt vorkam: Celine Dion.

»Excellent choice«, gratulierte ihr die Frau mit routinierter Fröhlichkeit. Zu spät fiel Angelika auf, dass sie Celine Dion mit Barbra Streisand verwechselt hatte.

Schon von weitem konnte sie erkennen, dass der Masterplan von Ralf gescheitert war. Die beiden saßen missmutig an einem kleinen Tisch in der riesigen Lobby und tranken Bier.

»Na, wo ist der Champagner?«, rief sie fröhlich. Andreas winkte ab. Ralf zuckte mit den Schultern.

»Wie viel«, fragte Angelika leise.

»Ist doch egal, wir sind im Urlaub!«, antwortete Andreas mit aufgezwungener Munterkeit. Ralf blickte griesgrämig den Kellnerinnen auf den Hintern, die als römische Jungfrauen in schlackernden Umhängen und mit Lorbeerkränzen auf dem Kopf herumliefen. Das schien ihn an etwas zu erinnern.

»Hast du was Geiles für heute Abend gebucht?«, fragte er.

»Celine Dion«, sagte sie.

Eine Sekunde lang blickten die beiden Männer sie sprachlos an.

»Celine Fucking Dion?«, fragte Andreas schließlich. »Machst du Witze?«

»Nun reg dich nicht so auf«, entgegnete Angelika.

»Gab's denn nichts Besseres?«, fragte Ralf.

Jetzt reichte es ihr aber. Sie fühlte sich ohnehin schon wie das fünfte Rad am Wagen! Warum zog Ralf nicht gleich mit in ihr Zimmer, wo er die ganze Nacht lang mit Andreas Pornofilme gucken und Wettstrategien ausknobeln konnte?

»Dann bucht ihr doch was Besseres«, entgegnete sie. »Ich gehe mich jetzt frisch machen.«

Wütend ließ sie die beiden sitzen.

Sie lief an den klimpernden Maschinen vorbei, vor denen Leute im Alter ihrer Eltern wie Zombies saßen und darauf hofften, dass sich drei gleiche Bildchen auf dem Monitor zeigen würden. Wie ein Labyrinth waren die Gänge und Hallen angeordnet, und zum ersten Mal fiel ihr auf, dass es nirgendwo Fenster oder Uhren gab. Man wollte die Kundschaft offenbar in einer Art Dauerrausch halten, der nicht durch so etwas Schnödes wie Zeit oder Sonnenlicht gestört werden durfte.

»Would you like to play Ma'm?«, fragte sie jemand, der vor einem gigantischen Rad stand, auf dem *Wheel of Fortune* stand. Sie wollte gerade ablehnen, als ihr der Chip der dicken Frau einfiel. Warum eigentlich nicht. Sie hatte keine Ahnung, wie viel das Ding wert war oder was sie hier eigentlich machen sollte, aber sie legte den Chip auf ein Symbol und wartete geduldig mit den anderen dummen Schafen vor dem Rad. Der Mann drückte einen Knopf und das Rad sauste los. Nach kurzer Zeit hielt es wieder an.

»Oh my God!«, kreischte eine Frau unmittelbar neben Angelika. Was war denn los? Hatte tatsächlich jemand etwas gewonnen? Und warum starrten die Leute sie alle so an?

»We've got a winner!«, schrie der Angestellte ekstatisch. Wildfremde Leute klopften Angelika auf die Schultern, die immer noch nicht ganz verstand, was hier passierte.

»How … how much?«, stammelte Angelika.

Der Mann schrie etwas, von dem sie nur die letzte Zahl verstand. Mehrere zehntausend?

Celine Dion krähte, dass ihr Herz immer weiterleben und lieben würde. Sie trug eine Art silbernen Strampelanzug und sah noch schrecklicher aus als auf den Fotos.

»Mann, ist das ein Scheiß«, sagte Andreas wütend. Seine Laune war ins Bodenlose gerutscht, als Ralf mit der Neuigkeit aus der Bar gekommen war, dass irgendjemand heute einen Riesengewinn am Glücksrad abgesahnt hatte.

»Stimmt garantiert nicht«, meinte er und winkte ab. »Die fabrizieren doch bloß Lügen, damit die Leute immer weiter schön blöd ihr Geld ausgeben.«

»Ich glaube schon, dass es stimmt«, sagte Angelika. Sie war froh, dass das Gekreische von Frau Dion ihr Herzklopfen übertönte.

»Was weißt du denn schon!«, fuhren die beiden Männer sie gleichzeitig an.

Sie nahm genüsslich einen Schluck Champagner und zuckte mit den Schultern. Ihr neues Leben bot ja so viele ungeahnte Möglichkeiten. Vielleicht hätte sie ihren Gewinn sogar geteilt.

Aber nun erst recht nicht.

Rafik Schami

Subabe
oder
Wundersames aus der Fremde

Bis zu dem Tag, an dem Subabe starb, mochte ich keine Haustiere. Tiere sind furchtbare Wesen, die einen ständig beobachten und nie etwas sagen. Am allerwenigsten verstehe ich Hundehalter. Aus meiner Heimat kenne ich diese Spezies Mensch auch nicht. In Damaskus laufen alle Hunde frei herum. Sie sind in meinen Augen die schlimmsten Haustiere, die es je gab. Sie tun schweigend so, als wäre alles in Ordnung, in Wahrheit aber verformt sich Tag für Tag das Gesicht des Hundebesitzers und wird dem seines Hundes immer ähnlicher. Man erzählt von einem Fall in England, wo eine Frau zwei Monate lang nicht bemerkte, dass ihr Hund mit ihr frühstückte, Zeitung las, zur Firma ging und Zigarre rauchte, während sich ihr Mann mit Hundefutter unter dem Küchentisch zufriedengab und sich begeistert an der Leine Gassi führen ließ. Erst ein Nachbar entdeckte von seinem Fenster aus die katastrophale Verwechslung. Als er die Frau darauf aufmerksam machte, dass ihr kläffender Gefährte, der gerade die Hündin einer alten Dame beschnupperte, niemand anderer als ihr Mann sei, rief sie entsetzt: »Wenn das mein Mann ist, wer ist dann der Schweinehund oben in der Wohnung?« Und sie eilte hinauf. Was danach passierte, ist eine lange Geschichte, in deren Verlauf Psychiater, Polizisten, Richter, mehrere Verwandte und sogar ein

Beerdigungsinstitut auftreten, die zu erzählen hier aber zu weit führen würde. Ich wollte nur sagen, dass für mich Hunde umso gefährlicher sind, je harmloser sie erscheinen. Mir ist ein bissiger, knurrender Dobermann tausendmal lieber als ein kuscheliger winziger Schoßhund. Bei Ersterem weiß man manchmal, was los ist, bei Letzterem nie.

Katzen wiederum sind nicht nur verdächtig einzelgängerisch veranlagt, sie schleichen auf ihren berühmtberüchtigten samtenen Pfoten auch überallhin und erspähen viele Geheimnisse, die wir gerne für uns behalten hätten. Obendrein sind sie noch schweigsamer als Hunde. Und was am schwersten wiegt: Katzen bleiben nicht auf dem Boden. Ständig zeigen sie uns wortlos auf arroganteste Weise unsere bodenverhaftete Schwere, indem sie mit Leichtigkeit alle drei Dimensionen erobern. So viel zu meiner Abneigung gegen Katzen im Haus.

Nein, wann immer früher das Gespräch auf Haustiere kam, und es kommt in Deutschland jedes fünfte Gespräch auf den Hund, lavierte ich orientalisch um eine Antwort herum und erzählte weitschweifig von meiner Tierliebe, die es mir verbiete, Tiere in Gefangenschaft zu halten. Ich führte Freiheit, Natur und die Tierpsyche als bewährte Argumente gegen jede Art der Tierhaltung ins Feld, doch die Hundebesitzer, wahrscheinlich von den Verkäufern ihrer Lieblinge geschult, wurden nur immer dreister und hartnäckiger in ihren Versuchen, sich zu rechtfertigen. Sprach ich, um mein Gegenüber nicht zu beleidigen, vom Leid der Tiere hinter Zoogittern, so bekam ich zu hören, dass es den Tieren in den europäischen Zoos und Haushalten hundertmal besser gehe als in freier Wildbahn in jenen südlichen Gefilden, wo man sie quäle und sie, ob Kröte oder Distelfink, zu guter Letzt in den Backofen stecke. Am liebsten wiederholen Deutsche das Bild vom brutalen südländischen Bauern, der erbarmungslos auf seinen Esel eindrischt. Und das Allerschlimmste an diesen Gegenargumenten der Tierhalter ist: Sie stimmen!

Mir blieb nur eine Ausflucht. Ich würde gerne Tiere halten, heuchelte ich, wenn ich bloß öfter zu Hause wäre. Ich sei aber wegen meiner Vortragsreisen nur selten daheim und könne es daher keinem Tier zumuten, die Einsamkeit in meiner Wohnung oder die Schnoddrigkeit einer Nachbarin zu ertragen, wenn ich für ein halbes Jahr verreise. Genüsslich fügte ich hinzu, dass ich in Ludwigshafen einmal einen Nachbarn gehabt hätte, der einem ihm anvertrauten Papagei Katzenfutter zu fressen gab, woraufhin es diesem die Sprache verschlug und er nur noch miaute. Und ich erzählte voller Vergnügen von dem eingefleischten Vegetarier, dem ein Kollege für eine Woche seinen Schäferhund überließ, nicht ahnend, dass das arme Tier nur Haferflocken, Sauerkraut und Tofureste zu fressen bekommen würde.

Diese Rechtfertigung leuchtete jedermann ein, sie hatte nur den Nachteil, dass ich noch mehr Vorträge vereinbaren musste, um meine Glaubwürdigkeit nicht zu verlieren. Die tierliebenden Nachbarn wurden mir gegenüber freundlicher, nicht aber ihre Hunde, die meine Heuchelei durchschauten. Sie blickten mich finster an und sagten nichts.

Wer hätte nach alldem gedacht, dass ich eines Tages ein wahrer Freund von Haustieren werden sollte? Der aber bin ich seit Subabes Tod. Wie es dazu kam, ist eine kleine Geschichte:

Eines Tages im August saß ich auf meinem Balkon. Das Licht blendete mich trotz der Sonnenbrille, die ich trug, und das Wetter war nahöstlich heiß. Ich hatte gerade beschlossen, den Nachmittag mit einer in arabischer Sprache verfassten Sammlung von Kurzgeschichten zu verbringen, die in den Gassen der Altstadt von Damaskus spielten. Vom Kassettenrecorder im Wohnzimmer erklang dazu die sanfte Stimme der Sängerin Feiruz, der besten Sängerin Arabiens, und ich befand mich schon mitten in Damaskus.

Der Winter in Deutschland weckt meine Sehnsucht nach dem Mittelmeer, der Sommer macht sie unerträglich. Doch nach vielen Jahren Exil habe ich ein verlässliches Repertoire von Methoden zur Beruhigung meiner Sehnsucht entwickelt. Und eine Methode ist eben diese, arabische Geschichten zu lesen, während arabische Musik den letzten Rest Deutschland gleichsam verfliegen lässt. Plötzlich verliert dann die Sehnsucht ihre Bitterkeit, löst sich in Tränen auf, und die Seele liegt leicht und erschöpft wie auf weichem Kissen. Danach schlafe ich so tief wie sonst nie, und wenn ich aufwache, ist Damaskus fern, so fern, dass ich es fast vergesse, bis zum nächsten Überfall der Furie Sehnsucht.

Wie gesagt, ich saß auf dem Balkon und las seit vielleicht vier, fünf Minuten. Eben wollte ich zum ersten Mal umblättern, da hörte ich eine leise Stimme: »Nicht so schnell, ich bin noch nicht so weit!« Auf meiner linken Schulter saß eine arabisch sprechende Fliege. Sie war eine ganz gewöhnliche Stubenfliege. Das mag einen normalen Menschen überraschen, mich, einen orientalischen Erzähler, aber nicht. Ich bin von zu Hause an Wunder gewohnt und habe in meinen fünfundfünfzig Jahren drei große und elf kleine Wunder erlebt. Eine sprechende Fliege kann mich nicht sonderlich überraschen. In den Tagen meines Großvaters konnten in meinem Dorf noch die Bäume sprechen, aber das ist eine andere Geschichte.

»Jetzt umblättern, bitte«, sagte die Fliege, und ich gehorchte und las nur etwas nervös, weil ich nicht gern langsam lese, schon gar nicht, wenn jemand mir auf der

Schulter sitzt und, wie damals die Fliege, mit deutlich hörbarem Akzent spricht.

Eine Stunde lang las die Fliege, und ich tat längst nur noch so, als würde ich lesen. Dann sagte sie: »Genug für heute!«, flog eine Schleife zum Kaffeetässchen auf dem Tisch, tauchte ihren Rüssel lange in den Rest von stark gesüßtem Espresso und stöhnte dabei genüsslich. Danach sprachen wir lange über Bücher und Geschichten, und ich erfuhr von Subabe, so hieß die Fliege, dass sie leidenschaftlich gerne Abenteuerromane las.

»Nimm deine Sonnenbrille ab, ich möchte mir deine Augen einprägen«, sagte sie. In jener Zeit schmerzten mir oft die Augen. Jede Art von Licht quälte mich. Doch komischerweise konnte ich sogar in der Wohnung mit der Sonnenbrille lesen. Ich nahm die Brille ab, musste aber die Augen zusammenkneifen.

»Das genügt, danke!«, rief Subabe. Am Abend wollte ich eine Schachtel für sie vorbereiten, damit sie bei mir übernachten konnte, und ich ertappte mich dabei, wie ich etwas Watte hineinlegte. Subabe lachte.

»Lass mich lieber gehen, morgen komme ich wieder«, sagte sie und flog davon.

Erst jetzt merkte ich, dass ich sie gerne mochte. Was für ein Glück! Endlich ein sympathisches Haustier zu haben, das weder stank noch ausgeführt werden musste. Vor allem aber erkannte ich, wie leer meine Wohnung ohne sie war. Nichts, nur mich gab es darin. Seit achtzehn Monaten war Subabe meine erste Besucherin. Mit dem Alter wird der Abstand zu den Menschen größer. Mein nächster Freund lebt dreitausend Kilometer entfernt in Damaskus. Seine Briefe werden immer kürzer. Vielleicht ist er realistischer als ich. In der Moderne sind Diktaturen von noch längerer Haltbarkeit als früher, aber das ist eine andere Geschichte.

Am nächsten Morgen saß sie schon um sechs auf meiner Nase. Ich schlief bei offenem Fenster. Ich tastete nach dem Schalter der Nachttischlampe und schlug das Buch dort auf, wo wir am Vortag aufgehört hatten. »Lies ein bisschen«, sagte ich. »Ich mache noch ein kleines Nickerchen.«

»Ich mag nicht lesen, ich will Milch«, sagte sie sehr bestimmt. Ich knipste das scheußliche Licht aus und schleppte mich in die Küche, wo mich das helle Licht im Kühlschrank schmerzte, und ich beschloss, demnächst zum Augenarzt zu gehen. Ich hatte nur H-Milch als Reserve für Besucher, die jedoch nie kamen. Ich selbst trinke keine Milch.

»H-Milch«, sagte sie leicht pikiert, »kann ich nicht ausstehen. Die schmeckt irgendwie angebrannt.«

Bücher schienen sie nicht mehr zu interessieren, und als ich an jenem Vormittag die Zeitung las, drehte sie ihre Runden im Haus und fragte immer wieder, wann ich endlich fertig sei. Sie wolle gerne auf meiner Schulter reiten und so in verbotene Zonen gelangen, von denen Fliegengitter sie sonst immer fernhielten. Also ließ ich, etwas verwundert über den plötzlichen Wechsel ihrer Laune, das Lesen sein, nahm sie auf die Schulter und ging in die Stadt. »Wohin darf es sein?«

»Konditorei Glöckner«, sagte sie und schlürfte vernehmlich ihren Speichel vor Gier. Ich aber ging auf ihre Wünsche ein und kaufte alles Mögliche beim Konditor, beim Metzger, im Blumengeschäft und in der Parfümerie. Mir platzte erst der Kragen, als sie unbedingt in die Zoohandlung wollte, weil sie angeblich nach Hasenschweiß lechzte.

»Was soll ich denn da?«

»Stell dich nicht so an! Du brauchst doch nichts zu kaufen. Schau dir währenddessen die Zierfischaquarien an. Die sind doch ganz nett, oder?« Sie kannte Herrn Weiß nicht, der so pfiffig war, dass ich immer kurz vor seinem Geschäft die Straßenseite wechselte, weil er einen sonst höflich grüßend einlud, einen unverbindlichen Blick in seinen Laden zu werfen. Und ich habe von mehreren Bekannten gehört, dass man, bevor man seinen hineingeworfenen Blick zurückbekam, mindestens einen Zwerghasen oder einen Plastikbeutel mit Goldfischen in der Hand trug. Mein Freund Hans wollte seinerzeit aus purer Neugier wissen, wie viel eine Aquariumpumpe kostete; seitdem plagt er sich mit einem nervösen Meerschweinchen.

»Ich gehe nicht hinein. Wenn du unbedingt willst, warte ich auf dich beim Italiener drüben.«

»Gut«, sagte sie und flog an Herrn Weiß vorbei durch die offen stehende Tür.

Ich wechselte die Straßenseite und schaute verstohlen zum Geschäft hinüber. Herr Weiß war jetzt mit zwei alten Damen beschäftigt. Die eine trug bereits einen Katzenkorb, die andere wehrte sich noch zaghaft gegen einen Wellensittich. Ich eilte voller Lust auf eine Pizza zu Giuseppe, der immer freundlich und zu einem Gespräch aufgelegt war.

An jenem Tag scherzte er über meine neue Macke mit der Sonnenbrille, die ich sogar an wolkigen Tagen trug. Er meinte, ich wolle unbedingt wie ein Mafioso aussehen. Ich lachte und erzählte ihm, dass wahrscheinlich meine Bindehaut entzündet sei.

Giuseppe litt auch an Einsamkeit. Seine Frau hatte ihn verlassen. Sie konnte das Leben in Deutschland nicht aushalten. Aber das ist eine andere Geschichte.

Fünf Minuten später sah ich durchs Fenster die zwei alten Damen; die eine trug den Katzenkorb und die andere einen Käfig mit zwei Wellensittichen. Ich lachte zufrieden. Es gibt nichts Schöneres im Leben, als seine Vorurteile bestätigt zu sehen. Eine halbe Stunde später kam Subabe, wollte aber nicht sprechen, da Giuseppe bei mir saß. Es war noch nicht Mittag, und das Lokal war leer. Subabe wollte nichts von Espresso wissen, sondern nippte an meinem Rotwein. Ich beeilte mich zu zahlen, als ich merkte, dass sie langsam betrunken wurde. Statt zu fliegen, rieb sie sich mit den Vorderbeinen die Augen. Ich machte mir ernsthaft Sorgen: Ich kannte Giuseppe viel zu gut, um nicht seinen Schlag mit der Serviette zu fürchten. Oft führte er mir das Kunststück vor, wie er eine Mücke, Fliege oder Wespe sogar im Flug mit einer Stoffserviette herunterholte. Ich zahlte und eilte davon, auf meiner Schulter eine betrunkene Fliege, die nur noch lallte.

Am Kiosk nicht weit von meinem Haus entdeckte ich dann, was ich am Morgen, abgelenkt von Subabe, offenbar übersehen hatte: Es stand in großen Lettern auf den Titelseiten mehrerer Zeitungen, darunter meiner eigenen: Eine neue Epidemie breitete sich in Europa aus. Angeblich übertrug eine Malaria-Mücke beim Saugen einen mutierten Virus, der sich in der Hirnmasse einnistete und einige Zentren umprogrammierte. Erstes Anzeichen der Erkrankung sei eine Hypersensibilität im Hör- und Sehbereich. Der Ausgang der Krankheit sei unbekannt. Ich nahm Zeitungen mit, die zu lesen ich mich sonst nie herabgelassen hätte.

Zu Hause verzog sich Subabe in eine ferne Ecke, wo sie etwa eine Stunde lang schlief. Danach entschuldigte sie sich und flog davon. Es war bereits später Nachmittag.

Am nächsten Morgen wachte ich um fünf Uhr auf und öffnete erschrocken das Fenster. In der Nacht war es kühl geworden, und ich hatte schlaftrunken das Fenster geschlossen. Ein Albtraum hatte mich wieder geweckt: Subabe schlug verzweifelt gegen das Fensterglas und schrie, und ihr Gesicht war dem eines kleinen Mädchens ähnlich.

Um zehn war Subabe immer noch nicht aufgetaucht, und ich machte mir Sorgen. Ich saß in der Küche und las die Zeitung, und plötzlich war sie da. »Guten Tag«, grüßte sie, doch ihre Stimme klang irgendwie verändert.

»Warum kommst du erst so spät?«

»Was heißt spät? Ich bin zum ersten Mal da«, antwortete sie unschuldig. Mir wurde siedend heiß.

»Bist du nicht Subabe, die mit mir vorgestern gelesen und gestern Wein getrunken hat?«, fragte ich, ihre Antwort fast erahnend.

»Nein, nein. Ich bin heute Morgen geboren worden, und alles, was mir meine Vorfahren mitgegeben haben, ist die Flugroute zu einem friedlichen Ort mit Nahrung und einem großzügigen Zweibeiner, der unsere Sprache versteht. Davon merke ich aber nichts. Gibt es hier nichts zu futtern? Etwas Fleisch?«

Wie benommen ging ich zum Kühlschrank und holte ein Stück Salami heraus. Die Fliege stürzte sich gierig darauf. »Also doch, mein Programm stimmt«, summte sie zufrieden.

»Und wie heißt du?«, fragte ich, obwohl ich mich viel lieber nach dem Verbleib der anderen Fliege erkundigt hätte.

»Subabe, wie alle meine Schwestern, Mütter und Großeltern.«

»Und wie lange lebt eine Fliege wie du?«

»Lange genug, siebenundzwanzig Millionen Flügelschläge lang. Aber ihr werdet das für eine winzige Zeitspanne halten im Vergleich zu eurem ewigen Leben.«

»Aber wie kannst du all das über mich wissen, wenn du erst heute zur Welt gekommen bist?«

»Dadurch, dass ich alles in mir trage, was meine Vorfahren erlebt haben, und mir dazu all das einpräge, was ich selbst erlebe. Ich bin ich, meine Mutter, meine Großmutter und Urgroßmutter, und später werde ich in meiner Tochter, Enkelin und Urenkelin sein. Das seid ihr Menschen nicht, nur wir Fliegen. Da wir schnell leben, ist unsere Seele uns immer voraus. Eure Seele ist faul, sie hechelt hinter euch her.«

»Wie funktioniert das, eine Seele, die voraus ist?«, fragte ich neugierig.

»Das ist so: Sie schwebt siebentausend Flügelschläge über uns, und von da kommen unser Leben und unsere Erfahrung. Und nur weil du schon mit meiner Mutter und Großmutter befreundet warst, verrate ich dir die einzige Stelle, an der wir verwundbar sind. Da, wo unsere Seele ist, kann man uns tödlich treffen.« Ein Schreck durchfuhr mich. Auch heute noch weiß ich nicht, warum, vielleicht in Vorahnung meines zukünftigen Verrats.

»Wie hoch sind siebentausend Flügelschläge? Ich meine, wo genau schwebt deine Seele?«

»Halte deine Hand über mich, und sobald sie meine Seele berührt, sage ich dir Bescheid«, antwortete Subabe von ihrem Platz vor mir auf dem Tisch. Ich hob die Hand und senkte sie, bis sie etwa fünfundzwanzig Zentimeter über der Fliege war.

»Da!«, rief Subabe.

Von nun an hatte meine Wohnung eine Seelenzone für Subabe, eine unsichtbare Fläche, die sich fünfundzwanzig Zentimeter über allen Gegenständen durch die ganze Wohnung zog. Es brauchte ein paar Tage, dann war diese Zone für mich fast sichtbar, und ich konnte mich, wenn Subabe – welche Enkelin auch immer – mit Essen, Trinken oder Putzen beschäftigt war, an sie heranschleichen und ihre Seele kitzeln, und Subabe erschrak ein wenig und lachte vergnügt. Doch eines Tages spürte sie meine

Hand nicht, obwohl ich ihre Seele kitzelte, ja, sogar kratzte und zwickte. Zweifel quälten mich, ob ich vielleicht ein Opfer jenes merkwürdigen Virus geworden war, der mir in meinem angegriffenen Gehirn Gespräche mit Fliegen über Seelenzonen vorgaukelte. Zu meiner Angst trug nicht unerheblich der immer schlimmer werdende Zustand meiner Augen bei. Ich konnte kein Licht mehr in der Wohnung machen, doch was mich vom Arzt fernhielt, war die erstaunliche Schärfe, mit der ich plötzlich im Dunkeln sehen konnte.

Ich machte einen zaghaften Vorstoß bei meinem Freund Mahmud, einem palästinensischen Arzt: Ich erzählte ihm, mir sei jemand bekannt, der von einem Tag auf den anderen die Sprache der Fliegen verstünde.

»Dem würde ich erst einmal ein paar Wochen Urlaub empfehlen, und wenn das nicht hilft, einen Psychiater«, sagte er gereizt.

Ich weiß nicht mehr, warum ich ihm die Höhe der Seelenzone der Fliegen verraten habe; vielleicht wollte ich ihn nur als Verbündeten gewinnen. Er durchschaute mein naives Versteckspiel und lachte hysterisch. »Pass auf, dass deine Wohnung nicht auch noch Flugverbotszonen bekommt«, scherzte er und ließ mich nicht weiter über Subabe sprechen. Nein, er wisse, dass Tiere miteinander sprächen, aber alle Versuche, Tiere dazu zu bringen, mit Menschen zu sprechen, seien seines Wissens gescheitert.

Subabe wurde zu einer Wunde in unserer Freundschaft, und von Besuch zu Besuch schmerzte diese Wunde mehr, zumal Mahmud seinen Hohn auf meine Manie mit der Sonnenbrille ausdehnte. Als er mir empfahl, ich solle einen Psychiater aufsuchen, hätte ich ihn beinahe geohrfeigt, doch in diesem Augenblick kam Subabe hereingeflogen. Sie landete ahnungslos auf dem Tisch zwischen uns. Mahmud schaute sie an, dann mich, und bevor ich irgendetwas unternehmen konnte, zielte er auf einen Punkt in der Luft, etwa fünfundzwanzig Zentimeter über der Fliege, und klatschte blitzschnell in die Hände. Subabes Seele war tödlich getroffen, und sie lag da, unverletzt, aber tot. Mahmud verschlug es die Sprache. Er schaute mich mit geweiteten Augen an und ging freundlicherweise von allein und für immer. Ich verfluchte meinen Verrat.

Seit diesem Tag kommen nur noch selten Fliegen zu mir, und wenn sich einmal eine in meine Nähe verirrt, so bleibt sie stumm.

Jess Jochimsen

Blöde Eltern

Mein Sohn Tom brachte unseren »Großgruppen-Kurzurlaub« folgendermaßen auf den Punkt:

»Die Eltern waren manchmal blöd, aber sonst war es super!«

Das trifft es ziemlich genau.

Gemeinsam mit vier Erwachsenen, drei größeren Kindern (eines davon Tom), zwei Katzen und einem Baby verbrachte ich ein paar Tage an der Nordsee, und es war, nun ja, wie es halt so ist:

Die größeren Kinder waren laut, aber glücklich, das Baby war nur laut, und die Katzen (so vermute ich) wünschten sich insgeheim, nicht als Menschen wiedergeboren zu werden.

Und wir Eltern, wir waren blöd; vor allem in den Augen der größeren Kinder, und zwar immer dann, wenn sie von uns ins Bett geschickt oder zum Wattwandern angehalten wurden, wenn wir ihnen die Gameboys abnahmen oder sie um Mithilfe beim Tischdecken, Kochen, Abspülen, Katzenstreu- oder Windelnwechseln baten.

Wir konnten allerdings auch ohne die größeren Kinder blöd sein: Eines Abends (die größeren Kinder tollten am Strand herum und mokierten sich lautstark über ihre blöden Eltern, die sie wie immer nur stressten) kamen wir am Abendbrottisch auf das an der Nordsee obligatorische, ungelöste Welträtsel zu sprechen – eine der Frauen wollte nämlich wissen:

»Wie funktionieren eigentlich Ebbe und Flut?«

Um nicht sofort als Depp dazustehen, antwortete ich: »Das hat mit den Gezeiten zu tun.«

»Sag bloß«, wurde mir beschieden und ich stand als Depp da.

Allein die Erklärung der anderen, »das kommt doch irgendwie von der Schwerkraft und der Mondanziehung«, war auch irgendwie unbefriedigend.

»Apropos Mond«, lautete die Anschlussfrage, »was war doch gleich noch mal der Unterschied zwischen einer Mond- und einer Sonnenfinsternis?«

»Äh, bei der einen braucht man diese Brillen ...«

Vertrackterweise sind bei den Rätseln der Natur die der Technik nicht weit, und so sprachen wir im Folgenden über die absolut ungeklärten Mysterien »Telefon«, »Fax« und »Fernsehen«.

»Ich war früher ja immer enttäuscht«, erzählte einer, »dass das Programm nach dem Aus- und wieder Einschalten nicht an der gleichen Stelle weiterging.«

Eine andere erinnerte sich an klitzekleine Minimenschen, die sie sich in den Apparaten vorgestellt hatte, und ich sagte lieber nichts, weil ich das heute noch tue.

An sich sind solche Diskussionen schnell wieder vergessen, im Ferienhaus an der Nordsee aber weilte neben fünf naturwissenschaftlich unbedarften Erwachsenen, drei Kindern, die diese Erwachsenen ohnehin schon blöd genug fanden, und zwei Katzen, denen alles wurscht war, solange sie nur genug zu fressen bekamen, eben noch ein Baby.

(Noch befinden sich Kleinkind und Katzen zwar auf einer ähnlichen Entwicklungsstufe, aber nicht mehr lang.)

»Irgendwann fängt der Kleine an zu sprechen«, unkte die Mutter, »und dann stellt er Fragen, und wir sind zu blöd, die richtigen Antworten zu geben.«

Pädagogisch beschlagen, wie ich bin, wusste ich:

»Ganz wichtig für ein Kind sind ja zuerst mal grobe Unterscheidungen, damit es sich orientieren kann. Sagen wir so: Alles, was im Haus rumsteht, gehört uns, und dafür, dass es funktioniert, sorgt der Staat. Telefon oder Steckdosen sind sichtbar, und damit die gehen, braucht's die unsichtbare Gewalt.«

Ich war regelrecht begeistert von diesem Gedanken:

»Mit allem machen wir das, mit dem Licht oder dem Klo. Die Schüssel ist unser, und wo das hingeht, ist der Staat.«

Als ob er auf das Stichwort gewartet hätte, begann der Kleine deutlich zu riechen – diesbezüglich war er noch nicht so weit wie die Katzen. Ich erbot mich, das zu übernehmen, zum einen, weil keines der größeren Kinder zur Hand war, das ich hätte verpflichten können, vor allem aber auch deswegen, um meine Theorie nicht noch weiter ausführen zu müssen.

»Gut, dass du noch nicht reden kannst«, sagte ich beim Windelwechseln, während er fröhlich giggelnd auf den Wickeltisch pinkelte.

Und dann dachte ich: Wieso drucken die eigentlich so alberne Bildchen auf die Windeln? Das geht dem Kleinen doch am Arsch vorbei, buchstäblich, ich meine, der hat da keine Augen. Wer da hinguckt, bin ich, und das ist wohl auch die Antwort: Einfach zu verstehende Symbole sind das auf den Windeln, doofe bunte Luftballons und Schmetterlinge für Menschen wie mich und andere blöde Eltern.

Elke Heidenreich

Dein Max

»Dieser Frühling ist ein Frühling der aufgerissenen Fenster und Türen«, schrieb er, »aus denen vieles rausfliegt, das lange angestaubt war und auf wackligen Beinen herumstand. Vielleicht fliegt dabei auch einiges mit, was man noch hätte gebrauchen können, aber das wird sich erst später herausstellen. Zwischen uns, liebe Rita, gibt es vieles, was nicht stimmt. Tja. So ist das nun mal alles gekommen. Und jetzt kommt was anderes. Leb wohl, Dein Max.«

Der Brief war sechs Seiten lang, in seiner schönen Schrift. Rita las ihn um zehn Uhr zwanzig an einem strahlendblauen Vormittag im März. Sie schnappte sich den Hund und suchte einen Weg aus, den sie schon lange nicht mehr gegangen war. Die Natur sah ziemlich mitgenommen aus – das war ein grimmiger Winter gewesen, zu lang, zu kalt, zuviel Schnee, böse Stürme. Die meisten Birken waren einfach in der Mitte durchgebrochen, Bäume lagen kreuz und quer durcheinander, die Wege waren tief zerfurcht. Rita wollte schon lange weg aus dieser Gegend, in der man die Jahreszeiten so deutlich miterleben mußte. Das war nichts für sie, sie liebte die immergleichen grauen Dunsttage der Städte.

Der Hund schleppte Stöcke an, die sie ihm werfen sollte. Er sprang ausgelassen vor ihr herum, und Rita dachte, gut so, mein Lieber. In jedes schwarze Loch, das sich anbietet, fall ich auch nicht mehr. Schreib doch, was du willst, ich denke nicht daran, jetzt trübselig zu werden.

Am Landgut waren sie fast fertig mit den Bauarbeiten. Jahrzehntelang war das Gut vor sich hin verrottet, bis dann der elektrische Millionär gekommen war und alles im alten Stil sanieren ließ, sogar das zerfallene Gartenhaus hatten sie höchst putzig wiederaufgebaut. Da hatte sich damals der Maler Ulrich aufgehängt, als sie ihm wegen der bevorstehenden Renovierung kündigten. Eines Tages, dachte Rita, wenn der Millionär mit seiner dritten und gewiß bezaubernden Gattin hier eingezogen ist, werde ich klingeln und sagen: Entschuldigen Sie die Störung, aber ich möchte Ihnen nur rasch die Stelle zeigen, an der der Maler Ulrich sich Ihretwegen aufgehängt hat.

Der Hund haute ihr einen großen Stock in die Kniekehlen, und sie riß ihn brutaler aus seinem Maul als nötig gewesen wäre und schmiß ihn den verwüsteten Hang hinunter. Sie rannte, bis Herz und Lungen schmerzten, und weinte zornig, weil ihr nie wieder Ivan, der wildernde Hund des Malers Ulrich, begegnen und sie anblaffen würde, dieser schöne ungestüme Wüstling, der nach dem Tod des Malers erschossen worden war, weil niemand mit ihm fertig wurde.

Das neckische Hexenhäuschen war jetzt in der Talsenke zu sehen. Ausgerechnet da hatten sie den Kinderfunk untergebracht. Wenn ich ein elektrischer Millionär wäre, dachte Rita, würde ich es ganz und gar mit Zuckerplätzchen und Lebkuchen bepflastern und von Aussiedler-, Türken- und Zigeunerkindern leer fressen lassen, dann hätten wir wieder was Herziges für die Lokalpresse.

Mitten in der zerschlagenen Landschaft wuchsen doch wahrhaftig schon erste Frühlingsblumen, eine Gegend für Rotkäppchen, aber ohne Wolf. Rotkäppchen. Ausgerechnet über Rotkäppchen hatte Rita sich neulich eine ganze Nacht lang gestritten mit irgendeinem Roland, Ilses psychologischer Neuerwerbung. Ilse war Ritas

Freundin – nein, das war sie natürlich nicht, Ilse war eine schmuddelige Schlumpfliese, die sie mal vor sieben oder acht Jahren kennengelernt hatte und die ihr mit Briefen und Telefonaten eine zähe, klebrige Freundschaft angehängt hatte – »rat mal, wer um diese Zeit noch anruft?«. Rita hatte Ilse eigentlich in den letzten Jahren immer nur benutzt als Ausflucht, wenn sie Max nicht treffen wollte. (Mein Gott, dachte sie, immer war ich es doch, die beschlossen hat, ob man sich sieht oder nicht, warum trifft es mich dann jetzt so, wenn er es ist, der schreibt: leb wohl?) Ilse und Roland. Rotkäppchen. Ob das nun was Sexuelles war, hatten sie bis vier Uhr früh diskutiert, und was »auffressen« bedeutet, und wer Wolf, wer Jäger ist a) in der Geschichte, b) im Leben, und Roland hatte Wörter wie »Identitätsdesign«, »Leidensspreizung« und »Ego-Zubehör« benutzt, und Rita hatte gesagt: »Was hast du denn da wieder für ein Arschloch aufgetan, Ilse«, als er zum drittenmal aufs Klo schlurfte.

Ilse hatte Roland auf der Uni kennengelernt, er war Psychologe mit Lehrauftrag, und auf diese kleinen ungesunden Besserwisser war sie ja schon immer abgefahren. Ilse liebte häßliche, verklemmte Männer, die bedeutend jünger waren als sie, ihr die Tasche trugen und beim Geschlechtsverkehr in Tränen ausbrachen, weil irgendwas aus ihrer Kindheit sie überwältigte.

Rita hatte Ilse damals schon aus dem Zug angerufen, vorsichtshalber, denn wäre sie allein in eine Kneipe gegangen, hätte sie sich ja früher oder später doch mit Max getroffen, und sie wollte versuchen, ihn eben nicht zu treffen. Dann schon lieber ein zäher Abend bei Ilse, und die hatte sie auch gleich beschworen, »du mußt Roland kennenlernen, es ist alles noch ziemlich distanziert zwischen uns, weißt du, weil ich noch so angeschlagen bin von der Kiste mit Olaf. Olaf läßt dich übrigens grüßen, wir treffen uns jetzt manchmal freundschaftlich in der Bhagwan-Disco, aber das darf Roland nicht wissen, er ist so irrsinnig sensibel.«

Spätestens da hätte Rita sagen sollen, Ilse, leck mich sowohl mit Olaf als auch mit dem irrsinnig sensiblen Roland am Arsch, ich kann euch ehrlich gesagt alle nicht mehr ertragen, und sie hätte vom Bahnhof aus direkt in ihre Kneipe fahren sollen, in der das scharfe Video mit Tina Turner und David Bowie lief. Statt dessen hatte sie sich von Ilse am Zug abholen lassen, lila Rock mit braunen Rosen, Gesundheitsschuhe, rote Lippen, zu große Ohrringe. Max, Max, Max, hatte Rita gedacht, Max, wo bist du, Hilfe, Schönheit, mehr Liebe, bitte!

An der Tür schlug ihr Essensgeruch entgegen, Roland hatte gekocht. »Keinen Hunger«, sagte Rita würgend, »ich eß immer im Zug.«

Sie tranken Champagner in der Küche, Ilse löffelte Gemüsesuppe und sagte: »Erzähl doch mal von deiner Arbeit.«

Rita erfand ein paar spannende Konflikte und bereute es, als sie sah, wie fassungslos vor Entzücken ihr Ilse zuhörte, mit offenem Mund, aus dem die Suppe lief. »Toll«, sagte Ilse, »was du immer alles erlebst«, und Rita dachte: Warum, verdammt noch mal, schaffe ich es nicht, die Leute so zu langweilen, daß sie mich vergessen? Jetzt würde Ilse wieder schreiben und anrufen und anrufen und schreiben und es nahm nie ein Ende.

Roland kam in die Küche, und sie hatten sofort Streit gekriegt. Irgendwer hatte von Rotkäppchen angefangen, und Rita hatte die Diskussion in immer absurdere Ecken getrieben – sexuell? Mann – Wolf, penetrieren? Alles Scheiße! Rotes Mützchen! Marx! Um Außenseiter ging es, alles politisch, Kommunistenfresser.

Rita stellte fest, daß sie auf einmal doch Blumen gepflückt hatte, ein mageres Sträußchen. Sie legte sie auf eine Bank und atmete tief durch. Ilse, Roland. Weg damit. Sie würde einen Brief schreiben, liebe Ilse, dies ist der Frühling der offenen Fenster …

Mein Gott, wie weh das tat. War sie für Max so lästig gewesen, wie ihr Ilse ist? Ab damit, auf den Erledigthaufen? Leb wohl, dein Max, Und das in diesem Jahr, in dem sowieso bis jetzt alles schiefläuft, und dabei ist es erst März.

Der Hund hatte unter einem Laubhaufen einen Igel entdeckt und scharrte und bellte. Er trottete nur widerwillig hinter Rita her, die fest und energisch ausschritt. Nein, sie machte sich nichts vor: Zwischen ihr und Max hatte von allem Anfang an nichts gestimmt. Schon das Kennenlernen war eine kranke Sache gewesen, an einem jener Tage, an denen Rita nach Köln fuhr, ohne dort etwas zu tun zu haben, einfach so, weil Stillstand Tod bedeutet hätte. Der Zug fuhr die schöne Strecke am Rhein entlang durch eine Gegend, in der sie ein kleines Mädchen gewesen war – Faltenröcke, Tagebücher, Klavierstunden, Liebesbriefe. Hinter Budenheim ist eine Glashütte – Katharina, Katharina, meine Freundin, wo bist du? Weißt du noch, wie wir auf der Wiese lagen und uns vorstellten, was eine Glashütte sein könnte? Das mußte der Ort sein, an dem der verwunschene Königssohn mit den Tieren lebte, und abends kamen die verirrten Köhlertöchter und machten erst das Nachtessen und das Lager für sich selbst und dann für die Tiere, und die Tiere schüttelten traurig die Köpfe, sagten »ducks!«, und die Köhlertöchter fielen durch Falltüren in tiefe Keller, bis einmal die kam, die zuerst für die Tiere sorgte, ehe sie sich schlafen legte, und da tat es Blitz und Donnerschlag, und die Glashütte verwandelte sich in einen Glaspalast, und da lebte die Köhlertochter glücklich mit dem Königssohn – Katharina, was ist aus den kleinen Mädchen mit den gläsernen Träumen geworden. Die Glashütte hinter Budenheim ist aus Wellblech, denn wenn wir älter werden, gibt es keine Prinzen und keine Glaspaläste mehr, nur noch Donnerschläge.

In dieser Landschaft war Rita mit Hermann durch die Weinberge gegangen, und sie war auf eine Bank gestiegen und Hermann hatte ihr an den Mantelsaum ein Stück Nerz genäht, ringsum, denn das war der Winter der Piroschka-Mode, und alle Mädchen wollten aussehen wie Anouk Aimée in »Ein Mann und eine Frau«, mit Pelz am Saum. Damals hielt Glück noch ganze Nachmittage lang, heute bringen wir es auf fünf bis zehn Minuten, wenn wir uns geliebt haben ohne zu reden.

Im Taxi lief Elton John, »All quiet on the western front«. Rita ließ den Taxifahrer einen Umweg nehmen, damit sie den Song ganz hören konnte, aber dann hatte sie sich doch vor ihrer Stammkneipe absetzen lassen, und alles war wie immer. Der kleine dicke Dichter war da, ganz in Schwarz, und sie hatten sofort Streit bekommen, schrien sich an, tranken Wodka und fühlten sich wohl. Mascha stellte sich dazu und zeigte ihren schönen Busen, da hatte der kleine Dichter auf Augenhöhe ordentlich was zu gucken, denn Mascha war gute einsachtzig. Sie roch nach hundert verschiedenen Männern, und Rita hatte alle Männer zum Teufel und sich in Maschas Arme gewünscht, aber dazu waren sie alle noch nicht betrunken genug. Rita wechselte auf weißen Rum mit Zucker und Limone, damit ging es bei ihr immer am schnellsten. Das Schöne an Mascha war, daß sie nie sprach, sie stand immer nur da, weich, seidig, fahrig, ein Glas in der Hand, und plötzlich war sie wieder weg, allein oder mit jemand, der ihr den richtigen Blick zugeworfen hatte.

Zwei Musiker waren dazugekommen, der egozentrische und der experimentelle. Der egozentrische war gerade in Brasilien gewesen und tönte herum, daß er den Brasilianern erst mal beigebracht hätte, was Tango wäre. »Argentinien!« murmelte Rita matt. »Tango, das ist Argentinien«, und er schrie sie an: »Warst du da oder ich, Mann?« und stritt sich dann mit dem kleinen Dichter über den Sinn von Kaffee-Solidaritätsabonnements für Nicaragua. Der experimentelle Musiker hatte was Falsches gegessen und kotzte quer über den Tisch und sah dann so aus, als würde er dem egozentrischen gleich eins in die Fresse geben. Rita hoffte sehr darauf, denn Schlägereien unter Freunden hatten immer etwas Befreiendes.

Mascha war mit diesem Typ weggeschwebt, der von einem brennenden Auto die dicken Narben an den Armen hatte und immer kurzärmelige Hemden trug, damit man sie auch sah. Dafür liebte Rita ihn, das machte alles so klar und einfach, und außerdem konnte er keinen vernünftigen zusammenhängenden Satz sagen. Der Alte war noch gekommen, mit zwei hohläugigen Mädchen. Er hatte eine Kneipe hinterm Bahnhof, heute war sein Ruhetag, und weil Leute mit Kneipen an ihren Ruhetagen nicht wissen, was sie mit sich anfangen sollen, sitzen sie dann eben in andern Kneipen. Plötzlich sagte jemand: »Da ist ja Max«, und sie hatte ihn zum erstenmal gesehen.

Rita kroch auf Händen und Füßen keuchend hinter dem Hund her einen Abhang hinauf. Immer wieder blieb er freundlich wedelnd stehen und wunderte sich, wieso sie so langsam war. Oben legte sie sich atemlos und erschöpft auf den feuchten, weichen Boden, und der Hund leckte ihr mit seiner warmen Zunge übers Gesicht.

Sie hatten sich angesehen, er, der lange Magere, der Ruhige, und sie, die kleine Quirlige, und dann hatte er gesagt: »Weißt du was, wir beide sollten hier weggehen.«

Sie hatte so getan, als hätte sie das nicht gehört, denn

wenn Sätze, von denen man immer träumt, auf einmal wirklich gesagt werden, also, das ist einfach zu blöd. Sie war statt dessen nach hinten an die Theke zu Lisa gegangen und hatte sich einen Wodka mit Amaretto mixen lassen, Good mother hieß diese grauenvolle Mischung, und Lisa sagte denn auch »What's good about it« und »du bist aber nicht gut drauf heute«. Rita wußte, daß sie sich nie und nirgends je so wohl fühlen würde wie in dieser elenden Kneipe mit dem Neonlicht, den schlecht gespülten Gläsern, mit dem kleinen Dichter, der dem egozentrischen Musiker den Aschenbecher auf den Kopf haute und mit der Musik, die sie hier spielten, gerade war es Lou Reed und er sang »please, say hello«.

Max war zu ihr an die Theke gekommen und sagte: »Also, ich muß hier raus, wir treffen uns dann um halb eins im alten Roxy.«

Rita versuchte sich zu erinnern, ob er sie geküßt hatte, kann schon sein, jedenfalls stand ihr Herz still vor lauter Zärtlichkeit für sein bitteres, müdes Gesicht.

Sie rappelte sich auf und ging weiter, der Hund blieb ratlos dicht neben ihr und verstand nicht, warum sie weinte. Es stimmt nicht, daß es die großen Katastrophen wie Krieg, Feuersbrunst oder Krebs sind, die uns fertigmachen. Das Herz bricht still zwischendurch an einem klaren Märztag, leb wohl, dein Max. Dagegen gab es kein Mittel. Das war diese neue Generation, die räumte rigoros mit verstaubten Gefühlen auf, während Rita ihre schal gewordenen Lieben durch die Jahrzehnte schleppte und elend an ihnen wurde. Max war zehn oder zwölf Jahre jünger als sie, da kann man noch die Fenster aufreißen und alles rausfliegen lassen, aber mach das mal mit Mitte Vierzig. »Du verdammtes Schwein«, schrie Rita, »du Schuft, du Wichser, du grenzenloses Miststück«, und sie trat gegen einen Baum, bis ihr der Fuß weh tat. Der Hund stand ein Stück abseits mit eingeklemmtem Schwanz und angelegten Ohren.

Sie zog die Nase hoch und wischte sich mit dem Ärmel die Tränen ab. »Scheißkerl«, schrie sie und trat noch einmal gegen den Baum, ehe sie weiterging. Sie waren im Roxy damals, und es war fürchterlich gewesen. Ein Künstler machte eine Performance, eine unglaublich aggressive Geschichte: auf großen Monitoren lief »The day after«, und aus vier Lautsprechern kam Bombenlärm. In der Mitte des Raums ein Maschendrahtkäfig mit Männern in olivgrünen Uniformen, die mit Knüppeln Männern in blauen Arbeitskitteln auf die Köpfe schlugen. Die Köpfe steckten unter roten Plastikeimern. Auf dem Boden Glasscherben, und daneben ein zweiter Maschendrahtkäfig, in dem ein nacktes Paar miteinander tanzte. Alles, wovor Rita Angst hatte, passierte hier in diesem Raum auf ein paar Quadratmetern, und plötzlich war Max wieder da und hatte den Arm um sie gelegt. Als Rita es nicht mehr aushalten konnte, war sie hinausgelaufen und über die Straße in die alte kleine Kirche gegenüber geflüchtet. Es war schon nach ein Uhr nachts, aber die Kirche war offen, kühl und still und voll von der zynischen Abwesenheit Gottes. Rita hatte am Seitenaltar alle Opferkerzen ausgeblasen, und eine Pennerin, die auf der letzten Bank schlief, hatte sie entsetzt angesehen und sich bekreuzigt.

Danach war Rita nicht mehr zurückgegangen ins alte Roxy, sondern hatte wieder ihre Kneipe angesteuert. An einer Stelle der Straße rissen ein paar Punks frisch gepflanzte junge Bäume aus und zertrampelten sie, stachen mit Messern in die Reifen eines angeketteten Fahrrads, pinkelten an eine Haustür. In der stillen, gepflegten Stadt, in der sie wohnte, hatte Rita immer Angst, aber hier war die Sache klar – Krach, Gewalt, Aggressivität, offen und unversteckt, damit kam sie zurecht und fühlte sich fast geborgen.

Die Kneipe hatte schon zu, aber Rita kannte den Weg über den Hof nebenan und durch die Küche, den nur die Stammgäste kennen. Lisa zog sich eine Linie Koks rein, Mascha und der mit den Narben hatten Champagner bestellt, der kleine Dichter war auf dem Fußboden eingeschlafen. Tom Waits sang »I never heard the melody till I needed the song«, und der hohläugige Alte spielte im Hinterzimmer Billard gegen die beiden Mädchen. Am Ecktisch saß der Kranke, seine Krücken neben sich gelehnt, und trank mit geschlossenen Augen Tee. Lisa machte Rita noch einen Wodka, drehte die Musik ab und schob das Video mit Tina Turner und David Bowie rein. Alle guckten hin, und plötzlich fing Mascha an, von ihren Ängsten und verlorenen Träumen zu reden, und der kleine Dichter wachte auf und zeichnete lallend ein düsteres Szenario der Welt, und der Kranke sagte: »Was ihr für Sorgen habt, ich leb vielleicht noch drei oder vier Jahre und bin froh über jeden Teller Suppe, den ich noch essen kann, ohne mich von oben bis unten vollzusauen.«

Danach hatten sie so lachen müssen, daß sie fast von den Stühlen fielen, und der Kranke lachte auch und schrie: »Hört auf, wenn ich lache, tun mir alle Knochen weh, ich darf nicht lachen! Was ist denn bloß so komisch daran, daß ich in drei Jahren tot bin?«

Max war gekommen, hatte sich ans Klavier gesetzt und gespielt, und es war ganz ruhig und friedlich gewesen, und ein Joint wanderte rum, ganz wie in den alten rührenden Zeiten, als wir noch keine anderen Sorgen hatten, als ein bißchen zu kiffen. Ritas Atemlosigkeit wich, sie wurde weich und ruhig und dachte: Ich habe noch nie so geliebt wie in diesem Augenblick, dabei weiß ich nicht mal, wen.

Gegen halb drei klingelte das Telefon, und Lisa nahm ab. »Es ist Pit«, sagte sie und hielt den Hörer zu, »er will mal wieder aus dem zwölften Stock springen.«

Der kleine Dichter nahm das Telefon und sagte: »Pit, mach keinen Quatsch, ich nehm mir jetzt ein Taxi und komm bei dir vorbei, okay?« Und dann hörte er noch einen Moment zu und sagte: »Weißt du was, verarschen laß ich mich nicht«, und legte auf. »Wenn ich schon komme, sagt Pit, soll ich Pommes, Gyros und fünf Flaschen Bier mitbringen«, erklärte er uns, und wieder lachten wir uns halbtot, und der Kranke rief: »Der Trick ist super, den muß ich mir unbedingt merken!«

Der Hund war endlich müde geworden und schlich neben Rita her, als sie jetzt den Weg zurück ins Tal einschlug. Sie mußte schließlich irgendwann wieder nach Hause, konnte nicht immer vor dem Anblick dieses Briefes weglaufen. Es war der letzte in einer langen Reihe von Briefen, manische Schreiber sie beide. Jeden zweiten Tag hatten sie sich in den vergangenen drei Jahren geschrieben, über Bücher und Filme, Musik, Beobachtungen, Menschen, über Träume und Pläne und das, was im Kopf und auf der Straße passiert, und immer wenn ein Brief von ihm kam, hatte ihr Mann gelächelt und gesagt: »Du und dein Max.«

Einmal hatte Max sie richtig geküßt, da saßen sie zu dritt in einem Biergarten, und er hatte eine häßliche Freundin bei sich, die er mit einem Kuß kränken wollte. Er hatte sich über den Tisch gebeugt, Ritas Kopf in seine Hände genommen und sie lange und fest geküßt, nur um seine Freundin zu ärgern, aber Ritas Herz hatte geklopft und es hatte ihr gefallen.

Manchmal waren sie am Rhein spazierengegangen und hatten sich Dinge erzählt, die niemand sonst von ihnen wußte, sie hatten auf die Schiffe geschaut und sich leicht und schnell gefühlt. Doch, es war eine Liebesgeschichte gewesen. Eine ohne Bett. Aber er hatte das nicht verstanden und ihr diesen Brief geschrieben. Zu Hause matschte Rita dem Hund sein Futter aus Fleisch, Gemüse und Haferflocken zusammen und legte den Kopf auf den Brief, der vor ihr auf dem Tisch lag. Ihr Mann kam herein und fühlte ihre Stirn. »Krank?« fragte er, und: »Fieber?«

»Nein«, sagte Rita, und sie machte das Fenster weit auf und ließ ihre Liebe hinausfliegen. »Dieser Frühling ist ein Frühling der aufgerissenen Fenster«, sagte sie zu ihrem Mann, aber der hatte sich eine Pfeife angezündet und saß schon wieder an seiner Arbeit.

Nach einem halben Jahr lag im Briefkasten ein Umschlag mit seiner schönen Schrift.

»Rita«, schrieb er, »Du kennst mich, immer zu schnell, zu heftig, zu endgültig. Natürlich ist nichts vorbei. Schreib schnell, Dein Max.«

Noch an diesem Abend schrieb sie an Ilse, daß dies der Frühling der aufgerissenen Fenster sei, und da fliege nun einiges raus, was schon lange angestaubt auf wackligen Beinen rumgestanden hätte, »so auch unsere Freundschaft, liebe Ilse, die nie eine Freundschaft war, leb wohl, Rita«. Erst zwei oder drei Jahre später traute sie sich wieder in die Kneipe, und Lisa sagte: »Du hättest ruhig früher kommen können, dein Max verkehrt hier nicht mehr. Er hat geheiratet und ist ziemlich dick geworden, und weißt du, zwei Kinder hat er auch.« Sie tippte sich an die Stirn und zapfte Rita ein Bier. Es lief »Heartattack and Vine« von Tom Waits, und Lisa erzählte, daß der Kranke jetzt im Rollstuhl sitze und Essen auf Rädern kriege und die Treppe nur noch runterkomme, wenn ihn jemand trage. Pit war tatsächlich doch noch aus dem zwölften Stock gesprungen, und der kleine Dichter war endlich auf Entzug. Mascha war mit irgendeinem Typen nach Ibiza gezogen, angeblich hatte sie Aids, aber das wußte niemand so genau, und der experimentelle Musiker spielte jetzt mit Brian Eno zusammen und hatte endlich Erfolg.

Am Ecktisch saß der egozentrische Musiker und sagte: »Hey, Rita, hab ich dir schon erzählt, wie ich den Brasilianern mal beigebracht habe, was Tango ist?«

Und Rita sagte: »Nein, erzähl.«

Liv Winterberg

Bernsteinfischen

Die Nacht über hatte ein Herbststurm die Wellen der See in die Höhe gepeitscht, und noch immer herrschte auflandiger Wind. Die Ostsee zeigte sich so, wie er sie liebte. Tiefgrau, die Wasseroberfläche von weißen Schaumkronen durchbrochen, selbst die Luft schmeckte heute mehr nach Salz als an den Tagen zuvor. Der Strand war mit Tang und Seegras bedeckt, das die schwere See vom Boden gelöst und an die Küste gespült hatte. Langsam schritt er ins Wasser und spürte die Kälte durch seine Anglerhose dringen, während er den vor sich treibenden Tang kritisch musterte. Dann zog er den Kescher in gewohnten Bewegungen durch die See, Bewegungen, die ihm schon sein Vater gezeigt hatte.

Aus den Augenwinkeln bemerkte er Touristen, die am Strand standen und ihn fotografierten. Die meisten von ihnen waren nicht viel mehr als Glücksritter, die ihre Großraumbüros, Läden, Filialen, Lager, Stationen oder wo immer sie ihr Arbeitsleben fristeten für einige Tage hinter sich ließen, um sich auf die Suche zu machen. Hier, unter den tiefhängenden Wolken, die sich über die Brandung schoben, im Wind, der ihnen die Tränen in die Augen trieb, und mit Salz, das sie auf ihren Lippen schmeckten, suchten sie die Freiheit – und die Steine der Könige.

Ihm versuchten sie, indem sie ihm ein Weilchen hinterherliefen und jeden seiner Griffe mit genauem Blick verfolgten, das Handwerk abzuschauen. Wie allen Glücksrittern mangelte es ihnen sowohl an Wissen als auch an

Können, und die vermeintliche Leidenschaft wärmte nur so lange, bis die Kälte ihnen in die Glieder kroch. So verschwanden sie stets nach kurzer Zeit wieder, verfroren und mit enttäuschten Mienen, dass ihnen der große Fang nicht gelungen war.

Sven hob den Kescher in die Höhe und schob Gras und Tang auseinander. Ein Räuspern, direkt hinter ihm, riss ihn aus seinen Betrachtungen. Entnervt ließ er den Kescher ins Wasser sinken und wandte sich um. Ein Blick genügte, und er wusste Bescheid. Direkt vor ihm stand ein leicht untersetzter Mann, dessen teigige Haut verriet, dass er das Jahr über selten an die frische Luft kam. Er trug eine Anglerhose, eine wasserabweisende Hardshell-Jacke und ein unsäglich hässliches, aber dafür umso teureres Allwetter-Cap. Seine Hand ruhte auf der Schulter eines Jungen, der vielleicht acht oder neun Jahre alt war.

»Hallo, ähm …, Magnus Petersberger aus Berlin. Dürfen wir Sie stören?«, fragte der Mann und hielt ihm seine Hand entgegen.

Sven seufzte. »Das haben Sie schon.«

Der Mann zog seine Hand zurück und zeigte auf den Jungen. »Wir wollten uns vorstellen, das hier ist mein Sohn Jonas, er wird heute Nachmittag am Bernsteinfischen teilnehmen. Er weiß alles über den Stein der Weisen.«

Der Junge grinste verlegen. Der Wind hatte seine Wangen gerötet und das feine Haar zerzaust.

Sven hasste das jährliche Bernsteinfischen, bei dem die Touristen durchs Wasser wateten, mit Keschern in den Wellen herumwedelten und im Anschluss ihren jeweiligen Fang präsentierten.

Die Idee eines Bürokraten der Kurverwaltung, die den Gästen der Insel auch im Herbst ein außergewöhnliches Erlebnis bieten sollte.

»Sind Sie ein …«, fing der Junge an, brach ab und musterte ihn von oben bis unten.

»Ich bin Sven, und ich bin der Bernsteinfischer der Insel. Falls du das fragen wolltest.«

»Ja. Ja, das wollte ich. Cool. Ein echter Bernsteinfischer!«

»Ja, das ist wirklich eine ›coole‹ Arbeit, da hast du recht. Meine Frau Judith und ich sind die Jury, das heißt, wir werden uns wohl nachher wieder treffen.« Kurz nickte er ihnen zum Abschied zu.

»Sie werden sehen, Jonas ist der Nachwuchs, von dem alle hier auf der Insel träumen«, rief ihm der Mann nach. Abermals seufzte Sven und lauschte dem Knirschen des Sandes unter seinen Stiefeln, ein Geräusch, das schon immer alle unliebsamen Gedanken vertrieben hatte.

14. Bernsteinfischer-Wettbewerb prangte auf dem Schild über dem Jury-Stand, der in seinem weißen Hochglanz auf der sandigen Promenade seltsam fehl am Platz wirkte. Missmutig starrte Sven durch das kleine Fernglas, denn es schien die Dame von der Kurverwaltung, eine Zugezogene, davon abzuhalten, ihm ein Gespräch aufzudrängen. Am Strand, in einem gut einsehbaren Bereich, wanderten die Touristen umher, eine Frage der Sicherheit – denn die Wellen hatten im Herbst durchaus die Kraft, Menschen mit sich zu reißen. Seniorinnen in grellbunten Anglerhosen schlenderten am Wassersaum entlang, während einige der Hartgesotteneren zwischen den Buhnen mit ihren Netzen hantierten. Der Wind war inzwischen nur noch ein laues Lüftchen, das über den Strand tanzte, und die Sonne schien zwischen weißen Kumuluswolken hervor. Perfektes Touristenwetter für eine Veranstaltung dieser Art.

Judith gesellte sich zu ihm, holte aus dem Rucksack

eine Thermoskanne und goss Kaffee in zwei Becher. »Wie sieht's aus, ist dieser Kerl mit seinem Sohn dabei?« Ihr Blick wanderte über die Teilnehmer.

»Ja, sie sind bei den Buhnen«, sagte Sven, reichte ihr das Fernglas und nahm den Becher.

Es dauerte nur wenige Sekunden, dann runzelte sie die Stirn. »Seltsam«, murmelte sie und setzte das Fernglas ab.

»Was meinst du?«

»Der Vater hat gerade seinem Sohn irgendetwas in die Tasche seiner Regenjacke geschoben. Aber so, dass es der Kleine nicht einmal mitbekommen hat.«

»Du meinst den Petersberger? Den Dicken aus Berlin?« Sven riss ihr das Fernglas aus der Hand, konnte aber nur Vater und Sohn dabei beobachten, wie sie einträchtig Seegras und Tang auseinanderpflückten. »Bist du sicher?«, fragte er.

»Allerdings! Das muss er sein. Es gibt ja nur dieses eine Kind, das am Wettbewerb teilnimmt.«

»Das wäre ja nicht das erste Mal.« Sven spürte, dass er sich zu ärgern begann. Über Glücksritter aus Großstädten, die meinten, es mit jedem aufnehmen zu können. »Judith, bereitest du alles für den Test vor?«

Sie nickte, nahm ihren Rucksack und machte sich auf den Weg zum Laden.

»Dann werde ich mal meine Runde drehen«, sagte Sven zu sich selbst, und während er den Strand entlanglief, spürte er den Blick der Dame der Kurverwaltung in seinem Rücken. Sie liebte es, wenn der Bernsteinfischer sich zu den Touristen gesellte, ein wenig Seemannsgarn spann und den einen oder anderen Tipp gab. Bald erreichte er den Berliner. »Na, was macht denn der Nachwuchs, von dem wir hier alle träumen?«, fragte er über das Rauschen der Wellen hinweg.

Die Lippen des Jungen waren blau angelaufen vor Kälte,

aber er war eindeutig vom Bernsteinfieber gepackt worden. Seine Augen funkelten vor Aufregung. »Bei dir sieht das anders aus. Zeigst du mir bitte, wie ich das besser machen kann?«, fragte er und hielt ihm den Kescher entgegen.

Sven trat näher und beugte sich über den Jungen, legte die Arme um ihn und packte mit ihm gemeinsam den Kescher. Neben sich hörte er das Sirren des Zooms einer Spiegelreflexkamera, die der stolze Vater umgehend aus seiner Tasche geholt hatte. Während der Auslöser klickte und klickte, schob Sven mit dem Jungen das Netz durchs Wasser. »Du weißt ja, dass der Bernstein im Tang und Seegras hängen bleibt. Deshalb wühlt man erst den Boden auf.«

Während er weitersprach, zog Sven die linke Hand unter der des Kindes hervor und tastete unsichtbar für Petersberger und seine Kamera über die Jackentasche des Jungen. Mit den Fingern fuhr er behutsam hinein, spürte Muscheln, einen aufgeweichten Keks, jede Menge Sand, ein nasses Taschentuch. Daneben ertastete er einen taubeneigroßen Stein mit glatter Oberfläche und unebenen Konturen. Unauffällig ließ er ihn in die eigene Jackentasche zwischen seine Steine gleiten. Am Morgen hatte er mehrere Exemplare als Anschauungsmaterial für die Preisverleihung ausgewählt und mitgenommen. Ohne hinzusehen befühlte er die eigenen Steine, deren Form er kannte, und wählte ein milchig weißes Exemplar, um es im Gegenzug in der Tasche des Jungen verschwinden zu lassen. Im Anschluss durchsuchte er mit Jonas den Tang, und zur Freude des Jungen fanden sie zwei perlengroße Bernsteine. Sven musste zugeben, dass der Kleine ihn in seiner Begeisterung durchaus rührte.

Wenig später kehrte Sven zum Stand zurück und sah die mit Wasser gefüllte Glasschüssel unter dem Tisch stehen. Sofort kam Judith auf ihn zu. »Und?«, fragte sie.

»Du hast sehr gute Augen«, sagte er nur und zeigte ihr den Stein, den er Jonas entwendet hatte. Honigfarben mit Inklusion und so falsch wie ein unechter Bernstein nur sein konnte.

»Dass es immer wieder Leute gibt, die es mit so billigen Tricks versuchen.« Judith schüttelte den Kopf. »Und das für ein Abendessen im Hotel zur Post. Unglaublich.«

Eine Glocke rief die Touristen zur Promenade zurück, und mit klammen, rot gefrorenen Fingern legten sie nacheinander ihre Schätze auf den Tisch. Es waren die üblichen Fundstücke, wie die Ostsee sie heutzutage noch hergab. Meist wogen sie 10 bis 15 Gramm, einige glänzten goldgelb, andere waren mit weißen Schlieren durchzogen. Hübsch, aber nicht außergewöhnlich. Das größte Exemplar hatte bisher ein Kölner Paar abgeliefert, ein matter Bernstein, einen halben Daumen groß. Petersberger hatte dabei nur süffisant gelächelt. Nun schob er seinen Sohn vor den Jurytisch.

Sven lehnte sich zurück. »Meine Damen, meine Herren, treten Sie doch noch einmal näher.« Er holte unter dem Tisch die Schüssel hervor und legte zwei seiner eigenen Bernsteine daneben. »Jonas, kennst du den Trick, echten von falschem Bernstein zu unterscheiden?«

Der Kleine schüttelte den Kopf.

»Dann lege mal bitte meine beiden Bernsteine ins Wasser der Schüssel.«

Fasziniert beobachtete der Junge, wie der eine auf den Boden des Glases sank, der andere jedoch an der Oberfläche schwamm.

»Einige werden das sicher kennen«, sagte Sven in die Runde und bemerkte vereinzelt zustimmendes Kopfnicken: »In gesättigter Kochsalzlösung schwimmt Bernstein. Unechte Stücke, die zuhauf im Umlauf sind, gehen unter. Aber nun, junger Mann, zeig doch mal bitte, was du gefunden hast!«

Petersberger trat vor und begann hektisch, die Taschen seines Sohnes auszuräumen. Irritiert schaute der Junge seinen Vater an, ließ ihn aber gewähren.

»Herr Petersberger, suchen Sie etwas?«, fragte Sven freundlich.

»Äh, nein. Machen Sie nur weiter.«

Sven nickte und schob Muscheln und Steine des Jungen nebeneinander, den Bernstein hob er in die Höhe: »Oh, dieser ist besonders schön, er ist nahezu weiß.«

»Den habe ich vorhin gar nicht bemerkt!«, sagte der Junge sichtlich erstaunt.

»Es ist nicht leicht, die verschiedenen Arten zu erkennen. Wusstest du, dass der Bernstein, den wir an der Ostsee finden, baltischer Bernstein ist? Er hat aber nicht nur einen weiten Weg hinter sich, er ist auch alt, sehr alt – zwischen 40 und 120 Millionen Jahre. Damals gab es noch Dinosaurier!«

Der Junge betrachtete den Stein voller Ehrfurcht. »Warum ist er denn weiß?«

»Klarer Bernstein enthält so gut wie keine Gasbläschen, und dieser hat unzählige davon eingeschlossen, deshalb ist er fast weiß. Auch wenn es nicht der größte Fund des Tages ist, ist es sicherlich der schönste. Dafür gibt es einen Ehrenpreis!«

Die Umstehenden freuten sich für den Jungen und applaudierten begeistert.

»Du kannst mich in den kommenden Tagen im Ladenatelier besuchen, dann zeige ich dir, wie man aus solchen Steinen wahre Schmuckstücke macht. Aber nun müssen wir den Gewinner des Nachmittags ermitteln, denn es geht ja immerhin um ein Abendessen in der ›Post‹«, fuhr Sven fort, zufrieden, dass sich einer der allgemeinen Freude bisher nicht anschließen konnte – Magnus Petersberger. Mit erhobener Augenbraue schaute er zu Sven herüber. Der zeigte sein breitestes Grinsen.

Sven saß noch in der Küche beim Frühstück, als Judith am nächsten Morgen den Laden aufschloss. Umgehend erklang das Türglöckchen und er hörte, dass sie Kunden begrüßte. Sven erhob sich, diese Stimmen kannte er inzwischen.

Heute waren die Petersberger zu dritt – fröhlich erzählte die Mutter, sie habe sich trotz einer Erkältung diesen Ausflug zum Bernsteinfischer höchstselbst nicht entgehen lassen wollen. Die Begeisterungsfähigkeit hatte Jonas eindeutig von seiner Mutter geerbt, die sich um die eigene Achse drehte, während sie sich umsah. Schmuckvitrinen zeigten Bernstein in allen Variationen; Ketten mit Treibholz und Muscheln hingen von den Decken herab. Einheimische Töpferwaren glänzten neben Teesorten, deren zarte Düfte über allem lagen. »Dieser Laden ist ein Kleinod«, sagte sie, bevor sie sich mit ihrem Sohn von Judith an der Werkbank in die Kunst des Bernsteinschleifens einführen ließ.

Petersberger trat derweil neben Sven. »Sie waren das! Sie haben den Bernstein gestohlen!« Er zischte derart vor Wut, dass ihm Spucke auf die Unterlippe tropfte. Mit dem Handrücken wischte er sie weg und schien es nicht einmal wahrzunehmen.

»Ich habe nie in meinem Leben einen Bernstein gestohlen, denn Diebstahl dieser Art war früher ein schweres Vergehen«, erwiderte Sven ruhig. »Die Angst davor wird bei uns vererbt, verstehen Sie? Wussten Sie, dass man im Mittelalter nicht einfach am Strand entlanglaufen durfte, weil die Bernsteinordnung dies untersagte? Wer Bernstein auflas, konnte vom Strandvogt am Galgen aufgeknüpft werden. Reihenweise standen diese Ungetüme als Warnung in den Dünen, und die Diebe baumelten daran im Wind. Verrückt, oder?«

»Ich werde …«, flüsterte der Berliner, und sein Gesicht zeigte eine ungesunde Röte.

»Was habt ihr denn für schreckliche Themen?«, fragte Jonas' Mutter, die inzwischen durch den Laden streifte und abermals alles begutachtete. »Übrigens, mein Mann hat versprochen, dass ich mir hier ein Schmuckstück aussuchen darf.«

»Oh, dann kann ich Ihnen etwas Besonderes zeigen.« Zügig schob Sven ein mit Samt überzogenes Tableau ins Licht, auf dem eine Kette mit einem besonders hübschen Bernstein schimmerte. »Dieser Anhänger sieht aus, als wäre er mit goldenen Blättchen durchzogen, doch das sind Sonnenflinten. So nennt man feine Risse im Innern des Bernsteins, an denen sich das Licht bricht.«

»Schön! Wirklich schön!«

»Aber ich habe hier auch noch etwas Außergewöhnliches, wenn es denn kein Schmuck sein muss. Gelegentlich fertigen meine Frau und ich kleine Kunstwerke aus Treibgut und Bernstein.« Nun hob Sven ein fast weißgewaschenes Wurzelwerk in die Höhe, in dessen Mitte ein taubeneigroßer Stein mit Inklusion thronte.

Petersbergers Hautfarbe wurde noch einen Ton dunkler, und er schien die Luft anzuhalten. Selbst Judith schaute nun von der Werkbank herüber.

»Sieh mal, Magnus, da ist ja was drin«, jauchzte die Gattin auf. »Ein Tierchen oder so …«

»Ja, ich würde sagen, es handelt sich um eine Mücken- oder Fliegenart. Steine mit Inklusionen sind selten, es gibt sie mit Blüten, Blättern, Schnecken, Krebstieren – selbst in Harz eingeschlossene Vogelfedern wurden schon gefunden.«

»Das ist ja unglaublich, sieh nur, Schatz!«

»Mir ist warm. Ich möchte jetzt gehen.«

»Du glaubst doch nicht, dass wir jetzt gehen!« Mit einem Mal wirkte Jonas' Mutter ausgesprochen energisch.

Sven sah den Berliner nun direkt an. »Oft sind auch Fälschungen im Umlauf, und es ist erstaunlich, wie viele darauf hereinfallen, nur weil der Stein eine Inklusion zeigt …«

»Schatz, genau den hätte ich gerne! Der würde auf der Kommode im Wohnzimmer gut zur Geltung kommen.«

»Man nennt sie auch die Göttertränen. Schon Ovid hat sie beschrieben«, fuhr Sven fort. »Kennen Sie Phaeton? Er war der Sohn des Sonnengottes Helios. Eines Tages spannten die Schwestern Phaeton den Sonnenwagen an, selbstverständlich ohne die Erlaubnis des Vaters. Der Junge stürzte ab und starb! Jedenfalls beweinten die Schwestern ihren Bruder, und aus diesen Tränen entstand der Bernstein.«

Er drehte die Skulptur zum Licht, und der Stein glänzte honiggelb. »Man nennt das Harz deshalb auch den Sonnenstein, und ihm werden viele Eigenschaften zugesprochen, unter anderem soll er den bösen Blick bannen und Lügen entlarven.« Letzteres war zwar feinstes Seemannsgarn, aber die Frau zeigte sich beeindruckt.

»Schatz, wenn wir den im Wohnzimmer stehen haben, dann kann uns nichts mehr passieren. Was kostet das Prachtstück denn?«

»Na ja, Steine mit Inklusionen können leicht bis zu fünftausend Euro kosten. Da es sich aber hier um ein kleineres Exemplar handelt, würde ich sagen, dass Sie es für fünfhundertachtzig Euro mitnehmen können.«

Das Entsetzen im Blick ihres Mannes ließ die Frau ungerührt. »Wunderbar, dann packen Sie es bitte ein. Magnus, hast du deine Kreditkarte dabei?«

Mit zusammengebissenen Zähnen holte Petersberger sein Portemonnaie hervor und reichte Sven die Karte, der sie durch den Kartenleser zog.

Jonas kam zu seinem Vater gelaufen und hielt ihm einen Bernstein unter die Nase: »Riech mal, wenn man ihn schleift oder anbohrt, duftet er noch nach Harz. Man kann ihn auch anzünden wie Weihrauch …«, sprudelte es aus dem Kind heraus.

»So, mein Engel«, unterbrach ihn die Mutter, »nun hast du genug Zeit in Anspruch genommen. Wir gehen jetzt, und sieh mal, was wir mitnehmen. Eine schöne Erinnerung, oder?« Sie zeigte auf den Tresen, und Sven wartete einen Moment, bevor er das Seidenpapier um die Skulptur schloss.

»Ja, das ist toll!«, sagte Jonas und nickte bekräftigend.

Kurz darauf verließ die Familie den Laden, Mutter und Sohn winkten gut gelaunt, während der Vater seltsam einsilbig blieb.

Kaum, dass sich die Tür schloss, fuhr Judith Sven an. »Hast du ihm seinen eigenen Stein verkauft? Was hast du dafür genommen?«

»Na, es sah doch hübsch aus, oder? Das habe ich heute Nacht noch …«

»Wie viel?«

»Fünfhundertachtzig Euro.«

»Bist du des Wahnsinns?«

»Nein, das bin ich nicht.« Sven riss vom Kartenleser den Beleg ab und legte ihn beiseite.

»Himmel, ich wusste gar nicht, dass du so ein Schlitzohr bist.«

»Nur, wenn man es darauf anlegt. Der wollte es doch wissen. Seinem eigenen Sohn einen falschen Bernstein unterzuschieben … wie kann man nur? Ach, da fällt mir was ein!«

»Was denn?« Judith verschränkte die Arme vor der Brust.

»Ich habe vergessen, ihm zu sagen, dass dies nicht der ›Stein der Weisen‹ ist, wie er annimmt, sondern der ›Stein der Könige‹.«

»Was redest du da? Das wird ihn kaum interessieren. Ich sage dir, das gibt noch richtig Ärger.«

»Das glaube ich nicht«, antwortete Sven leichthin und ging in die Küche zurück. Es war an der Zeit, das unterbrochene Frühstück fortzusetzen.

Am darauffolgenden Morgen schaltete Sven die nächtliche Innenbeleuchtung des Schaufensters aus und musste lachen, als er dabei Petersberger vor dem Laden warten sah. Ohne eine Begrüßung schob sich der Mann an ihm vorbei, als er die Tür öffnete.

»Guten Morgen, Magnus, mit dir habe ich gar nicht mehr gerechnet!«

»Seit wann duzen wir uns?«

In aller Seelenruhe streifte Sven seine Anglerhose über, zog die Jacke an und griff den Kescher. »Lass uns zum Strand gehen, ich habe noch zu tun.«

»Ich will nicht an den Strand, ich bin hier, weil …«

»Komm jetzt!«

Petersberger zögerte, erst als das Türglöckchen schellte, hastete er Sven hinterher. Die Köpfe eingezogen, die Hände in den Taschen verborgen, liefen sie nebeneinanderher, wobei sie sich mit jedem Schritt gegen den Wind stemmen mussten.

»Also, was willst du?«, fragte Sven, während sie durch die Dünen stapften.

»Na, Sie glauben doch nicht, dass das Thema erledigt ist. Das war Betrug, Wucher, was weiß ich …«

Sven trat Petersberger in den Weg und baute sich dicht

vor ihm auf. »Du redest von Betrug? Du hast deinem Sohn einen falschen Stein in die Tasche geschoben, damit er einen Wettbewerb gewinnt, bei dem es um ein Essen im Dorfrestaurant geht! Warum machst du so was?«

Möwen jagten schreiend über ihnen durch die Luft.

Sven setzte seinen Weg fort. Am Strand und im Wasser erkannte er dicke Seegras- und Tangbüschel. Das würde ein guter Tag werden.

Petersberger hastete ihm abermals nach. »Aber es bleibt noch der Wucher. Sie haben mir einen unechten Stein verkauft.«

»Falsch!«

»Natürlich, fünfhundertachtzig Euro habe ich dafür abgedrückt.«

»Ich sage es noch einmal: falsch! Den Stein habe ich dir nicht verkauft, ich habe ihn dir geschenkt!«

Petersberger schloss neben ihn auf. »Ich kann es doch beweisen …«

»Du lässt nicht locker, oder? Ich habe dir den Stein geschenkt. Schau auf den Beleg, die Transaktion wurde von mir abgebrochen.«

»Abgebrochen?« Petersberger riss das Portemonnaie aus seiner Jacke und begann, die darin gesammelten Bons zu durchwühlen, einen zog er hervor und hielt inne. »Scheiße«, murmelte er nur.

»Ich war der Meinung, diesen Stein schenke ich dir. Als Erinnerung, woran auch immer. Da werden die Interpretationen sicherlich auseinandergehen. Und genau das sollten wir jetzt auch.«

Plötzlich grinste Petersberger ein wenig. »Verdammt, ich glaube es nicht! Wärst du nicht einen Kopf größer, würde ich dir jetzt gerne eine reinhauen.«

»Regelt ihr das in Berlin so?«

»Keine Ahnung, wie regelt ihr Fischköppe so etwas?«

»Mit einem Grog. Alles andere ist uns zu viel Aufwand.«

Petersberger sah zum Horizont und schwieg kurz. »Ja, das ist auch 'ne Möglichkeit. Ist eh Dreckswetter heute. Aber ich lade dich ein.«

Nun ließ auch Sven seinen Blick zum Horizont schweifen, an dem sich im Dunst drei Schiffe erahnen ließen. »Na, wenn's sein muss.« Er klopfte Petersberger auf die Schulter.

»Tja, ist halt der Stein der Weisen …«, sagte der und grinste nun über das ganze Gesicht, während er sein Portemonnaie in die Jacke zurückschob. »Satz und Sieg gehen an dich.«

Sven beschloss, Petersberger auch seine Vorstellungen vom Stein der Weisen zu schenken. »Grog gibt's vorn beim Bäcker, was anderes hat noch nicht offen«, sagte er nur.

Der Tang konnte heute noch ein halbes Stündchen warten.

Dietmar Bittrich

Der Bus ist das Ziel

Wer reist, fährt Bus. Nicht ständig, aber länger als wünschenswert. Vor allem sogenannte Kultur- oder Studienreisen entpuppen sich als ausgedehnte Busfahrten. Möglich, dass in einer Pause die Reste einer versunkenen Kultur ins Blickfeld gelangen. Viel Zeit bleibt dafür nicht. Der Bus muss weiter. Er ist der Mittelpunkt. Und die eigentliche Kultur, um die es geht, ist die Kultur unserer Mitreisenden. Sie sind das Studienobjekt einer jeden Studienreise.

Ob erst die Han-Dynastie, dann die Tang-Dynastie kam, und ob die Sassaniden vor den Safawiden herrschten oder umgekehrt, haben wir binnen kurzem vergessen. Aber wie Frau Schade vier Stunden lang dem Fahrer in den Nacken redete, wie Herrn Schöne das Müsli vom Klapptisch kippte, oder wie Herr Geissler in die Kiwi biss, so dass drei Reihen vor und hinter ihm unbewohnbar wurden, das bleibt ewig in Erinnerung.

Vielleicht haben wir uns gleich am Anfang falsch entschieden? Beim folgenschweren ersten Einsteigen? Da wurden die Plätze vergeben, nicht offiziell, doch desto nachhaltiger.

Wir sind demokratisch und friedliebend; unser innigster Wunsch ist es, dass es allen Menschen gleichermaßen gut geht. Nur nicht bei der Vergabe der Sitzplätze.

Sobald beim Empfang am Flughafen der Reiseleiter den Arm ausstreckt: »Das ist Ihr Bus!«, setzt eine subtile Beschleunigung aller Schritte ein. Niemand rennt. Auch wir selbst täuschen kultivierte Gelassenheit vor. Doch Alte und Hüftleidende bleiben schwer atmend zurück.

Auch wir erreichen nicht als Erste die Tür. Doch unbegreifliches Glück! Die beiden Paare, die vor uns einsteigen, streben nach hinten! Warum denn das? Weil sie sich ungestört küssen wollen? Um der Toilette nah zu sein?

Nein, sie wissen bereits, was wir bald schmerzlich erfahren: Vorne ist man ungefiltert dem Redestrom des Reiseleiters ausgesetzt. Nur hinten kann man sich den Litaneien von Herrschernamen und Grabungsfunden entziehen. Übertrieben häufig wendet er den Kopf, um zu überprüfen, ob jemand zuhört. Wir in der ersten Reihe fühlen uns verpflichtet, ihm jedesmal aufmerksam zuzunicken.

Wir büßen für die gesamte Gruppe, die ab Reihe fünf behaglich in Schlaf versunken ist. Experten gelingt es schon in Reihe drei, aus der Sichtachse des Reiseleiters tief in den Sitz zu gleiten, das Haupt seitwärts zu betten und jene Erholung zu finden, um derentwillen man eine Reise tut. Nur wir Dummerchen sind zum Simulieren von Wissbegier verdammt.

Leider hält uns noch etwas anderes wach: Der Schrecken erregende Blick auf den Gegenverkehr. Beherrscht der Fahrer noch irgendetwas anderes außer seiner Hupe? Trecker, Lastzüge, Tieflader – er weicht grundsätzlich in letzter Sekunde aus. Mit dem Überholen wartet er, bis es bergauf geht oder eine uneinsehbare Kurve beginnt. Den Abstand zur Schlucht, jenseits der Leitplanke, überschätzt er grotesk.

Und warum kneift er immer die Augen zusammen? Weil er eine Brille bräuchte? Oder weil er achtundvierzig Stunden lang keinen Schlaf bekommen hat?

Wir erinnern uns an Meldungen von zerschellten Urlauberbussen. Welche Seite würde eigentlich zuerst aufschlagen? Etwa unsere? Die korpulenteste Teilnehmerin belegt in Reihe sieben zwei Plätze. Würden wir ihr gegenübersitzen, könnte sie den Aufprall dämpfen.

»Es kann auch gern mal jemand anders nach vorne!«, geben wir uneigennützig bekannt.

Weiter hinten herrscht eine deutlich entspanntere Atmosphäre. Hier werden Witze gemacht. Die Reihen haben sich in gemütliche Eigenheime verwandelt, private Müllhalde eingeschlossen. Die Klimaanlage, die in den Reihen vorn lediglich für dauerhafte Erkältung sorgt, übertönt hier alle kulturellen Belästigungen.

Auf diese Bezirke hat der Reiseleiter keinen Einfluss mehr. Allerdings ist er auch unserem Einfluss entzogen. Die regierende Partei sitzt vorne. Sie lenkt alle Entscheidungen hinsichtlich der Lautstärke der Musik, der Streichung von Besichtigungspunkten oder der sogenannten technischen Pausen, bei denen sich die Gruppe – nach Geschlechtern getrennt – links und rechts in die Olivenhaine verteilt.

Wir hinten schicken uns in die Hingabe. Landschaften, die anfangs noch fotografierenswert schienen, rauschen längst unbesehen vorbei. Einige Teilnehmer haben dauerhaft den Vorhang zugezogen. Der Bus reicht. Er ist die Zuflucht. Es ist der Kosmos.

Und wenn er uns endlich wieder am Flughafen abgesetzt hat, wenn wir erleichtert Beifall und Trinkgeld spenden, machen wir uns keine Gedanken mehr über die Frage, die uns zu Hause erwartet: »Na, wo seid ihr diesmal gewesen?« Die einzige Antwort, die uns einfällt, ist auch die ehrlichste: »Im Bus.«

Uwe Timm

Die Vernichtung der Zettelkästen

Die letzte Nacht schlief ich in der leeren Wohnung: Der Teppichboden herausgerissen, die Lampen abmontiert, in den Zimmern stand feucht der Geruch von Tünche. Im Schein einer Taschenlampe wühlte ich in dem zusammengekehrten Dreck und sammelte Pfennigstücke, Haarklammern, Briefmarken und Legostücke heraus, wußte dann aber nicht, wohin mit dem Kleinkram, und kippte alles in den Müll.

Einen Tag vor der Abreise hatte ich gemeinsam mit Peter Hubert die Kammer ausgeräumt, die vollgestopft war mit Zeitungen, Illustrierten, Seminararbeiten, Exzerpten, Briefen, Flugblättern, Resolutionen zu Teach-ins, Go-ins und all jenen Manuskripten, die, unaufgefordert zugeschickt, aus irgendwelchen Gründen hier seit Jahren liegengeblieben waren. Diese unfaßlich öden, holprigen Schreibereien, die durch alle Verlage gewandert waren und manchmal, trotz Ablehnung, mit dem gleichen Begleitbrief wieder auftauchten.

In den letzten Monaten mußte ich mich mit einer immer größeren Kraft zum Lesen der Manuskripte zwingen, bekam immer häufiger Wutanfälle, sprang auf und rannte ins Freie. Beinahe wäre dieser Papierberg, der schon vier Umzüge mitgemacht hatte und weiter angewachsen war, zusammen mit den Möbeln eingelagert worden. Aber dann stand ich in diesem Altpapier, diesem Durcheinander, diesem aus den Borden quellenden Hochglanzpapier, den vergilbten Zeitungen, den eingerissenen, zerfledderten Exzerpten aus *Sein und Zeit, De anima,* den Seminararbeiten, Reisenotizen, all den Ausschnitten, Zetteln, Karteikarten, und spürte einen körperlichen Ekel, stopfte das Papier in Kartons und schleppte die mit dem Freund hinunter. Die Kammer war noch nicht leer, da quoll im Hof der Müllcontainer über. Ich stieg auf den Papierberg und stampfte ihn mit einer albernen Munterkeit zusammen: keine Manuskripte mehr lesen, keine Gutachten mehr schreiben, keine Bücher mehr an den Wänden, die im Traum auf mich stürzten. Leere, weiße Wände. In der Ferne die Atemsäule des Pottwals.

Lag im Dunkeln in der Badewanne, genoß die Wärme und, wenn ich die Luft anhielt, den leichten Auftrieb. Fast wäre ich im Wasser eingeschlafen.

Ich ging durch die Zimmer. In ihrer Größe und hallenden Leere waren sie mir fremd und vertraut zugleich.

Ich sah in die Straße hinunter. Die einzige Bewegung in der nächtlichen Stille war das leise Schaukeln der Neonlampen, die auch die Schatten der geparkten Autos hin- und herwandern ließen. Die Müdigkeit war wie Fusseln in den Augen.

Es war der 21. September und kurz nach 3 Uhr nachts.

Für den Tag der Abreise – D. war mit den Kindern schon vorausgefahren – hatte ich mir Regen gewünscht, einen grauen regnerischen Himmel. Aber die Sonne schien, und es war für Ende September ungewöhnlich warm.

Beim Einbiegen in die Paradiesstraße sah ich nochmals zurück zum Englischen Garten, in dem sich Spaziergänger, Radfahrer und Köter drängten. An warmen Tagen schob sich das in Massen zum Chinesischen Turm. Über den Tischen und Bänken lag eine Staubwolke und der Gestank von Pisse, Bier und Gebratenem.

Auf der Autobahn, am Inntal-Dreieck, ein Stau. Im Radio sang eine Frauenstimme: The bloody rose. Ein Polizist stand auf der Fahrbahn und winkte die Autos an einem zusammengedrückten Ford vorbei. Zwischen Glasscherben und Sägemehl lag ein Plüschteddy. Am Straßenrand standen zwei längliche Blechwannen mit Stielgriffen.

Der pickelige Zöllner ging um den mit Wäsche, Töpfen, Lampen, Bettzeug vollgeladenen Wagen. Er zeigte auf die mit Kleidungsstücken vollgestopften Plastiksäcke: Cosa è questo? Le mie camicie.

Er lachte und winkte mich durch.

Hinter dem Brenner begann es zu nieseln. Kaum in Italien, hatte ich die quietschenden Scheibenwischer und diese schwarz glänzende Straße vor mir, auf der sich die Scheinwerfer der entgegenkommenden Autos spiegelten. Dicht an dicht kam der deutsche Mittelstand in seinem Daimler und BMW und schleppte seine Segelboote und Surfbretter vom Lago Maggiore zum Überwintern nach Hause. In den Süden fuhren jetzt, Samstagnacht, nur wenige Autos.

Wer da alles runtergezogen war: Henze und Neckermann, Thomas und Heinrich Mann, stigmatisierte Metzgermeister und württembergische Hofmaler, all die Heinrichs, Ottos und Karls, und natürlich die Ost- und Westgoten, die Cimbern und Teutonen, über die Alpen, den Stiefel runter, Richtung Rom.

Kurz vor Bozen hatte es aufgehört zu regnen.

Ein kleiner kropfiger Hoteldiener trug mir den Koffer. Er betonte, daß ich den Wagen ruhig auf der Straße stehenlassen könne, hier werde nichts geklaut, hier habe alles noch seine Ordnung.

Später, nach dem Abendessen, ging ich in die Altstadt, durch die viele Freizeitjacken spazierten, ältere deutsche Ehepaare. Kam in eine Nebengasse, den Bozener Kiez, drei Bars, alle leer, vor einem Eingang eine magere Frau, die mir schon von weitem zuwinkte, als habe sie dort seit Stunden auf mich gewartet. Sie redete in einem rheinländischen Dialekt auf mich ein, wollte etwas trinken, ich sagte: Qu'est-ce que vous voulez?

Da wechselte sie ins Französische und sprach es weit besser als ich, hakte sich ein, ging nebenher. Erzählte mir von dieser Scheißstadt, den Scheißleuten, versprach eine einmalige Nummer.

Je suis fatigué.

Ich mach dich munter!

In meiner Hilflosigkeit wechselte ich abermals die Nationalität, sagte: I am married.

Da blieb sie stehen. Merde, sagte sie, lachte dann aber: How sweet und lovely dost thou make the shame. Good night, poor little boy.

Archäologie der Wünsche

Nachmittags auf dem Raccordo anulare: ein Stau, der sich mit 130 Stundenkilometern vorwärtsbewegte. Die Hände am Lenkrad verschweißt, raste ich, nach der Ausfahrt Ausschau haltend, auf der mittleren Fahrbahn, hinter mir, Stoßstange an Stoßstange, ein Blitzen, Hupen, wenn ich auch nur etwas Gas wegnahm, von rechts und links überholende, vorn einscherende Autos, die sofort die entstandene Lücke wieder füllten. Ich verfehlte die erste Ausfahrt, wurde unfreiwillig in die zweite hineingeschoben, die sich als richtig erwies, kam auf die Nomentana, die durch eine rötliche Ebene führt, links und rechts Pinien, und in der Ferne in einem braunen, ja goldenen Licht: Rom. Die Farben auf den Postkarten hatten nicht übertrieben.

Dann die ersten Häuser, Neubauten, die Fassaden braun verkachelt, sieben-, achtstöckig. Und wieder bildete sich ein Stau, der diesmal zum Stehen kam. Am Straßenrand das Verkaufsgelände eines Keramikgroßhandels. Dort standen Blumentöpfe in allen Größen und Farben, Statuen aus einem Marmor imitierenden weißen Material, verkleinerte Repliken antiker Skulpturen, die – anders als bei uns die Gartenzwerge, die eine putzige Erinnerung an die Wildnis sind – die klassische Kultur in den Vorgarten bringen sollen.

Kniehoch: Laokoon mit seinen Söhnen in den Kampf mit der Schlange verwickelt, der Apoll von Belvedere in halber Lebensgröße, die kapitolinische Wölfin, variierend von der Größe eines Rehpinschers bis zu der eines ausgewachsenen Wolfs, dann die verbissene Gruppe, die Unauflösbaren: zwei Ringer. Der eine, ein bärtiger, muskulöser Mann, hat seinen Gegner, einen jüngeren Mann, gepackt und in einer Drehung hochgehoben, um ihn mit einem einzigen kraftvollen Schwung, kopfüber, zu Boden zu schleudern, wenn der nicht seinen Hodensack ergriffen hätte und umklammert hielte. So kann der eine wie der andere nicht loslassen, und sie stehen buchstäblich versteinert da.

Nahm mir vor, diese Statue zu kaufen und Heinar Kipphardt für seinen Garten zu schenken, als allegorische Darstellung des Realismus. Man kann sich aussuchen, welcher Ringer die Wirklichkeit und welcher die Literatur darstellt. Kastration oder weiche Birne, das jedenfalls wäre die Folge, würde diese Verschlingung aufgelöst.

Die Via Gradisca, eine schmale Einbahnstraße. Hinter vergitterten Vorgärten zwei- und dreistöckige Häuser aus der Jahrhundertwende. Das Haus Nr. 13: ockerfarben, der Putz fällt von den Fassaden, schiefe Holzjalousien, vor der Haustür ein Haufen Spaghetti, matschig, rotbraun, zwei räudige Katzen fressen davon. Der Geruch nach Katzenpisse. Im Garten eine Fächerpalme, die Farben leuchten im letzten Licht, das Dach, die Gesimse, die Fensterläden, alle Dinge treten aus sich heraus, scharf umrissen, als wollten sie sich nochmals ihrer selbst vergewissern, bevor sie ins Ungefähre, Dunkle fallen. Die Kinder kommen und wollen mir als erstes den Brunnen zeigen, einen Brunnen direkt am Haus, ein marmorner Löwenkopf, abgestoßen die Schnauze, die Ohren, aus dem Maul fließt Wasser in ein Betonbecken. Ich muß die Arme hineinstecken, ein eiskalter Schock, dann muß ich ihnen die Arme zeigen. Sie streichen mir gegen den Strich über die Armhaare, die sich aufgestellt haben, ein kitzelndes, durchdringendes Schaudern. Das sei Gruseln, behaupten sie und wollen sich ausschütten vor Lachen. D. kommt in ihrem weiten, ehemals schwarzen, von der Sonne ausgebleichten Kleid.

Liegen nachts im Bett ohne Decke, nackt. In München laufen sie jetzt in Mänteln durch die Straßen. Aus dem Garten steigt ein Duft, schwer und süß wie ein Parfum, der Duft von einem blühenden Busch, dessen Namen wir nicht kennen. Das Kreischen der Katzen, Fernsehlärm, jemand singt, Stimmen, Gelächter, von fern der Verkehrslärm, nahe das Schlürfen des Ablaufs am Brunnen, hin und wieder das Aufheulen einer Sirene von einem geparkten Auto.

Vor dem Fenster steht ein Orangenbaum. Im dunkelgrünen Laub leuchten gelb die Früchte. Niemand macht sich die Mühe, sie zu pflücken. Sie fallen auf das Garagendach, auf dem die Katzen dösen.

Die Archäologie der Wünsche. Saß 1946, im Winter, in der Küche, dem einzig beheizbaren Raum in der Wohnung, die wir mit zwei anderen Mietern teilen mußten, und übte schreiben. Die Mutter wusch ab. Fräulein Scholle pütscherte am Herd herum. Da kam der Vater in die Küche, verbarg etwas hinter dem Rücken. Mit einer schnellen Bewegung legte er eine Frucht auf mein Heft, eine nie gesehene Frucht, von der ein nie gerochener Duft ausging, die Schale porig und doch glatt, lag sie mir in der Hand, und nach einem kurzen Zögern biß ich in die Frucht. Eine die Zunge überziehende Bitterkeit. Die Erwachsenen lachten. Fräulein Scholle nahm die Frucht, schnitt sie auf, klappte die Scheiben auseinander, und die Orange lag da wie eine Blüte, eine Seerose, deren Inneres so schmeckte, wie die Schale leuchtete.

Das Haus, zweistöckig, ist Ende des letzten Jahrhunderts erbaut worden und ähnelt im Kleinen dem, was Mussolini später am Corso Trieste monumental hinklotzen ließ: eine antikisierende Architektur. Die Zimmer vier Meter hoch, der Fußboden gekachelt, schwarzweiß, von stilisierten Weinblättern umrandet. An den Decken, von beängstigender Größe, schwere Stuckrosetten. Eingerichtet hat die Wohnung Frau Bassi vor siebzig Jahren: Kristallüster, marmorierte Lampenschalen in der Größe von Regenschirmen, klotzige Vertikos, Mahagonischränke in einem Jugendstil, der sich durch Monumentalität auszeichnet. Tapeten, exotische Ornamente. Auf einer Anrichte schreitet eine nackte Bronzefrau aus, den Arm hochgestreckt, als wolle sie zu den Sternen greifen, ein starker Gegenwind drückt ihr ein Bronzetuch auf die Brüste und zwischen die Schenkel.

Dem Haus gegenüber liegt ein kleines Karmeliterinnenkloster mit einer Mädchenschule. Stündlich bimmeln die Glocken – anhaltend lange, zur Vesper. Morgens geht die Äbtissin auf der Veranda auf und ab und liest im Brevier. Die Mädchen sitzen in Hollywoodschaukeln. Ein ständiges Gegacker und Gekicher. Später die Stimme einer Nonne, die einen englischen Text vorliest, aber wie gesungen und kaum verständlich. Die Mädchen sitzen über die Tische gebeugt und schreiben. Vermutlich ein Diktat. Einmal schaut ein Mädchen auf und blickt herüber, wie ertappt beugt es sich schnell wieder über das Heft. Im Garten jätet eine Schwester Unkraut. Ein massiver schwarzberockter Hintern.

Der Salon ist vollgestellt mit Vertikos, Schränken und verschnörkelten Lehnstühlen. Von diesem Zimmer blickt man auf einen massiven Rundbau. Das Ocker der Fassade hat der Regen in langen Streifen vom grauen Beton abgewaschen. Es ist das staatliche Heim für die Kriegsblinden. Im Hof steht ein kleiner Kuppelbau, in den Arm- und Beinprothesen hinein- und hinausgetragen werden. Dort ist eine Werkstatt, in der die Blinden Prothesen herstellen und reparieren.

Nach vorn schiebt sich eine hochgemauerte halbrunde Terrasse wie eine Bastion auf die Straße, die sich an dieser Stelle zu einem kleinen Platz weitet. Morgens und am späten Nachmittag marschieren auf der Terrasse vier ältere Männer im Gleichschritt nebeneinander an der Balustrade entlang, von Hausmauer zu Hausmauer, gute 70 Meter. Wenige Zentimeter vor der Hausmauer bleiben sie stehen, machen eine militärische Kehrtwendung und marschieren den Halbkreis wieder zurück, bis zur gegenüberliegenden Mauer. Kehrtwendung. Rückmarsch. Hin und her. Wahrscheinlich marschieren sie dort schon seit Kriegsende. Sie tragen dunkle Brillen, haben sich untergehakt, werfen die Beine und brüllen sich an. Einem fehlen beide Hände. Wahrscheinlich ist der eine oder andere taub, vielleicht sind es auch alle vier.

Träumte von meinem Bruder, der – meine einzige Erinnerung an ihn – sich hinter einem Besenschrank versteckt hält. Er will mich, seinen kleinen Bruder, überraschen. Aber ich sehe seinen Kopf, sein blondes Haar. Er war damals, wie man mir später erzählte, auf der Durchreise von Frankreich nach Rußland, wohin seine Division verlegt worden war. Einige Monate später schrieb er meinem Vater aus Charkow einen Brief: *Mein lieber Papi! Leider bin ich am 19. schwer verwundet worden. Ich bekam einen Panzerbüchsenschuß durch beide Beine, die sie mir nun abgenommen haben. Das rechte Bein haben sie unterm Knie abgenommen und das linke wurde am Oberschenkel abgenommen. Sehr große Schmerzen hab ich nicht mehr.*

Das steht da in einer durch das Morphium verzerrten Schrift.

Tröste die Mutti, es geht alles vorbei.

Damals war er 19 Jahre alt.

Er war an einem Abend im Winter 1942 losgegangen, zu dem Meldebüro der SS-Kasernen in Ochsenzoll. Es war schon dunkel, und er hatte sich aus dem Villen-Vorort hinaus ins offene Land verlaufen. Es war eine mondhelle Nacht, und dennoch konnte er weder einen Wegweiser noch sonst ein Zeichen finden, das ihn hätte zur Kaserne führen können. Schließlich sah er auf der Landstraße einen Mann stehen. Der Mann stand da und blickte über die Felder, in deren Ackerfurchen feine Streifen Schnee lagen. Er sprach den Mann an und fragte nach den

Kasernen. Der Mann aber starrte in den aufgehenden Mond und sagte: Der Mond lacht. Und als mein Bruder nochmals nachfragte, sagte der Mann, er solle ihm folgen. Der Mann ging voran, schnell, fast lief er, ohne sich umzudrehen, ohne Rast gingen sie durch die Nacht. Sie gingen an dunklen Bauernhäusern vorbei. Das heisere Muhen der Kühe aus den Ställen, das splitternde Eis in den Radspuren. Mein Bruder fragte, ob sie denn auf dem richtigen Weg seien. Da drehte sich der Mann um und sagte: Ja, wir gehen zum Mond, da, der Mond lacht, er lacht, weil die Toten so steif liegen.

Zu Hause erzählte mein Bruder, wie er sich einen Moment gegraust habe, und daß er später, als er sich zum Bahnhof durchgefragt hatte, zwei Polizisten traf, die nach einem Verrückten suchten, der aus der Alsterdorfer Anstalt ausgebrochen war.

Am nächsten Tag war mein Bruder abermals losgefahren, hatte das Musterungsbüro gefunden, wurde auch sofort genommen: 1,85 m groß, blond, blauäugig.

Meine Mutter verwahrt die kleine Pappschachtel, die ihr später aus dem Lazarett zugeschickt worden war: sein Tagebuch, seine Orden, ein paar Briefe von meiner Mutter und meinem Vater, zwei Fotografien, die eine zeigt einen unbekannten Kameraden, die andere den Vater, unten in der Schachtel liegen ein kleiner schwarzer Taschenkamm und eine Tube Zahnpasta. In ihrer verdrückten Aluminiumhülle ist sie zu Stein geworden.

Rena Dumont

Bernie

Bernie hat seit der ersten Probe fleißig geübt. Auch wenn es keinen Text gab, Kunst muss hart erarbeitet werden. Das wusste er. So schnell seine alten Gelenke es erlaubten, setzte er sich immer wieder in seinen braun karierten Sessel und übte Vokale und Konsonanten. Er verzog sein Gesicht auf verschiedene Arten und Weisen, modellierte den Mund zu einem »O«, dann zu einem »I«, rollte das »R«, dass sein künstliches Gebiss nur so flatterte, bis sein Unterkiefer so müde wurde, dass er ihn massieren musste.

Was Schauspieler alles durchmachen müssen, dachte er sich. Respekt. Respekt. Dann stellte er sich wieder hin, konzentrierte sich eine Weile auf seine Szene, ging sie im Stillen durch und ließ sich dann so elegant wie möglich in die Polster nieder. Dabei schlug er seine Beine übereinander, in der Hoffnung, dem Körpergefühl eines erfahrenen Theaterregisseurs mit weißem Seidenschal nachzuspüren, doch es ging nicht sehr gut. Seine Beine waren nicht lang und beweglich genug, um in dieser Position zu verharren. So ließ er es lieber sein. Ein bekannter Schauspieler hat ihm mal erzählt, um die perfekte Kontrolle über seine Wirkung zu erzielen, sei es hilfreich, beim Spielen seinen ganzen Körper im Spiegel zu beobachten. Bewegung und Mimik müssen in perfektem Einklang sein. Also stellte sich Bernie vor seinen Spiegel, der Gott sei Dank groß genug war. Was würde der Regisseur von ihm denken, wenn er nicht die notwendige Natürlichkeit präsentieren würde? Bernie drehte sich um die eigene Achse, fuchtelte wild mit den Armen und kam dann schwer atmend wieder zum Stehen. Langsam und deutlich sagte er »Ha, Ma, Wa, Ga«. Dann hauchte er »Te, Pe, Ka«, ahmte mit den Handflächen den Schlag mit einer Machete nach und stieß dabei gegen den Spiegel. Er hatte Glück, dass er sich nicht die Finger brach. Erschöpft sank er in den Sessel zurück. Doch Bernies Augen leuchteten, er fühlte sich glücklich, stark und lebendig. »Münchner Kammerspiele. Ich spiele an den Münchner Kammerspielen«, murmelte er.

Dann erhob er sich, schob den Sessel zurück auf seinen gewohnten Platz und löschte die Lampen. Sofort verwandelte sich die aufregende Bühne in das kleine karge Wohnzimmer, in dem er jeden Abend saß, bis es Zeit war, schlafen zu gehen. Vor Jahren schon waren seine Frau und sein Hund gestorben. Seitdem lebte er allein. Manchmal fürchtete er sich.

Später, alleine im eiskalten Bett, durchdachte er noch mal exakt seine Auftritte, um sicherzugehen, dass alles klappen würde. Irgendwann schlief er ein, den Kopf ins weiche Kopfkissen gebohrt, so dass er kaum zu sehen war, und er lächelte. Er lächelte, weil etwas in seinem Leben geschah. Etwas Wesentliches.

»Guten Morgen! – Guten Morgen! – Guten Morgen, Wolfgang! – Guten Morgen, Elisabeth!« Es dauerte seine Zeit, bis Bernie alle Kollegen begrüßt hatte. Die Garderobe im Theater war klein und er musste sie sich mit drei anderen teilen. So war das bei den Statisten. Und unentwegt begegnete man Menschen, die rein- oder rausgingen: Assistentinnen, Garderobieren, Requisiteuren und weiß Gott noch wem. Wie wunderbar!

Trotz des lauernden Sodbrennens schenkte sich Bernie erst einmal eine Tasse Kaffee ein und nahm sich einen

Keks. Das war ein kostenloser Service für alle Mitarbeiter, ob Star oder Statist

Punkt 10 Uhr 20 stand Bernie dann auf der Bühne. Nicht mittig, nein, seitlich im Hintergrund, damit er niemandem im Weg war. Die großen und wichtigen Schauspieler standen mitten auf der Bühne, unterhielten sich lautstark, gestikulierten lebhaft und lachten. Frei, selbstbewusst, wahrhaftig und schön. Wie Stars eben sind, dachte sich Bernie. Gerne hätte er sie von vorne gesehen, sie und die Kunst, die sie schufen. Doch das spielte jetzt keine Rolle. Es war großartig und bewegend, dabei zu sein! Bernie, der Statist.

Der Durchlauf begann. Gestern hieß es zweite Hauptprobe, heute Generalprobe. Verblüffend schnell hatte sich Bernie in dem Theaterjargon zurechtgefunden. Als hätte er ein Leben lang nichts anderes gemacht. O ja, er war durchaus noch lernfähig, er fühlte sich jung und wach. Die vierzig Jahre, die er als Busfahrer gearbeitet hatte, lagen in weiter Ferne. Manchmal fragte er sich, wie er all die Jahre diesen stereotypen Job aushalten konnte. Für wenig Geld und kaum Anerkennung.. Wie hatte er sich einbilden können, eine sinnvolle Arbeit zu machen? Zu Fuß sollen die Menschen gehen. Zu Fuß!

Bernie meisterte seine Auftritte. Er vergaß nie etwas. Er war immer am richtigen Ort zur richtigen Zeit, verpasste keinen Einsatz. Die anderen Statisten und sogar manche Schauspieler orientierten sich an ihm. Er war eine zuverlässige Größe.

»Sie da …«, rief der Regisseur unvermittelt und fragte seine Assistentin ungeduldig. »Wie heißt der Mann dahinten?«

»Der ältere Herr rechts?«, fragte das Mädchen leise.

»Ja doch …«

Sie blätterte hektisch in ihren Unterlagen. »Bernhard Gaum.«

»Bernie, kommen Sie mal zu mir.«

Bernie traute seinen Ohren nicht. War tatsächlich er gemeint? »Kommen Sie her, Bernie, nicht so schüchtern.«

Bernie machte fast einen Knicks, als würde seine Majestät selbst zu ihm sprechen. Zögernd näherte er sich der Bühnenrampe.

»Bernie, Sie gehen bitte ganz am Anfang des Stückes, noch bevor der Vorhang aufgeht, nach vorne an die Rampe, so wie jetzt, und sagen ›pfui‹. Ganz verächtlich: ›pfui‹. Kriegen Sie das hin? Wir probieren das gleich mal. Lasst mal den Vorhang runter.«

Noch bevor Bernie reagieren konnte, schob sich der grüne samtige Vorhang, den er immer besonders bewundert hatte, zwischen ihn und die anderen, und er stand alleine da. Das ging jetzt doch ein bisschen sehr schnell. Bernie war nicht besonders spontan, er hätte gerne noch Zeit gehabt, darüber nachzudenken.

»Pfui«, wiederholte er leise. »Na gut, dann sage ich: pfui.«

Unsicher und zögernd suchte er in dem dicken Vorhang nach der Öffnung. Ein Schlupfloch, um darin verschwinden zu können, wäre ihm lieber gewesen.

»Wo sind Sie, Bernie? Wir fangen an. Kommen Sie. Alles klar?«, ertönte die kratzige und ungeduldige Stimme des Regisseurs.

»Alles klar«, murmelte Bernie und wühlte in dem Vorhang. Man hörte Lachen im Zuschauerraum. Dann stand er plötzlich im Spot des Scheinwerfers vor dem Vorhang. Er blinzelte in das Licht und kniff die Augen zusammen.

»Pfui«, piepste er. Wo war seine Stimme geblieben? Bernie wollte sofort wieder hinter dem Vorhang verschwinden.

»Halt, halt, halt«, krächzte der Regisseur. »Noch mal, Bernie, das müssen wir noch mal üben. Setzen Sie Ihre Stimme ein! Das Pfui muss kommen wie aus der Pistole geschossen. Stampfen Sie dabei mit dem Fuß. Das wird Ihnen helfen. Also, bitte noch mal.«

»Ja, gut. Mit dem Fuß stampfen. Ja. Gut.«

Und Bernie stampfte und piepste. Der Regisseur verdrehte die Augen, unterbrach ihn aber nicht. Schließlich war die Probe vorbei.

Als Bernie abends nach Hause kam, war er so müde, als hätte er am Fließband im Akkord gearbeitet. Nach einem kärglichen Abendessen ging er sofort ins Bett, doch er konnte nicht einschlafen. Sein Magen krampfte sich zusammen und die Nerven lagen blank. Morgen Abend musste er pfui sagen. Alleine, auf der großen Bühne, im Scheinwerferlicht. Es gab keine Probe mehr. Das war das Entsetzliche daran. Alle hatten ihre Rollen wochenlang proben können, nur er hatte ganze zwei Mal sein »Pfui« gesagt. Und das musste jetzt sitzen. Unruhig wälzte er sich hin und her. Am liebsten hätte er die Premiere auf acht Uhr morgens gelegt, um es schneller hinter sich bringen und das schreckliche Lampenfieber loszuwerden. Doch es half nichts, er musste den ganzen langen Tag warten, und bei dem Gedanken fühlte er sich von Minute zu Minute kränker.

Am nächsten Abend stand Bernie bereits um 18 Uhr in der Maske. Doch die Maskenbildnerin schickte ihn wieder weg. Es reichte, wenn er in einer Stunde wiederkam. Vorher würde er sie nur stören.

Eine ganze Stunde. Nervös wartete Bernie vor der Tür. An Essen und Trinken war nicht zu denken, obwohl seine Kehle trocken wie eine Saharalandschaft war. Seine Finger waren eiskalt, und er zitterte am ganzen Leib.

Um 19 Uhr puderte die Maskenbildnerin Bernie kurz das Gesicht ab und schickte ihn wieder weg. Unruhig lief er zwischen Gang und Garderobe auf und ab. Überall herrschte vibrierende Nervosität und man umarmte sich, spuckte sich über die Schulter und sagte die magische Zauberformel: »Toi, toi, toi«. Doch Bernie wollte nur sein »Pfui« loswerden. Jetzt. Sofort.

Da ertönte die sonore Stimme des Inspizienten wie eine Drohung aus der Dunkelheit. Starr vor Angst begab sich Bernie auf die Bühne. Die Geräusche aus dem großen Zuschauerraum nahmen zu, während Bernie hinter dem Vorhang wartete. Die Minuten fühlten sich an wie Stunden. Ausgerechnet jetzt verspürte Bernie den heftigen Drang, auf die Toilette gehen zu müssen. Schweiß stand ihm auf der Stirn. Für so etwas gab es jetzt definitiv keine Zeit mehr. Sein Herz pochte so heftig, er war einem Herzinfarkt nahe.

»Alles klar, Bernie? Es geht los!«, flüsterte ihm der Inspizient von der Seite zu, die anderen Schauspieler und Statisten standen ebenfalls in ihren Startpositionen. Plötzlich war es still geworden. Jetzt gab es kein Entkommen mehr.

»Los!«, rief irgendjemand.

Zitternd tastete Bernie nach dem gottverdammten Vorhang, fand die Öffnung irgendwie und trat hinaus ins Scheinwerferlicht.

Der Zuschauerraum war bis auf den letzten Platz besetzt, aber kein Laut war zu hören. Einen kurzen Moment dachte er beinahe, er stünde alleine in dem großen Raum. Ihm war schwindelig. Er war gar nicht da, er war unterwegs zu einem anderen Planeten. Vielleicht Pluto, oder einem anderen, sehr entfernten Ort.

Er wagte einen winzigen Schritt nach vorne. Das Licht blendete ihn höllisch, so dass er die Silhouetten der Zuschauerköpfe nur erahnte. Jemand hüstelte. Bernie stand und schwieg. Er konnte sich partout nicht mehr erinnern, was er machen sollte. Da war ein großes, stilles, schwarzes Loch in seinem Kopf.

Die Zuschauer warteten. Bernie wartete. Nichts geschah.

Plötzlich öffnete Bernie seinen Mund, presste dann seine Lippen krampfhaft aufeinander und quetschte es heraus:

»P... P... UFFI!!!«

Anschließend stampfte er mit dem Fuß auf, wie ein trotziges kleines Kind. Einzelne Gelächter ertönten aus dem Zuschauerraum. Auch hinter dem Vorhang lachten einige.

Bernie wurde schlagartig bewusst, was er gesagt hatte. Eine Hitzewelle überkam ihn, der Schweiß bahnte sich seinen Weg durch das Kostüm. Hastig drehte er sich um, tastete nach der Lücke im Vorhang, die er natürlich nicht gleich fand. Die Zuschauer lachten zunehmend. Da war die Lücke, Bernie schlüpfte hindurch und lief hinter die Bühne. Mit gesenktem Kopf flüchtete er sich an seinen ihm zugewiesenen Platz zwischen die anderen Statisten.

»Hey, mach dir nichts draus, das kann passieren«, sagte einer.

»Was war los?«, fragte ein anderer.

»Du bist echt 'n Clown, Bernie«, sagte der Nächste.

Ungerührt ging der Vorhang auf, und das Spiel begann. Bernie wagte nicht, den Regisseur anzublicken. Warum um alles in der Welt hat er »puffi« gesagt? Was war das überhaupt für ein Wort? Er kannte es nicht einmal. Er hatte natürlich die Premiere versaut. Das war klar. Wie konnte er all das nur wiedergutmachen?

Bernie erfüllte seine Statistenaufgaben wie in Trance.

Er merkte gar nicht, dass drei Stunden vergingen, und hatte keine Ahnung, ob die Vorstellung gut war oder nicht. Viel zu sehr lastete die Schuld von »puffi« auf ihm.

Bei der Verbeugung weigerte er sich, mit den anderen Statisten auf die Bühne zu gehen, bis ihm der Regisseur mit einer energischen Handbewegung deutlich machte, dass er sich auch verbeugen müsse. Das tat er dann. Verschämt, schnell, den Blick auf den Boden gerichtet. Danach lief er so schnell er konnte in seine Garderobe, befreite sich von seinem Kostüm und verließ das Theater so unauffällig wie möglich. Sicherlich würden sie ihn gleich alle suchen, den »Puffi«-Mann, den Mann, der das ganze Theaterstück versaut hatte, den Mann, über den sie alle lachten, über den sich bald ganz München lustig machen würde.

Wahrscheinlich würde er jetzt zum letzten Mal durch den Bühnenausgang dieses Theater verlassen. Hier brauchte er sich nicht mehr blicken zu lassen.

Die schwere Glastür rastete im Schloss ein und er stand in der Falckenbergstraße. Die Leute strömten an ihm vorbei Richtung Kantine, wo die obligatorische Premierenfeier stattfand. Nur das nicht! Hoffentlich erkannte ihn niemand. Erschrocken drehte sich Bernie um und wollte wieder zurück ins Theater flüchten. Da stand plötzlich eine kleine Gestalt vor ihm, eine ältere, sympathisch wirkende Frau im schwarzen Samtmantel. In der Hand trug sie ein winziges Lacktäschchen, und in dem grauen Haar steckte eine hübsche silberne Haarspange.

»Habe ich Sie erschreckt?«, fragte sie.

»Ja. Nein. Doch. Ein bisschen«, stotterte Bernie verlegen. Erstaunlich, aber diese Dame war kleiner als er, was ungewöhnlich war.

»Es tut mir leid, ich wollte Sie nicht erschrecken«, entschuldigte sich die Dame lächelnd und wollte weitergehen. Doch dann hielt sie plötzlich inne. »Wissen Sie, Sie haben mir unheimlich gut gefallen.«

»Ich?!« Bernie musterte sie misstrauisch.

»Ja, Sie. Wie Sie da so hilflos standen, zitterten …«

»Leider«, murmelte Bernie.

»Ich hätte Sie am liebsten in den Arm genommen, Sie haben so toll gespielt, so authentisch und ehrlich.« Ihre Augen strahlten Bernie an, ihre Hand fasste ihn sanft am Oberarm. Bernie stand da wie versteinert.

»Es tut mir leid. Ich hätte pfui sagen müssen.«

»Wirklich?«

»Daraus ist dann puffi geworden.«

»Es ist mir nicht aufgefallen, es war wunderbar. Sie haben mir das Herz gebrochen, ich hätte weinen können.«

Bernie sah in das zarte Gesicht der Frau. Hatte sie das wirklich ernst gemeint? »Aber die Menschen haben gelacht.«

»Ja, natürlich, weil Sie so rührend waren. Weinen und Lachen liegen ganz nah beieinander.«

Bernie stand schweigend da, und auf einmal war ihm, als ob alle Last von ihm genommen war. Er fühlte sich unbeschreiblich frei, leicht und – jung. Schüchtern lächelte er die Frau an. »Wollen Sie vielleicht …«

»Ja, lassen Sie uns einen kleinen Spaziergang machen«, sagte sie, hakte sich bei ihm unter und lief mit zierlichen, federleichten Schritten neben ihm die Straße hinunter.

F. Scott Fitzgerald

Drei Stunden zwischen zwei Flugzeugen

Es wäre ein wilder Zufall gewesen, aber Donald war nun mal in der Stimmung. Er war gesund und gelangweilt und hatte eine lästige Pflicht hinter sich. Jetzt würde er sich belohnen. Vielleicht.

Als die Maschine gelandet war, trat er in einen Sommerabend im Mittleren Westen hinaus und ging auf den einsamen Pueblo-Flughafen zu, der wie ein gewöhnlicher roter Bahnhof aussah. Er wusste nicht, ob sie noch lebte oder überhaupt in dieser Stadt wohnte und wie sie jetzt hieß. Mit wachsender Spannung suchte er im Telefonbuch nach ihrem Vater, der aber in den vergangenen zwanzig Jahren auch schon gestorben sein konnte.

Nein. Richter Harmon Holmes – Hillside 3194.

Die amüsierte Stimme einer Frau beantwortete seine Frage nach Miss Nancy Holmes.

»Nancy ist jetzt Mrs Walter Gifford. Wer spricht denn da?«

Donald legte auf, ohne zu antworten. Er wusste jetzt, was er wissen wollte, und er hatte nur drei Stunden Zeit. An einen Walter Gifford konnte er sich nicht erinnern, und es gab einen weiteren gespannten Augenblick, als er das Telefonbuch durchsuchte. Sie konnte nach auswärts geheiratet haben.

Nein. Walter Gifford – Hillside 1191. Das Blut kehrte in seine Fingerspitzen zurück.

»Hallo?«

»Guten Tag. Ist Mrs Gifford da – hier spricht ein alter Freund.«

»Ich bin Mrs Gifford.«

Jetzt erinnerte er sich wieder an den seltsamen Zauber in ihrer Stimme, das dachte er jedenfalls.

»Hier spricht Donald Plant. Ich habe dich nicht mehr gesehen, seit ich zwölf Jahre alt war.«

»Oh-h-h!« Der Ton war höchst überrascht, sehr höflich, aber er konnte weder Freude noch gesichertes Wiedererkennen herauslesen.

»– *Donald!*«, sagte die Stimme. Und diesmal war etwas mehr als nur angestrengtes Nachdenken darin zu hören.

»... seit wann bist du denn wieder in der Stadt?« Und dann, viel herzlicher: »Wo bist du denn überhaupt?«

»Hier draußen am Flughafen – nur für ein paar Stunden.«

»Na, dann komm doch her und besuch mich!«

»Bist du sicher, dass du nicht gerade ins Bett gehen wolltest?«

»Um Himmels willen, nein!«, rief sie. »Ich sitze hier und trinke ganz allein einen Highball. Sag dem Taxifahrer ...«

Auf der Fahrt analysierte er das Gespräch. Seine Worte »am Flughafen« hatten klargestellt, dass er immer noch zur Oberklasse gehörte. Dass Nancy allein war, konnte darauf hinweisen, dass sie zu einer unattraktiven Frau ohne Freunde gereift war. Ihr Ehemann konnte entweder unterwegs oder schon im Bett sein. Der Highball schockierte ihn – wahrscheinlich, weil sie in seinen Träumen nach wie vor zehn Jahre alt war. Mit einem Lächeln gewöhnte er sich an den Gedanken – sie war jetzt fast dreißig.

Am Ende einer geschwungenen Einfahrt sah er eine dunkelhaarige kleine Schönheit, die mit einem Glas in der

Hand in der erleuchteten Tür stand. Erstaunt darüber, dass sie tatsächlich konkrete Formen annahm, stieg er aus dem Taxi und sagte: »Mrs Gifford?«

Sie schaltete das Verandalicht ein und starrte ihm mit großen Augen nervös entgegen. Schließlich brach ein Lächeln durch ihre verwirrten Züge.

»Donald – bist du das? Wir verändern uns alle so. Ach, das ist wirklich erstaunlich!«

Immer wieder trällerte ihre Stimmen die Worte »all diese Jahre«, als sie ins Haus gingen, und Donald hatte ein flaues Gefühl im Magen. Das kam zum Teil von ihrer letzten Begegnung, als sie auf dem Fahrrad an ihm vorbeigefahren war, ohne ihn zu beachten, und zum Teil von der Angst, sie hätten sich nichts zu sagen. Es war wie ein Klassentreffen, aber da wurde die Unfähigkeit, die Vergangenheit wiederzufinden, durch die lärmende Fröhlichkeit überdeckt. Voller Bestürzung wurde ihm klar, dass dies eine lange, leere Stunde werden könnte. Er stürzte sich blindlings hinein.

»Du warst immer eine zauberhafte Person. Aber ich bin doch etwas erschrocken, dass du so schön bist.«

Es funktionierte. Die sofortige Anerkennung der veränderten Situation und das kühne Kompliment machten sie zu interessanten Fremden anstelle von stammelnden Kindheitsfreunden.

»Magst du einen Highball?«, fragte sie. »Nein? Denk bitte nicht, dass ich eine heimliche Trinkerin bin, aber es war so ein dunkler Abend. Ich hatte meinen Mann erwartet, aber er hat telegrafiert, dass er noch zwei Tage länger wegbleibt. Er ist sehr nett, Donald, und sehr attraktiv. Ziemlich dein Typ und dein Hautton.« Sie zögerte. »Und ich glaube, er interessiert sich für jemanden in New York, und – ach, ich weiß nicht.«

»Scheint mir unmöglich, wenn ich dich so sehe«, versicherte er. »Ich war sechs Jahre lang verheiratet, und es gab eine Zeit, da hab ich mich genauso gequält. Dann habe ich die Eifersucht eines Tages für immer aus meinem Leben gestrichen. Dann, als meine Frau gestorben ist, war ich sehr froh darüber. Es hat sehr reiche Erinnerungen hinterlassen – nichts war beschädigt oder verdorben, und es gab nichts, woran zu denken mir schwerfiel.«

Sie sah ihn aufmerksam und dann mit zunehmender Sympathie an, als er das sagte.

»Das tut mir sehr leid«, sagte sie. Und nach einer angemessenen Pause: »Du hast dich sehr verändert. Dreh mal den Kopf zur Seite. Ich weiß noch, wie mein Vater gesagt hat: Der Junge hat ein Gehirn.«

»Wahrscheinlich hast du ihm widersprochen.«

»Ich war sehr beeindruckt. Bis dahin war ich der Ansicht, dass jeder ein Gehirn hat. Deshalb hat es sich in meiner Erinnerung festgehakt.«

»Was hat sich denn noch bei dir festgehakt?«, fragte er lächelnd.

Nancy stand abrupt auf und ging ein Stück weg.

»Ach, bitte«, sagte sie vorwurfsvoll. »Das ist nicht fair! Ich vermute, ich war ein böses Mädchen.«

»Nein, warst du nicht«, sagte er entschlossen. »Aber jetzt kannst du mir einen Drink geben.«

Als sie ihm einschenkte – das Gesicht immer noch abgewandt – fuhr er fort: »Denkst du, du wärst das einzige kleine Mädchen, das je geküsst wurde?«

»Gefällt dir das Thema?«, fragte sie. Ihre momentane Verärgerung schmolz, und sie sagte: »Ach, zur Hölle! Wir haben doch *Spaß* gehabt, genau wie in diesem Song.«

»Bei der Schlittenfahrt.«

»Ja – und bei diesem Picknick – von Trudy James. Und in Frontenac in diesem – in diesen Sommern.«

An die Schlittenfahrt erinnerte er sich am besten und

daran, dass er in einer Ecke im Stroh ihre kalten Wangen geküsst hatte, während sie zu den kalten, weißen Sternen hinaufgelacht hatte. Das Pärchen neben ihnen hatte ihnen den Rücken zugekehrt, und er hatte ihren kleinen Hals und ihre Ohren geküsst, aber nie ihre Lippen.

»Und die Party bei den Macks, wo sie Post Office gespielt haben, und ich konnte nicht hingehen, weil ich Mumps hatte«, sagte er.

»Da kann ich mich nicht dran erinnern.«

»Oh, du bist aber da gewesen. Und du bist geküsst worden, und ich war ganz verrückt vor Eifersucht. Mehr als jemals danach.«

»Komisch, dass ich mich nicht daran erinnern kann. Vielleicht hab ich es vergessen wollen.«

»Aber warum?«, fragte er belustigt. »Wir waren zwei vollkommen unschuldige Kinder, Nancy. Immer wenn ich meiner Frau von der Vergangenheit erzählt habe, habe ich ihr gesagt, dass du das Mädchen warst, das ich fast genauso liebte wie sie. Aber ich glaube, ich habe dich genauso geliebt. Als wir weggezogen sind aus der Stadt, habe ich dich wie eine Kanonenkugel in meinen Eingeweiden getragen.«

»Warst du so – aufgeheizt?«

»Mein Gott, ja! Ich –« Es wurde ihm plötzlich bewusst, dass sie kaum zwei Fuß voneinander entfernt standen und dass er mit ihr redete, als ob er sie jetzt, in diesem Moment, liebte, und dass sie mit halb geöffneten Lippen und einem wolkigen Blick zu ihm aufschaute.

»Mach weiter«, sagte sie. »Ich schäme mich dafür, aber ich mag es. Ich wusste nicht, dass du damals *so* aufgewühlt warst. Ich dachte, *ich* wäre diejenige gewesen, die unglücklich war.«

»Du?«, rief er. »Erinnerst du dich nicht mehr, wie du

mich im Drugstore hast sitzen lassen?« Er lachte. »Du hast mir die Zunge herausgestreckt.«

»Ich erinnere mich überhaupt nicht. Mir schien es, als ob du mich hast sitzen lassen.« Ihre Hand fiel ganz leicht, beinahe tröstend auf seinen Arm. »Ich habe oben ein Fotoalbum, das ich seit Jahren nicht mehr angeschaut habe. Ich werde es mal ausgraben.«

Donald saß fünf Minuten lang mit zwei Gedanken da. Der erste war die hoffnungslose Unmöglichkeit, dass sich zwei Menschen auf gleiche Weise an das gleiche Ereignis erinnerten – und der zweite war, dass ihn Nancy als Frau auf erschreckende Weise genauso erschütterte, wie sie es als Kind getan hatte. Innerhalb von einer halben Stunde war ein Gefühl entstanden, das er seit dem Tod seiner Frau nicht mehr gekannt hatte – und von dem er nie gehofft hatte, dass er es noch einmal erleben würde.

Seite an Seite auf einer Couch sitzend schlugen sie das Buch auf. Nancy sah ihn lächelnd und sehr glücklich an.

»Ach, das ist ja *so* ein Spaß«, sagte sie. »Ein Riesenspaß, dass du so nett bist und mich so – schön in Erinnerung hast. Ich möchte dir sagen – ich wünschte, ich hätte es damals schon gewusst! Als du nicht mehr da warst, hab ich dich gehasst.«

»Wie schade«, sagte er leise.

»Aber jetzt nicht mehr«, versicherte sie, und dann, ganz impulsiv: »Komm, geben wir uns einen Kuss darauf –«

…

»Eine gute Ehefrau tut so etwas nicht«, sagte sie eine Minute später. »Ich glaube, ich habe wirklich keine zwei Männer geküsst, seit ich verheiratet bin.«

Donald war erregt – und vor allem verwirrt. Hatte er Nancy geküsst? Oder eine Erinnerung? Oder diese fremde, zitternde Schöne, die jetzt rasch wegschaute und eine neue Seite im Album aufschlug?

»Warte!«, sagte er. »Ich glaube, jetzt könnte ich kein Bild anschauen.«

»Wir werden es nicht noch einmal tun. Ich bin auch nicht sehr ruhig.«

Donald sagte eine dieser kleinen Belanglosigkeiten, die so vielsagend sein können. »Wäre es nicht schrecklich, wenn wir uns wieder verliebten?«

»Hör auf!« Sie lachte, aber sehr atemlos. »Es ist schon vorbei. Es war nur ein Augenblick. Ein Augenblick, den ich vergessen muss.«

»Erzähl es nicht deinem Mann.«

»Warum nicht? Normalerweise erzähl ich ihm alles.«

»Es würde ihm wehtun. Erzähl so etwas nie einem Mann.«

»Gut. Ich werde es nicht tun.«

»Küss mich noch einmal«, sagte er inkonsequenterweise, aber Nancy hatte gerade eine Seite umgeschlagen und zeigte aufgeregt auf ein Foto.

»Da bist du«, rief sie. »Auf Anhieb.«

Er schaute hin. Es war ein kleiner Junge in kurzen Hosen, der auf einem Landesteg stand, mit einem Segelboot im Hintergrund.

»Ich erinnere mich genau an den Tag, an dem das gemacht wurde«, lachte sie triumphierend. »Kitty hat es gemacht, und ich hab's ihr gestohlen.«

Im ersten Moment konnte Donald sich nicht auf dem Foto erkennen. Dann beugte er sich etwas näher darüber – und erkannte sich überhaupt nicht mehr.

»Das bin ich nicht«, sagte er.

»Oh, doch. Es war in Frontenac – in dem Sommer, als wir – als wir immer in die Höhle gingen.«

»Was für eine Höhle? Ich war nur drei Tage in Frontenac.« Noch einmal konzentrierte er seinen angestrengten

Blick auf das vergilbte Foto. »Und ich bin das auch gar nicht. Das ist Donald Bowers. Wir haben uns ziemlich ähnlich gesehen.«

Jetzt wich sie vor ihm zurück und starrte ihn an. »Bist du nicht Donald Bowers?«, rief sie aus. Dann wurde ihre Stimme lauter. »Nein, bist du nicht. Du bist Donald *Plant*.«

»Das hab ich doch am Telefon gesagt.«

Sie war aufgesprungen – ihr Gesicht voll schwachem Entsetzen.

»Plant! Bowers! Ich muss verrückt sein. Oder war das der Drink? Ich war im ersten Moment ein bisschen verwirrt, als ich dich gesehen habe. Hör mal! Was hab ich dir alles erzählt?«

Er bemühte sich um mönchische Ruhe und blätterte weiter. »Nichts«, sagte er. Vor seinen Augen erschienen immer neue Bilder, die ihn nicht einschlossen: Frontenac – eine Höhle – Donald Bowers – »*Du* hast mit *mir* Schluss gemacht.«

Nancy sprach jetzt von der anderen Seite des Zimmers. »Erzähl diese Geschichte bloß niemandem«, sagte sie. »Geschichten neigen dazu, sich zu verbreiten.«

»Es gibt keine Geschichte.« Er zögerte. Und dachte: Sie war also wirklich ein böses Mädchen.

Und plötzlich war er mit einer wilden, rasenden Eifersucht auf den kleinen Donald Bowers erfüllt – ausgerechnet er, der die Eifersucht für immer aus seinem Leben verbannt hatte. Mit den fünf Schritten, die er jetzt quer durch den Raum machte, zerquetschte er die letzten zwanzig Jahre und die Existenz von Walter Gifford mit seinen Schritten.

»Küss mich noch einmal, Nancy«, sagte er, sank neben ihrem Stuhl aufs Knie und legte ihr die Hand auf die Schulter. Aber Nancy entzog sich.

»Hast du nicht gesagt, du müsstest ein Flugzeug erwischen?«

»Das ist nicht wichtig. Das kann ich verpassen. Das ist gar nicht wichtig.«

»Bitte geh«, sagte sie mit kühler Stimme. »Und versuch bitte dir vorzustellen, wie ich mich fühle.«

»Warum tust du so, als ob du dich nicht an mich erinnerst?«, rief er. »Als ob du dich an Donald Plant nicht erinnerst?«

»Das tue ich doch. Ich erinnere mich auch an dich ... Aber es ist alles so lange her.« Ihre Stimme wurde wieder hart. »Die Taxinummer ist Crestwood 8484.«

Auf dem Weg zum Flughafen schüttelte Donald den Kopf von einer Seite zur anderen. Er war jetzt ganz er selbst, aber verarbeiten konnte er das Erlebnis nicht. Erst als der Flieger in den dunklen Himmel hinaufdröhnte und die Passagiere sich von der Welt da unten ablösten, zog er eine Parallele zwischen seinem Flug und dem, was geschehen war. Fünf grelle Minuten lang hatte er wie ein Verrückter gelebt, in zwei Welten gleichzeitig. Er war ein Kind von zwölf und ein Mann von zweiunddreißig gewesen, unauflöslich und hilflos vermischt.

Auch Donald hatte viel verloren in jenen Stunden zwischen den Flügen – aber da die zweite Hälfte des Lebens ohnehin daraus besteht, dass man Dinge loslässt, war dieser Teil der Erfahrung wahrscheinlich gar nicht so wichtig.

Diana Hillebrand

Blau

Ich gehe jeden Tag an den Strand. Blaue Sonnenschirme, blaue Liegen, sieben Reihen. 22 Schirme in einer Reihe. 154 Sonnenschirme insgesamt auf einem Strandabschnitt. Nebenan sind die Schirme gestreift.

Wenn man hochblickt, sieht man keinen Himmel, man sieht nur Schirme. Blaue Schirme. Die Volants flattern im Wind, dahinter versteckt sich der Himmel. Früher war es besser. Früher waren am Strand noch nicht so viele Sonnenschirme. Nicht jeder Strand war in Parzellen unterteilt. Man kam zum Sonnen und zum Baden. Heute heißt es Sonnenschirmbaden.

Wenn ich morgens meine Sonnenschirmbadetasche packe, mache ich mir schon Gedanken. Ich denke darüber nach, welchen Platz ich diesmal bekomme. Man darf sich den Sonnenschirmbadeplatz nicht aussuchen. Er wird einem zugeteilt. Ein kleiner fetter Italiener sitzt in einer Bretterhütte hinter einem blauen Fensterrahmen und verteilt Sonnenschirmbadeplätze.

»Buon giorno!«, sagt er, weil er weiß, dass ich das verstehe.

»Buon giorno«, antworte ich brav, und dann warte ich.

Der Sonnenschirmbadeplatzitaliener blättert in seinem Kalender. Ich habe ihn heimlich *Palermo* getauft, weil er mich an einen fetten Boxer in meiner Nachbarschaft in München erinnert. Der frisst zu viele Kohlehydrate. Ich frage mich, wie Palermo durch die kleine Tür passt, die in sein blaues Badeplatzzuteilungshaus führt. Vielleicht schläft er da auch. Lässt sich das Essen von *Mamma* servieren und klebt fest auf seinem Plastikstuhl auf Rollen. Der Stuhl ist bestimmt auch blau. Ich kann es nicht sehen, weil Palermos Hintern weit über die Sitzfläche ragt. Sieht aus, als hätte sein Hintern Rollen.

Palermo mag mich nicht, das habe ich schon am ersten Tag gemerkt. Da hat er mich in die vorletzte Reihe gelegt. Die ist noch schlimmer als die letzte, denn man ist von allen Seiten eingepfercht zwischen Sonnenschirmbadeplatzgästen. Seit diesem Tag sehne ich mich in die erste Reihe. Ich sehne mich so sehr in die erste Reihe, dass ich Zahnschmerzen bekomme.

»Reihe uno«, sage ich jedes Mal. Laut und selbstbewusst soll es klingen. Und jedes Mal schaut Palermo mich an, als verstünde er nicht, und schiebt die Zunge schmatzend zwischen Schneidezahn und Eckzahn hin und her.

Seit dem dritten Tag versuche ich, Palermo mental zu beeinflussen. Annegret hat mir erzählt, so bekommt sie immer den besten Tisch im Restaurant.

»Erste, erste, erste«, denke ich.

Irgendwann ist mir eingefallen, dass Palermo Italiener ist. Kann also nicht funktionieren. Ich habe nachgeschlagen im *Tedesco-Italiano*. Seitdem denke ich: Primo, primo, primo, *primo*. *Pri-mo*, du italienischer Affenarsch, du Superbademeister, schreib einfach *eins*, *uno* auf diesen beschissenen Zettel, und friss weniger Pasta, sonst wirst du mit deinem billigen Plastikstuhl begraben, weil er an deinem Arsch festgewachsen ist.

Ich lächele, Palermo blättert. Palermo blättert vor und wieder zurück. Man könnte glauben, er will einen Kalender-Blätter-Weltrekord aufstellen. Am liebsten würde ich ihm das Ding aus der Hand reißen und es ihm um die

Ohren hauen. Für jede Reihe einmal. Ich habe Zahnschmerzen.

Palermo schnalzt mit der Zunge. Das ist der Abschluss, der Schlussakkord, finito, basta. Er weiß es, und ich weiß es auch.

Er nimmt einen Zettel, der aussieht wie ein Rezept. »Reihe (so viel Deutsch kann er also) quattro, numero undici.«

Er schreibt es mir auf, weil ich kleine Idiotin die italienischen Zahlen immer noch nicht beherrsche. Reihe 4, Sonnenschirmbadeplatz 11.

»Mille grazie«, presse ich heraus und verschwinde samt Sonnenschirmbadeplatzreservierungsnummer Reihe 4, Platz 11. Das ist mittendrin im Nudeltopf. Sehnsüchtig schaue ich noch einmal in den blauen Himmel, bevor ich in das Meer der Sonnenschirme eintauche.

»Du darfst dich auf keinen Fall mit denen anlegen«, hat Annegret gesagt. Annegret wohnt im *Riviera*, fünf Sterne, privato Strand.

Normalerweise lebt sie in Paris, weil sie da einmal Urlaub gemacht hat. Damals wollte sie sich von ihrem Philosophiestudium erholen. Noch mitten im Erholen lernte sie Antoine kennen, der Jachten an der Côte d'Azur verkauft. Sie erholten sich mehrmals ausgiebig an Deck einer 25-Meter-Jacht, und Annegret philosophiert seitdem über die mediterrane Lebensweise. Annegret und ich machen immer zusammen Urlaub – am Telefon.

»Wenn du dich mit ihnen anlegst, hast du schon verloren. Du musst dir ihr Vertrauen erarbeiten«, sagt Annegret.

Und während ich versuche, mir Palermos Vertrauen zu erarbeiten, liegt Annegret an ihrem 5-Sterne-Strand mit

Standbar, zierlichen weißen Sonnenschirmen, die je nach Sonnenstand von Männern mit Samthandschuhen um einige Zentimeter verschoben werden.

Annegret hat auch gesagt, es sei der größte Fehler der Urlauber, sich einen anderen Strandabschnitt zu suchen. Dann wäre es ganz vorbei mit dem Vertrauen, und man könne die erste Reihe für diesen Urlaub vergessen. Der Italiener an sich habe zwar ein großes Herz, aber einen ebenso großen Stolz. Außerdem wisse sie aus sicherer Quelle, dass man auch an anderen Stränden nicht froh werde. Vielmehr würde man zurückgestuft und müsse sich den Rang erst wieder erarbeiten.

»Halte durch, meine Liebe, halte durch«, sagt Annegret.

Eine Woche mache ich jetzt so rum. In meiner Unterkunft liegen sieben Strandabschnittsonnenschirmbadeplatz-Reservierungszettel von Palermo. Die Hälfte meines Urlaubes ist vorbei, und ich habe außer blauen Sonnenschirmen noch nicht viel gesehen.

Heute liege ich in Reihe 4, Platz 11. Links eine italienische Mamma, die ihrem Kind klebrige Melonenstücke in den Mund schiebt; vor mir Deutsche, die maulen, dass das Meer so laut ist, rechts ein schlafendes Kind, Herkunft unbekannt, und hinter mir vier italienische Jugendliche, die ziemlich laut Karten spielen. Über mir Sonnenschirme. Blauflattern im Wind. Ich kann es nicht mehr sehen. Das Meer ist irgendwo im Gewimmel und Geflatter versunken. Hin und wieder sehe ich ein Stück davon.

Manchmal stehe ich auf und gehe bis zu den Knien ins Wasser. Aber eigentlich sind mir die Wellen zu viel. Das Meer ist sandfarben und nicht blau. Aufgewühlt und undurchsichtig umspielt es meine Beine, und ich weiß nicht, was sich im Wasser alles versteckt. Früher bin ich nur mit einer Luftmatratze ins Meer gegangen, damit ich nicht auf irgendetwas trete, das vergraben im Sand auf mich lauert.

Auf meinen Sonnenschirmbadeplatz passt keine Luftmatratze. Wenn ich den Arm ausstrecke, kann ich die Melonenkerne meiner Nachbarin auffangen.

Im Hotel liege ich auf dem Bett und denke an den blauen Himmel und an Palermo und daran, dass ich mir das nicht mehr länger bieten lasse. Mein Herz schlägt wie wild, und ich kann nicht einschlafen. Es reicht. Morgen werde ich andere Saiten aufziehen.

Das Telefon klingelt, es ist Annegret: »Und wie war's heut bei dir?«

Sie ist noch nie zu meinem Strand gekommen, weil sie Platzangst hat, und ihr Strand ist für mich tabu. Nur für Gäste des Hotels *Riviera*, basta.

»Vierte Reihe, Platz 11.«

»Hey, dann bist ja schon ganz schön weit. Gib jetzt ja nicht auf, Schätzchen! Du wirst sehen, morgen bist du ganz vorn. Und wenn man einmal in der ersten ist, dann ist dir der Platz für den Rest des Urlaubs sicher.«

Ich lege auf und hole mir einen eiskalten Rotwein aus der Minibar. Er kühlt mein Gemüt, und ich denke, vielleicht ist Palermo doch kein so schlechter Kerl.

Am nächsten Morgen packe ich beschwingt meine Badetasche. Heute werde ich in der ersten Reihe liegen. Ich fühle es. Meine Zahnschmerzen sind verschwunden. Es ist noch früh, und der Morgenwind fühlt sich frisch an.

Einer inneren Eingebung folgend schnappe ich die angefangene Flasche Rotwein, drücke den Korken fest hinein und wickele sie in mein Badetuch. Es fehlt nur ein Viertel. Als ich am Strand ankomme, sitzt Palermo schon auf seinem Platz im blauen Herrgottseck.

»Buon giorno, Palermo. Schöner Tag heute, was!«

Palermo schaut überrascht auf.

»Buon giorno, signora!«

Noch bevor er in seinem Kalender blättern kann, wühle ich aus meiner Strandbadetasche die angefangene Flasche Rotwein heraus und halte sie ihm strahlend hin.

»Hier, es fehlt nur ganz wenig.«

Palermo nimmt die Flasche. Liest das Etikett, schnalzt mit der Zunge. Dann stellt er sie neben sich auf den Boden und beginnt in seinem Kalender zu blättern. Diesmal denke ich nichts. Ich denke nicht *eins*, *uno*, *primo* oder erste Reihe. Ich denke gar nichts. Die Welt ist schön. Der Himmel ist blau. Die Sonne strahlt fröhlich auf uns herunter. Es sind noch viele Liegen frei. Ich bin frei. Palermo ist ein netter Kerl. Unbemerkt hat er einen Zettel von seinem Strandliegenrezeptblock heruntergerissen.

Ich lächle diesen charmanten Italiener an, er prostet mir mit der Flasche zu. Auf dem Zettel steht: Reihe 2, Numero 5.

Hinter mir kommt eine fünfköpfige holländische Familie und schiebt mich weiter. Zweite Reihe, Platz 5. Mein Zahn pocht. Aus den Augenwinkeln sehe ich, wie Palermo einen kräftigen Schluck aus der Weinflasche nimmt.

Jeden Tag bringe ich Palermo jetzt eine kalte Flasche Rotwein mit, und schon bald trinken wir sie gemeinsam. Hinter seiner blauen Kabine steht ein weißer Plastiktisch mit einer Tischdecke, üppiges Blumenmuster. Darauf zwei Gläser. Eins für mich, eins für ihn. Palermo versteht ein bisschen Deutsch, und er war sogar schon einmal in München: »Oktoberefeste.«

»Das kenne ich gut.« Ich proste ihm zu.

»Eine Prosite, eine Prosite aufe die Gemudlischkeit«, singt Palermo.

Er heißt eigentlich Andrea, aber Palermo gefällt ihm auch. Ich darf ihn weiter so nennen. Er nennt mich *Angoliera*. Ich denke, *Angoliera* hat bestimmt etwas mit *Engeln* zu tun.

Von diesem Tag an bekomme ich immer meinen Platz in der zweiten Reihe, Numero 5.

»Zwei und fünf ist sieben. Das ist eine magische Zahl«, sagt Annegret, als ich sie das nächste Mal anrufe.

»Das hat etwas zu bedeuten«, haucht sie ins Telefon und erzählt mir von der Magie der Zahlen.

»Er nennt mich Engelchen«, unterbreche ich sie.

»Na also, Schätzchen, dann ist doch alles gut gelaufen. Was habe ich gesagt! Der Platz ist dir sicher.«

Wenig später reist Annegret ab, um in einem anderen Hotel an einem anderen Strand einen Platz für sich zu suchen.

An meinem letzten Urlaubstag gehe ich wie selbstverständlich zu meinem Strand. Palermo begrüßt mich mit Küsschen. Eins rechts, eins links. Ich gebe ihm den Rotwein.

»Mille grazie, Angoliera. Wir trinke später, ja?«

Ich nicke ihm zu. Längst stellt er mir keinen Zettel mehr aus seinem Sonnenschirmbaderezeptblock aus. Ich weiß, wo ich hingehöre.

Die zweite Reihe ist nicht die erste. Erschöpft lasse ich mich auf die Liege fallen. Ich habe es weit gebracht. Vor mir nur noch *eine* Reihe mit Sonnenschirmen. Blau. Die Volants flattern im Wind. Das Meer ist aufgewühlt, und ich bin es auch.

Ich drehe mich um, Palermo winkt mir aus seinem beschwipsten Fenster zu. Hier hat er mich genau im Blick. Ich schließe die Augen und träume blau.

Das Handy klingelt, und ich gucke auf das Display. Es

ist Annegret. Ich lasse es klingeln. Vor mir spielen Zwillinge mit einem Plastikdelfin.

»Delfine sind ein eindeutiges Glückssymbol«, hat Annegret einmal gesagt. »Wenn du einem begegnest, ist alles klar.«

Gilt das auch für Plastikdelfine? Ich schließe die Augen und versuche das Glücksgefühl wiederzufinden, das ich heute Morgen empfunden habe.

Wenn ich mich umdrehe, sehe ich Palermo. Er mag mich jetzt. Aber warum gibt er mir nicht die erste Reihe? Werde ich mein Leben lang in der zweiten Reihe liegen?

Hinter mir höre ich die Sonnenschirmbadegäste, die ihre Plätze einnehmen. Die Kleider werden an die Streben der Schirme gehängt. Wegen dem Sand.

Kühltaschen in den Schatten. Sonnenschirmbadegäste auf die Liegen, fertig, los. Sie werden ihre Sonnenschirmbadeveranstaltung für den Rest des Tages nicht verlassen.

Ich bin in der zweiten Reihe – immerhin. Das ist doch ziemlich weit vorn. Hinter mir 110 blaue Sonnenschirme, vor mir nur 22 in einer Reihe. Annegret wäre stolz auf mich. Meine Zahnschmerzen sind weg. Wenn ich schräg nach vorn schaue und die Kinder ihren verdammten Delfin am Boden lassen, kann ich etwas Himmel sehen und das Meer. Ich hätte jetzt gern ein Glas von dem eiskalten Rotwein. Ich drehe mich um. Palermo prostet mir zu. Ich winke. Mein letzter Tag am Strand.

Zufrieden blicke ich aus der zweiten Reihe nach vorn. Das Leben ist blau. Ich richte den Blick auf den Strand, wo gerade ein älteres Ehepaar daherkommt. Es ist ihre Bühne. Wasserfestes Make-up, Sonnenbrille mit goldener Fassung.

Sie hat eine weiße Bluse an. Die Bluse weht im Wind und lenkt von ihren altersfleckigen Händen ab.

»An den Händen erkennst du immer, wie alt sie sind. Das kriegen die Chirurgen nicht hin«, hat Annegret gesagt. Langsam, Hand in Hand schlendern sie am Strand entlang wie frisch Verliebte. Die Füße im Wasser. Das Paar bleibt stehen, dreht sich unschlüssig um.

Der Strandbademeister springt in Baywatch-Manier von seinem roten Turm herunter und eilt auf die beiden zu. Er verbeugt sich, die Hand leicht auf ihrer Schulter. Sommerwind. Verbindliche Worte. Die Sonnenschirmvolants flattern bläulich im Wind.

Der Strandbademeister trägt eine rote Badehose. Er geht voraus. Er spannt einen blauen Sonnenschirm auf – in der ersten Reihe.

Zwei Wochen später und wieder zu Hause, schlage ich bei einem Glas Rotwein im Wörterbuch nach: *Angoliera*. Es bedeutet *Eckschrank*.

Philip Teir

Bube Dame König

Im Juni schickten die Eltern Johan nach Finnland. Er sollte bei Verwandten in Esbo wohnen und flog an einem Montag von Stockholm ab. Die Familie empfing ihn am Flughafen, begrüßte ihn mit etwas gezwungener Herzlichkeit und saß dann den ganzen Weg in die Stadt stumm da. Johans gleichaltriger Cousin David war mit zum Flughafen gekommen, ein stiller, blonder Sechzehnjähriger von alltäglichem Aussehen, nichts an ihm war anziehend oder interessant, und Johan schätzte, dass er noch Jungfrau war und sich wahrscheinlich noch nie besoffen hatte.

Am ersten Abend saßen sie alle um den Tisch auf der Terrasse und aßen, was Johans Onkel auf dem bombastischen Grill der Familie gegrillt hatte. Sie wohnten in einem niedrigen Backsteinhaus mit Wassergrundstück, hatten einen tipptopp gepflegten Garten und eine Sauna unten am Ufer, wo Johan schlafen sollte.

Der Onkel, der Kjell hieß, redete den ganzen Abend ununterbrochen, so wie man es tut, wenn man bei einem Gast aus Stockholm Eindruck schinden will. Sein Gesicht rötete sich immer mehr. Angesichts der Begeisterung, die er für die ausführliche Schilderung seines Grills aufbrachte, konnte man glauben, er redete von einem Raumschiff.

»Die meisten Leute grillen falsch«, sagte er, während er die Steaks wendete. Er trug ein weißes Hemd und weite Leinenhosen und auf dem Kopf einen weißen Panamahut, der mächtig teuer aussah.

»Sie drehen ihn voll auf, und da ist also von 300 bis 500 Grad die Rede. Wer aber macht im Ofen einen Braten bei derart hohen Temperaturen? Keiner, genau, ich sage immer, es ist das Beste, die Temperatur auf niedrigstem Level zu halten, knapp unter 200 Grad, es muss seine Zeit dauern dürfen. So eilig ist es schließlich nicht«, sagte er und nahm einen Schluck von dem Wein, den Johans Mutter ausgesucht und als Gastgeschenk mitgegeben hatte.

Anschließend erzählte er unverändert zielstrebig von der Fahrt, die er noch im Sommer mit seinem Motorrad zu unternehmen gedachte (»Nur ich und ein paar Kumpels aus der Studienzeit, the open road, keine Weiber«), und darüber, wie es in der Firma, in der er arbeitete, lief (sie entwickelten Apps für Mobiltelefone und hatten dort einige »verdammt tüchtige Jungs« als Programmierer).

Johan hörte ohne besonderes Interesse zu und ließ seinen Blick schweifen. Er hatte bereits zwei Gläser Wein intus – Kjell hatte nachgeschenkt ohne zu fragen – und war leicht beschwipst, was ihn eine Art unendlicher Dankbarkeit empfinden ließ gegenüber dem Leben, Finnland, der idyllischen Schlafstadt Esbo, ja sogar gegenüber seinen fast rührend beknackten finnischen Verwandten, und vor allem gegenüber den unüberblickbaren Sommerferienwochen, die, wenn er erst wieder daheim in Stockholm wäre, noch vor ihm lagen. Die Woche hier würde er schon durchstehen.

Kjells Frau hieß Judy, ein ausgefallener, amerikanischer Name, obwohl sie aus Åbo stammte. Sie arbeitete als Textildesignerin, war groß und dunkelhaarig, und für Johan war sie mit seiner Kindheit verbunden: Er erinnerte sich, wie sie den Zigarettenrauch in die Luft geblasen hatte, wenn er im Sommer auf ihrem Schoß saß (hatte er wirklich auf ihrem Schoß gesessen? Oder nur neben ihr?), ebenso erinnerte er sich, wie sie auf dem Schachbrettmuster ihres Küchenbodens stand, vielleicht weil sie ihm ein Brot geschmiert hatte, er wusste jedenfalls noch, dass er ins Haus gelaufen war, weil er Hunger hatte, und dort mit Essen versorgt worden war. Vor allem aber erinnerte er sich an ihre ungeheuer langen Beine. Heute Abend war es warm und schön, und Johan merkte, dass sein Blick immer öfter zu Judy hinüberglitt. Sie rauchte noch immer, saß mit übergeschlagenen Beinen da und blies den Rauch aus dem Mundwinkel, wie um ihn den anderen nicht ins Gesicht zu pusten. Sie war knapp über vierzig. Ihr Lippenstift und Nagellack waren vom gleichen dunkelroten Ton.

Damals war ihr schwarzes Haar länger gewesen, und sie hatte es mit großen Spangen hochgesteckt. Jetzt trug sie einen Pagenschnitt, der ihren Kopf strenger und eckiger wirken ließ, während ihr Gesicht zugleich rundere Konturen angenommen hatte. Trotzdem sah Judy gut aus für ihr Alter, dachte Johan und spürte im selben Moment tief im Bauch etwas, was er als Trauer interpretierte.

Trauer darüber, dass auch er älter wurde und hier in diesem Haus kein Kind mehr war, kein Kind, das sich in warme Arme kuscheln konnte, sondern wie ein erwachsener Gast der Familie zum ersten Mal allein in der Kammer ihrer Sauna schlafen würde.

Er versuchte, Judy nicht anzustarren, während er sich auf seinem Stuhl bequemer zurechtsetzte. Sein Cousin David saß am anderen Ende des Tischs und blickte manchmal zu Johan herüber, während er darum zu kämpfen schien, sich unsichtbar zu machen. Kjell gab in der Familie den Ton an, so viel war Johan schon nach wenigen Stunden klar, und David wirkte, als sperre er die Ohren auf wie ein treuer Hund.

David und Johan waren als Kinder ein paar Sommer

lang Freunde gewesen, jetzt aber wussten sie kaum noch etwas voneinander. Davids Augenbrauen waren genau wie die seines Vaters zusammengewachsen, er hatte blonde Haare und große Zähne. Wenn er sprach, tat er das in einer Satzmelodie, die unablässig nach oben verlief, so als hätte sein Stimmbruch einen eigenen Willen, dem er brav folgte. Als Johan vor dem Essen in Davids Zimmer gekommen war, hatte der kaum aufgeblickt: Er hockte vor seinem Computer und schrieb fieberhaft mit allen zehn Fingern – vermutlich war er so ein Typ, der schon als Neunjähriger sämtliche HTML-Befehle gekannt hatte.

Jetzt hielt Kjell einen Monolog über Nokias Rolle auf dem internationalen Smartphone-Markt.

Als Judy merkte, dass Johan an der Diskussion nicht interessiert war, sagte sie: »Jungs, für heute Abend reicht es vielleicht mit dem Technikgequassel. Johan scheint ein bisschen müde zu sein. Stimmt's, Johan?«

»Nicht besonders«, gab er schnell zur Antwort, denn er hatte eigentlich keine Lust hineinzugehen, sondern wäre gern noch eine Weile draußen sitzen geblieben.

Er wusste, dass er dem Gespräch eine neue Richtung geben musste. Er fragte Judy, wie es mit ihrer Arbeit laufe, weil er das für eine Erwachsenenfrage hielt (seine Mutter hatte gesagt, er solle »ein bisschen Interesse an seinem finnischen Cousin zeigen«, aber er hatte den Verdacht, dass David ohnehin nichts sagen wollte), und Judy erwiderte, danke gut, dann wandte sie sich an die anderen: »Hier fragt einer tatsächlich mal nach *meiner* Arbeit. Habt ihr das gehört? Johan will wissen, wie es mit meiner Arbeit läuft.«

»Schön«, sagte Kjell, sah wieder zu David und redete weiter darüber, dass nach seinem Dafürhalten Microsofts Zusammenarbeit mit Nokia auf lange Sicht die einzige vernünftige Lösung sei. Dabei langte er mit der Hand in den Topf und nahm sich von den neuen Kartoffeln.

»Ich mache zurzeit Design für Marimekko«, erzählte Judy. »Diese Tischdecke hier habe ich entworfen.«

Johan betrachtete die Decke. Sie war voller leuchtender Farben, die in elliptischen Formationen aufeinandertrafen und sich kreuzten. Obgleich die Farben so kräftig waren, strahlte die Decke dieselbe Sachlichkeit aus wie Judy, hatte nichts Protziges oder Sentimentales. Johan wischte ein paar Krümel weg, die neben seinem Teller lagen, und sagte: »Sie ist sehr schön.«

»Danke«, erwiderte sie lächelnd und sah ihn eine Weile an. Er versuchte, den Blickkontakt zu halten, so wie es ein Erwachsener getan hätte, aber es machte ihn unsicher.

Sie nahm einen Zug aus ihrer Zigarette.

»Ja, ja. Kleiner Jojo. Weißt du noch, dass wir dich so genannt haben?«

Er schüttelte rasch den Kopf.

»David konnte nicht Johan sagen, er sagte immer nur Jojo. Ihr habt ständig zusammen gespielt. Wir mussten euch ins Haus schleppen, wenn es Zeit zum Essen war, und immer wart ihr beschmiert mit Matsch oder Sand. Du warst so süß, als du klein warst, deine Wimpern waren so lang, hast ausgesehen wie eine Puppe.«

Johan wurde verlegen. Er wollte gerade etwas sagen, aber da teilte Kjell mit, er habe vor, ins Haus zu gehen, um ein bisschen Kaffee zu holen. David sprang auf und trottete beflissen hinterher. Auch Judy erhob sich und begann die Teller aufeinanderzustapeln.

»Du bist bestimmt müde«, sagte sie.

»Vielleicht ein bisschen«, gab er zurück. Es war noch immer hell, die Luft aber war so mild und unbewegt, dass Johan irgendwie das Gefühl hatte, von der Welt umschlossen zu sein, dass gerade dieser Augenblick an diesem Abend so etwas wie der Endpunkt des Universums war und dass, wenn er jetzt eine radikale Entscheidung traf, wenn er sich nur bewegte oder ein Wort sagte, sich alles verändern und zu Ende gehen und er in die Wirklichkeit der Erwachsenen katapultiert würde und in die unendliche Einsamkeit, die diese zu enthalten schien. Er stand reglos da und versuchte das Gefühl festzuhalten, sich in einem Grenzland zu befinden.

Natürlich war das nicht von Dauer. Kjell kam heraus und verkündete, der Kaffee sei alle und er habe beschlossen, sich drinnen ein Spiel anzusehen. Er fragte, ob Johan ins Haus kommen und mitgucken wolle, aber Johan lehnte ab und blieb eine Weile draußen stehen, bis Judy die aufeinandergestapelten Teller ins Haus getragen hatte. Sie sagte nichts, schloss nur die Tür. Er fragte sich: War das jetzt alles? Er konnte das Flimmern des Fernsehers durch das Fenster sehen und begriff, dass er sich entscheiden, entweder ins Haus oder in die Sauna und ins Bett gehen musste, in der Hoffnung, dass sie bestenfalls vorbeikam, um gute Nacht zu sagen.

Er putzte sich die Zähne unten am Wasser. In der Kammer angekommen, zog er sich aus, und als er mitbekam, dass die Terassentür geöffnet wurde, legte er sich schnell ins Bett. Er konnte hören, wie der letzte Rest vom Tisch abgeräumt wurde: Gläser klirrten, Flaschen wurden ins Haus getragen. Ein paar Minuten später klopfte es an der Tür.

»Herein«, sagte er und bemerkte, dass sich seine Stimme überschlug, obwohl er nur geflüstert hatte. Sie steckte den Kopf herein und fragte: »Du hast doch alles, was du brauchst?«

»Ja, ich glaub schon.«

»Es ist doch hoffentlich nicht zu hell hier drinnen?«

»Nein, ich habe die Gardinen vorgezogen, so geht es.«

»Gut. Ich habe im Sommer furchtbare Schwierigkeiten zu schlafen. Ich glaube, der Körper gerät durcheinander. Er glaubt immer noch, es ist Tag, obwohl wir schon zwei Uhr nachts haben. Na dann, gute Nacht.«

Er dachte daran, wie sie »der Körper« gesagt hatte. Sofort sah er ihren Körper vor sich, ihre langen Beine. Er richtete sich halb auf, lag in unnatürlicher Stellung, er schämte sich, weil er so ein Hänfling war. Er sagte gute Nacht.

Als sie ging, konnte er ihre Fußsohlen über das Gras streichen hören. Er lauschte ihren Schritten, bis die Tür zum Haus ins Schloss fiel. Die Sonne schien noch immer durch die Ritzen der Gardine, von irgendwoher ertönte das durchdringende Sirren einer Mücke.

In der Woche arbeiteten die Eltern, und Johan musste das Beste aus der Zeit mit David machen. An einem Tag lieh er sich ein Fahrrad aus und fuhr allein ans Meer, zu den Sommaröarna hinaus. Als Kind war er oft dort gewesen, und nun saß er auf einem Steg, ließ die Beine baumeln und rauchte Zigaretten. Er hatte sein Handy mitgenommen und schrieb Nachrichten an seine Freunde in Stockholm.

Bei seiner Rückkehr fand er David mit einem Stück Holz in der Hand vorm Haus. Es schien nichts Besonderes zu sein, doch als Johan ihn darauf ansprach, erfuhr er, dass David ein Schwert schnitzen wollte, um es zur Mittelalterwoche nach Åbo mitzunehmen, wohin er mit seinem Papa fahren würde.

»Findest du solche … Mittelaltersachen gut?«

»Ich finde fast alles, was mit Geschichte zu tun hat, gut. Du nicht?«

David hatte ein Messer herausgezogen und schnitzte an dem Holzstück herum.

»Doch ... aber vielleicht mehr mit neuerer Geschichte. Im Mittelalter, gab's da nicht bloß 'nen Haufen Mönche, Nonnen und so was?«

»Und Märtyrer, Heilige und Ritter, ja«, sagte David und zuckte mit den Schultern.

Johan zog sich in seine Kammer zurück.

Er entdeckte ein paar Fotoalben, setzte sich aufs Bett und blätterte darin. Das erste Album enthielt Bilder von David als Baby — ein ungewöhnlich hässliches Kind, fand Johan, irgendwie schielend und mit unnatürlich großem Kopf. Das Album zeigte Davids erste zwei Lebensjahre – mehrere Seiten mit Fotos von ihm auf einem zotteligen weißen Teppich, mit Blitzlicht aufgenommen vor schwarzem Hintergrund, in einer Art provisorischem Heimstudio, offenbar von Kjell konstruiert. Auf den letzten Seiten des Albums gab es ein paar Familienfotos, die wohl aus einem professionellen Studio stammten. David hatte anscheinend sitzen gelernt und etwas mehr Haare bekommen. Er saß auf einem roten Plastikmoped und blickte in die Kamera, die Eltern standen hinter ihm, Kjell in hellblauem Polohemd und Judy in einem weißen Sommerkleid.

Im nächsten Album gab es noch mehr Familienfotos. Die abgebildeten Momente kamen Johan bekannt vor, ohne dass er genau sagen konnte, weshalb. Man konnte ihr gerade bezogenes Haus sehen und Geburtstagsfeiern, die in der Küche stattfanden (David hatte eine hellblaue Latzhose an, seine Haare waren nass gekämmt, und er blickte mit breitem Schweinchenlächeln in die Kamera).

Dann folgten ein paar Fotos von Judy. Sie stand im Garten, hatte das Haar mit Spangen hochgesteckt, und im Hintergrund sah man den See, genau wie in Johans Erinnerung. Ihr Blick wirkte irgendwie bekümmert, eine kleine Falte im Mundwinkel, so als sei sie betrübt und habe sich nur widerstrebend zu den Aufnahmen bereitgefunden. Auf keinem einzigen der Bilder lächelte sie, trotzdem konnte Johan nicht aufhören, die Fotos anzuschauen. Er wurde ein bisschen verlegen, fürchtete plötzlich, jemand könne ihn mit dem Album erwischen, und blätterte schnell weiter. Bald aber blätterte er wieder zurück, betrachtete sorgfältig Foto für Foto und kam zu dem Schluss, dass ihm eine der Nahaufnahmen am besten gefiel. Er legte das Album zurück an seinen Platz. Dann ging er ins Bad und versuchte an Judy zu denken. Er konzentrierte sich auf ihren hochgewachsenen, etwas kräftigen Körper, aber andere Körper kamen dazwischen, blonde und kleinere, mit größeren Brüsten. Er wusste plötzlich nicht mehr, wie ihr Gesicht aussah, ihre Haare aber konnte er sich vorstellen, er dachte an ihr Haar, das sich mit Bildern vollkommen anderer Frauen vermischte. Hinterher schlich er auf den Hof hinaus und rauchte eine Zigarette.

Am Samstag wollten sie nach Sveaborg fahren. Judy hatte sich um Proviant gekümmert, schöne Tassen und Besteck und eine Decke zum Sitzen herausgesucht. Den Abend zuvor hatte sie mit dem Backen von Pasteten verbracht, die sie dort essen wollten. Obwohl es erst kurz nach elf war, hatte Kjell schon mit dem Biertrinken angefangen. In flatterndem Hemd und weiter Leinenhose kam er in die Küche. Johan fand, er sah widerwärtig aus, der große Bauch, der unter dem Hemd wabbelte wie ein Wasserbett, die dicken Schenkel und überall diese Haare am Körper, weiß, grau und schwarz.

»Willst du eins?«, fragte er Johan überraschend und reichte ihm ein Bier.

Judy aber sagte: »Auf keinen Fall.«

Ihr schwarzes Haar hing ihr ins Gesicht. Sie packte das

Bereitgestellte in den Picknickkorb. Sie hatte ein blaues Kleid mit weitem Ausschnitt an und roten Lippenstift aufgetragen, der Johan nicht aufgefallen wäre, hätte er nicht einen so starken Kontrast zu ihrem Kleid gebildet.

Kjell warf seiner Frau einen Blick zu und sagte: »Du, der Junge hat Sommerferien. Sollen wir ihm nicht ein bisschen Spaß gönnen?«

»Hör nicht auf ihn«, sagte sie und drehte sich zu Johan um. »Du kannst ein Bier haben, aber nicht um zwölf Uhr mittags.«

Kjell schaute ihn an, zuckte mit den Schultern, und mit einem Blick gab er Johan zu verstehen, dass er ihm später heimlich eins zustecken würde. Johan betrachtete ihn in dem Gefühl, vollkommen unfreiwillig im Pakt mit dem Feind zu sein.

Judy klappte den Picknickkorb zu und sagte: »So. Jetzt bin ich fertig. Ich vermute mal, dass ich fahren muss?«

»Ganz richtig vermutet«, erwiderte Kjell, rülpste laut und ging hinaus, um David zu holen. Judy blieb in der Küche zurück und sah Johan an.

»Hilfst du mir?«

Er liebte es, wie sie das sagte: ihren finnlandschwedischen Akzent, das seltsame familiäre Gefühl, in dieser Küche tatsächlich zu Hause zu sein.

Als sie bei der Anlegestelle am Markt ankamen, mussten sie zunächst fünfzehn Minuten auf die Abfahrt der Fähre nach Sveaborg warten. Sie setzten sich auf die Holzbänke im Inneren des Schiffes. Die Sonne strahlte durch die Fenster, und Johan schaute Judy an. Ihre olivfarbene Haut leuchtete mattgrünlich im Sonnenlicht. In ihrem Gesicht konnte er kleine, helle Härchen ausmachen, die sich im Gegenlicht abzeichneten, über der Oberlippe ein wenig dichter. Sie saßen nebeneinander, und ihr Arm berührte ganz leicht den seinen.

Als die Fähre an der Insel festmachte, ging Kjell mit raschen Schritten vor ihnen her, den Blick unbeirrt geradeaus gerichtet. Seine Haltung war die einer Person, die damit rechnet, dass ihre Ankunft erwartet, ja sogar erwünscht wird.

David zog sein Schwert heraus, lief umher und schlug damit ins Gestrüpp und auf den Sand, während die anderen nach einem Platz Ausschau hielten, um die Decke auszubreiten. Johan überlegte, ob mit David vielleicht irgendwas nicht stimmte. Möglicherweise gab es eine Diagnose, von der ihm keiner erzählt hatte. David rannte zur Kirche hinauf, vollführte eine Art Ninja-Sprung, und Johan war das fast peinlich.

Weder Judy noch Kjell schienen David größere Aufmerksamkeit zu widmen, sie gingen einfach schweigend weiter.

In der Nähe von Ehrensvärds Grab beschlossen sie, sich niederzulassen, und Kjell machte ein Bier auf, während Judy auf dem Rasen unter einem Baum die Decke ausbreitete. Unterdes betrachtete Johan ihre Arme und ihren Ausschnitt; er konnte den BH unter dem Kleid hervorlugen sehen.

Als sie fertig war, streckte sie sich auf der Decke aus, rollte ihren Rock hoch und entblößte die Beine, stopfte sich ein T-Shirt unter den Kopf und begann in einem Buch zu lesen. Mit ihrer Sonnenbrille sah sie aus wie ein Filmstar.

Kjell stand ein Stück weiter unter einem Baum und rauchte ein Zigarillo. Der scharfe Geruch und das blasse Sonnenlicht vermittelten Johan das Gefühl zu träumen. In einiger Entfernung sah er David auf Ehrensvärds Grab herumklettern. Er hatte sich direkt auf den Granitblock gestellt und fuchtelte mit seinem Schwert herum.

»Verdammt schönes Fleckchen, aber weiß der Teufel,

wie die Leute es aushalten, hier das ganze Jahr zu wohnen.«

»Wohnt hier denn jemand?«, fragte Johan.

»Ein paar Hundert Leute. Das sind alte Befestigungsanlagen gegen die Russen, noch aus der Schwedenzeit. Dieser Ehrensvärd, der da drüben liegt, war Schwede, in Uppsala geboren.«

Judy blickte auf, blinzelte in die Sonne, beschirmte mit der Hand ihre Augen. Ihre Schenkel leuchteten im Sonnenlicht, und Johan folgte ihnen mit dem Blick, bis zu den Waden, zu den Füßen hinunter, die weich im Gras ruhten. Sie sah wieder in ihr Buch und las weiter.

Johan schaute Kjell an.

»Jetzt magst du aber bestimmt ein Bier?«

Johan zuckte mit den Schultern. »Okay.«

Kjell ging zum Picknickkorb, beugte sich hinunter, so dass sein Hemd hochrutschte und Johan seinen behaarten Rücken sah. Dann richtete er sich auf und warf Johan eine Bierdose zu, die dieser nur mit Glück fing.

»Du hilfst mir doch bestimmt, das hier aufzuspannen?«

Kjell hielt ein Federballnetz in die Höhe und begann, es mit einiger Mühe auszurollen. Johan ging zu ihm und half.

Nachdem sie das Netz aufgespannt hatten, schlugen sie den Ball ein Weilchen hin und her. Kjell schien die Sache sehr ernst zu nehmen. Er rannte lange Strecken, um den Ball zu erwischen, warf sich ins Gras, so dass sein riesiger Bauch im Nachmittagslicht schwabbelte. Ein harter Schlag von ihm katapultierte den Ball direkt auf Judys Buch, und Johan hätte sie beim Herumfuchteln mit dem Schläger fast am Kopf getroffen. Plötzlich wurde ihm deutlich bewusst, dass sie neben ihnen im Gras lag, und da verging ihm die Lust zum Spielen.

»Ich will in die Höhlengänge.«

Es war David. Er stand mit einem Mal hinter Johan, eine gespenstische Erscheinung in T-Shirt und Khaki-Shorts, zugleich erinnerte er ein bisschen an einen Hund, der sich entschlossen hatte, Herrchen und Frauchen keine Ruhe zu gönnen, bis sie ihn spielen ließen. David kratzte sich an seinem hellen Flaumbärtchen und sah sie alle drei an.

Judy blickte auf.

»Aber du verirrst dich doch. Johan, kannst du nicht mitgehen?«

Er schaute sie an, ihre Brüste, die im Ausschnitt des Kleides eine Furche bildeten, als sie sich leicht nach oben bog. Er hatte keine Lust, irgendwohin zu gehen, gleichzeitig aber hätte er alles getan, worum sie ihn bat. Wenn sie gewollt hätte, dass er Kjell umbrachte, dann hätte er es getan.

»Okay«, sagte er.

Er folgte David, der sich etwa zwanzig Meter vor ihm eilig an der Mauer entlangbewegte.

Johan hatte das Gefühl, wieder zehn Jahre alt zu sein – er erinnerte sich, wie er im Bett gelegen und in den zahllosen Büchern mit den Abenteuern der Hardy Boys geschmökert hatte, die seine Mutter in einem Antiquariat erstanden hatte. Damals war er an Geheimnissen und Detektivarbeit ungeheuer interessiert – doch das war Ewigkeiten her, und er kam sich idiotisch vor, wie er jetzt hinter David herspazierte, als spielten sie die Hauptrolle in irgendeinem zweitklassigen nordischen Kinderfilm.

In dem Gemäuer war es dunkel. Dunkel, feucht und bedeutend kälter als im Freien.

Sie gingen fünfzig Meter weit hinein, Licht fiel durch Löcher in den Mauern. Das mussten alte Schießscharten sein, dachte Johan. Plötzlich blieb David stehen.

»Ganz vorn gibt es eine Öffnung. Soll ich da durchklettern und auf der anderen Seite runterspringen? Das ist voll cool. Oder willst du zuerst, dann kannst du mich auffangen? Du bist größer als ich.«

Mit aufgerissenen Augen starrte ihn David voller Eifer an. Johan beschloss, Geduld mit ihm zu haben. Er kam sich ein bisschen wie der Babysitter eines Zwölfjährigen vor und wollte ihn nicht enttäuschen.

»Okay, zeig mir das Loch. Aber ich verspreche nichts.«

»Du musst mich festhalten, während ich vorrutsche, dann geht es super. Nimm das hier.«

David gab ihm sein Schwert und rannte hinein in die Dunkelheit. Johan folgte ihm lustlos. Er hatte das Gefühl, etwas Ähnliches schon früher erlebt zu haben, das Gefühl, zu einem Spiel gezwungen zu werden, doch war es bereits zu spät zu protestieren. Wenn er David nicht half, konnte es übel für den Cousin ausgehen, also musste er ihm folgen und sehen, was der jetzt vorhatte. Wenn er ihm aber half, war er gezwungen, etwas Beschämendes und möglicherweise Gefährliches zu tun. Als er schließlich am Ende des Ganges ankam, saß David in einer Maueröffnung. Das Sonnenlicht, das durch die Schießscharte flutete, ließ ihn aussehen wie eine kleine schwarze Figur, wie eine Statue auf einer gotischen Kirche. In den Ecken des höhlenartigen Raums lagen leere Flaschen, Kippen und Abfall herum. David hatte bereits ein Bein durch die Öffnung gesteckt.

»Ist es hoch?«, fragte Johan. Von seinem Platz aus konnte er nicht abschätzen, wie tief es hinabgehen würde. Durch die Schießscharte konnte er nur blauen Himmel sehen.

»Vielleicht ein bisschen mehr als zwei Meter. Ich finde, man kann schon springen.«

»Bist du sicher?«

»Da unten ist Gras.« David steckte den Kopf durch die

Öffnung. Dann zog er ihn wieder nach drinnen. »Es sieht weich aus.«

»Kommst du danach wieder rein?«

»Nein, du musst hinterherspringen«, sagte David.

Ehe Johan sich versah, war David hinuntergesprungen. Ein dumpfer Aufprall war zu hören. Johan tastete sich zu dem Loch in der Mauer vor und schaute hinaus.

Auf dem Rasen war niemand zu sehen. Zuerst dachte er, David sei bestimmt gleich losgerannt, um ihn von hinten zu überraschen, doch als er sich hinausbeugte und sah, wie weit es bis zur nächsten Ecke war, begriff er, das war unmöglich.

»Spring schon!«, hörte er plötzlich Davids Stimme.

»Wo bist du?« Er drehte den Kopf nach rechts und sah, dass David mit dem Rücken an der Mauer lehnte, nur ein paar Meter von ihm entfernt. Er wirkte vergnügt und sorglos. Johan hätte sich nicht gewundert, wenn David ein Vergrößerungsglas herausgezogen und vorgeschlagen hätte, nach Fingerabdrücken zu suchen.

»Gib mir das Schwert, dann kannst du auch springen.«

Johan wollte nicht springen. Es sah gefährlich hoch aus. Wahrscheinlich waren es mehr als zwei Meter. Unten war zwar Gras, doch er befürchtete, dass er vornüberkippen und sich den Kopf an dem Felsbuckel stoßen könnte, der nur knapp einen Meter weiter aus dem Boden ragte.

»Kannst du nicht wieder reinkommen? Sonst müssen wir ja um die ganzen Kasematten rum, wenn wir zurückwollen.«

»Ich glaube, das geht nicht. Ich habe es schon mal versucht, man kommt so nicht wieder rein. Man muss außenrum gehen.«

»Auch nicht, wenn ich dich hochziehe?«

»Jetzt spring schon. Das geht viel schneller.«

Johan steckte die Hand in die Hosentasche. Dort lag

das Handy, das herausfallen würde, wenn er unten aufkam. Er warf es David nach dem Schwert vorsichtig zu, dann kletterte er durch die Öffnung und sprang.

Irgendwie, er konnte die Sache im Nachhinein nicht rekonstruieren, brachte er es fertig, so aufzukommen, dass sein Fuß nach hinten wegknickte, er auf seinen Arm fiel und sich nicht abfangen konnte. Dabei schlug er mit der Schulter direkt gegen den vor dem Gras liegenden Felsbuckel. Als er sich aufsetzte, stand David schon über ihn gebeugt.

»Scheiße, das sah schlimm aus. Hast du dir was getan?« Johan verspürte gewaltige Müdigkeit und Unmut. In diesem Augenblick hätte er David am liebsten auf dem Mond gesehen. Er beugte sich über seine Knie und hielt sich mit der Hand die Schulter. Starrte ins Gras und schob den Kopf so tief zwischen die Knie, dass alles dunkel wurde. Umschlossen von Dunkelheit und dem hämmernden Schmerz in der Schulter wünschte er, dass er wieder daheim in Stockholm wäre. In diesem Moment hasste er Finnland, seine bescheuerten Verwandten und diesen verdammten Spast von Cousin, der sich aufführte, als wäre das Leben ein einziger Enid-Blyton-Roman.

»Johan? Kannst du laufen? Soll ich Papa holen?«

Johan hob den Kopf und sah Davids Beine direkt vor sich. Er gab keine Antwort. Als er versuchte, sich zu bewegen und aufzustehen, merkte er, wie weh es wirklich tat. Ihm wurde schwindlig, und er musste eine ganze Weile stehen bleiben, bevor er sich orientieren und seine Schritte vorwärtslenken konnte. Langsam gingen sie um die endlosen Kasematten herum und anschließend über die Pflastersteine zur Maueröffnung hinauf, wo Ehrensvärds Grab lag. Das Sonnenlicht war fast weiß und machte Johan müde. Er traute sich nicht, die Schulter zu heben, um zu prüfen, ob sie sich überhaupt bewegen ließ.

Als sie sich dem Picknickplatz näherten, bemerkte Johan, dass Kjell in einer Art Umarmung über Judy lag. Doch fand er, es wirkte nicht liebevoll, Kjell erinnerte eher an einen Wal, der an Land gespült worden war und nun versuchte, wieder ins Meer zurückzurollen, dabei aber mit dem Bauch an einem Stamm, der auf dem Ufer lag, hängen geblieben war. Man konnte nichts als Judys nackte Beine unter Kjells gewaltigem Körper sehen. David rief nach ihnen, und Kjell blickte mit zerzausten Haaren auf, doch verließ er seinen Platz nicht, blieb einfach weiter auf Judy liegen, als wäre sie eine Matratze und keine Person.

Als sie fast da waren, wurde Johan wieder schwindlig. Er wollte nicht erzählen, was passiert war. Das brauchte er auch nicht, das übernahm David.

»Es sah voll schlimm aus, er ist bestimmt zwei Meter weit geflogen«, schloss David fasziniert, nachdem er berichtet hatte, dass Johan genau in dem Moment das Gleichgewicht verloren hatte, als er springen wollte, mit dem Ergebnis, dass er direkt auf einen Stein gestürzt war.

Judy und Kjell schauten sie beide an, und das Einzige, was Johan denken konnte, während er sich anstrengte, in der Senkrechten zu bleiben, war, dass Judys Rock hochgerutscht war und man ihren Slip sehen konnte.

Dann verlor er das Bewusstsein.

Als er wieder zu sich kam, sah er blauen Himmel. Judys Gesicht schwebte über ihm, ihre Miene war bekümmert, genau wie auf dem Foto im Album.

»Jojo?«, sagte sie fragend.

Arnold Küsters

Strebergarten

Auch wenn Bonmots wie »einen grünen Daumen haben« gern belächelt werden, so sind diese Redensarten meist so falsch nicht.

In diesem Fall weist der Sinngehalt des Spruches weit über die rein anatomische Form des Körperteils hinaus. Der Daumen ist zwar verhältnismäßig unauffällig, für uns Menschen ist er in seiner Funktion aber lebens-, ja überlebenswichtig.

Wer dann dazu noch einen *grünen* Daumen hat, ist gegen alle Fährnisse der Natur gewappnet.

Ich weiß, wovon ich spreche. In unserer Gartenkolonie am Bresges-Park gelte ich vor allem als Vertreterin der reinen Lehre. Ein Ruf, den ich mir über die Jahre mit harter Gartenarbeit erworben habe. Und darauf bin ich sehr stolz. Erst kürzlich hat mir der städtische Kleingartenverband Mönchengladbach meine Fähigkeiten und Verdienste mit einer schön gerahmten Urkunde bestätigt.

Ich will mich aber nicht mit fremden Federn schmücken. Das liegt mir fern, nicht nur als promovierte Akademikerin. Ehrlichkeit ist eine grundlegende Tugend, die ich ebenso intensiv pflege wie meinen Schrebergarten. Ja, in Wahrheit ist es Björn, dem ich das alles zu verdanken habe. Er hatte die Idee, sich doch ein »Stückchen Himmel auf Erden zu sichern«. Wenn man abends müde von der Arbeit nach Hause käme, meinte er, würde man in seinen Schrebergarten fahren, bei einem Glas Rotwein der Natur beim Wachsen zusehen, mit Nachbarn grillen, und für die Kinder würde es später sicher auch ein Paradies werden. Und damit hatte er mich überzeugt, mit seinem Wunsch nach Pflanzung der nächsten Generation.

Und Björn hatte tatsächlich einen grünen Daumen. In jeder freien Minute war er im Garten und brachte zunächst Ordnung in das schon etwas verwilderte Grundstück, das wir günstig hatten übernehmen können. Er wälzte mit einer mir schon fast unheimlichen Leidenschaft Bücher, entwarf eifrig Bepflanzungsideen und verwarf sie wieder, legte Beete an, tauschte Erfahrungen mit anderen Schrebergärtnern aus, dass ich zunächst nur verblüfft danebenstehen konnte. Diese Seite hatte ich an Björn zuvor nicht gekannt.

Wenn er abends mit leuchtenden Augen und leichtem Sonnenbrand von seinem, unserem Projekt Schrebergarten und Fortpflanzung erzählte, spürte ich, dass er glücklich war. Und dann war ich es auch. Und so ganz nebenbei bekam auch ich Freude am Gärtnern. Bis dato hatte ich nämlich, ich will ehrlich sein, meine freie Zeit lieber auf der Liege genossen, als kniend in einem der Beete zu wühlen.

Ich erinnere mich noch genau an den Tag. Bei einem unserer Besuche in einem der *Tuin-Gartencenter* direkt hinter der holländischen Grenze, ertappte ich mich dabei, wie ich mir winterharte Stauden anschaute und mich über die verschiedenen Qualitäten von Teichfolien informierte. Ich konnte mir seither zunehmend besser vorstellen, dass auch mir Gärtnern Spaß machen könnte. Seite an Seite mit Björn.

Zumal der Erfolg meinem Mann recht gab. Wir waren keine drei Jahre Schrebergärtner, da wurde Björn bereits als 2. Vorsitzender in den Vorstand der Kolonie gewählt. So viel Respekt wurde ihm und seinem *grünen Daumen* entgegengebracht. Als Gestalttherapeutin weiß ich zudem, wie wichtig so ein neues Amt für die Befindlichkeit eines Menschen sein kann.

Ich erinnere mich noch gut an das über Monate im Voraus geplante Sommerfest des Concordia e.V. Es sollte *die* Gelegenheit sein, bei der Björn sich in seiner neuen Funktion offiziell vorstellen würde. Es wurde ausreichend Bier und ein großer Schwenkgrill zur Verfügung gestellt, es gab Erbsensuppe mit Einlage, eine Hüpfburg, bunte Lampions, geschmückte Lauben, und die famose Band ›Hier geht was‹ sorgte für die musikalische Untermalung des Abends.

Es wurde ein harmonisches Fest. Die eingeladenen Vorstände, Kassierer und Pressewarte der uns freundschaftlich verbundenen Vereine hatten noch vor dem offiziellen Beginn die Gelegenheit genutzt, zwanglos eine Runde durch unsere Anlage zu drehen. Besonders gelobt wurde unsere traditionelle Dreiteilung, die in einigen anderen Schrebergartenkolonien offenbar immer stärker auf dem Rückzug ist: ein Drittel Gemüse, ein Drittel Laube, ein Drittel Blumen.

Am Ende des Abends passierte jedoch, was nicht hätte passieren dürfen. Björn hatte im Vereinshaus Nachschub für den Grill holen wollen und war nicht zurückgekommen. Am Ende meiner Suche wusste ich auch, warum: in der einen Hand zwei Pakete *Thüringer Rostbrater*, in der anderen Hand eine Flasche Sekt, stand er knutschend im Vorratsraum zwischen Küche und Klo.

Als Therapeutin weiß ich, dass ich nicht derart hysterisch hätte reagieren sollen. Aber Björn machte ausgerechnet mit der blond gefärbten Gerätewartin vom Hilchenbacher Grünstreifen e.V. rum, noch dazu in diesem muffigen Verschlag. Das hatte so was von extrem wenig Klasse.

Auch wenn er angetrunken war und beteuerte, »ich kann alles erklären, vor allem dieses unselige Missverständnis«, wusste er es doch sofort: Er würde mich auf der Stelle verlassen müssen. Ich kann sehr konsequent sein. Und es geht auch um Ordnung. Das bin ich mir schuldig und auch meinem Ruf.

In den ersten Wochen und Monaten wurde Björn schmerzlich vermisst. Sein Rat als Sachverständiger für Grundstücksfragen schien unersetzlich. Zudem hatte er kurz vor dem Sprung in den Landesverband und in verschiedene Fachgremien auf Bundesebene gestanden. Ich konnte und wollte meinen Gartenfreunden aber nicht erklären, wo mein Mann abgeblieben war. Ich diskutierte mit ihnen geduldig die unterschiedlichsten Theorien und erfuhr dabei auch viel über die mehr oder weniger heimlichen Querelen, die in einem Kleingartenverein unter der Grasnarbe versteckt sind.

Ein Kleingärtner ist ja auch nur ein Mensch, der seine Probleme nicht zuhause lässt, sondern sie quasi in der Schubkarre mit sich herumfährt. Sozusagen. Ich bin sicher, dass meine Gesprächspartner sehr von meinem Wissen und meinen Erfahrungen als Therapeutin profitierten. Jedenfalls habe ich in jenen Wochen keinen Mangel an diversen Kuchen, Obst oder mitgebrachtem Gemüse, als kleines Zeichen der Dankbarkeit, leiden müssen.

Da Björn jedoch aller guten Wünsche und Hoffnungen meiner Gartenfreunde zum Trotz wie vom Erdboden verschluckt blieb, verebbte nach und nach schließlich das Interesse an ihm und machte dem Mitgefühl für mich als Hinterbliebene Platz. Zumal im Herbst die drängende Obsternte unser aller vollste Aufmerksamkeit verlangte und die Gärten unbedingt winterfest gemacht werden musste. Außerdem war ich mittlerweile ein überaus geachtetes Mitglied der Kolonie. Meine, d.h. unsere, Parzelle war die mit Abstand sauberste und prachtvollste geworden.

Kaum ein Jahr nach Björns Abgang wurde ich um die Vielfalt der Bepflanzung, die Wuchskraft des angebauten Gemüses und der übervoll hängenden Obstbäume und -sträucher beneidet. Mein Rat war stärker denn je gefragt.

Was den Standort betrifft, unterschied sich meine Parzelle nur unwesentlich von den übrigen in der Reihe. Sie lag weder besonders günstig im Halbschatten, noch nahm ich andere Sämereien und Setzlinge als meine Vereinskameraden. Aber genau das machte sie so neugierig. Was war es bloß, das meinen Acker, wie ich mein Stück Land liebevoll nannte, von den Gärten der anderen abhob? Je mehr Ertrag mein kleines Stück Land mir schenkte, umso größer wurde die Achtung selbst der Kleingärtner, die in den 60er-Jahren als junge Männer und Familienväter auf ihrem Land angefangen hatten und nun im Rentenalter meinten, den Anspruch erheben zu können, einzig zu wissen, wie ein Kleingarten zu bestellen sei. Wobei niemand etwas von seinem Wissen preisgeben wollte. Jeder hatte sein eigenes Rezept, sein eigenes Geheimnis, und das galt es zu bewahren.

Kurz, ich wurde die erste Trägerin der Auszeichnung *Gartengott*, die ich bei einer der regelmäßigen Versammlungen mehr im Scherz angeregt hatte. Fortan sollte der Preis jedes Jahr verliehen werden und mir zu Ehren *Patrizia-Paul-Preis* heißen. Und es sollte nun an mir sein, einen Ausschuss zu benennen und zu leiten, der sich nach geeigneten Kandidaten für diesen Preis umsehen sollte.

Sie können sich sicher vorstellen, dass diese Tätigkeit einen Gutteil meiner Beschäftigung in der Kolonie ausmachte. Ich widmete mich mit Hingabe diesem Amt und bin seither reich belohnt worden. Wir haben schon legendäre Sitzungen abgehalten, bei denen die neuesten Kuchenrezepte ausgetauscht, Rosenzüchtungen diskutiert und Ortsbesichtigungen geplant wurden. Sie hätten zum

Beispiel erleben sollen, wie aufmerksam und ehrerbietig unser Komitee an den Gartenpforten der verschiedenen Vereinsmitglieder empfangen wurde. Kein Kaffee, kein Rhabarber-Likörchen, kein frischer Rodonkuchen wurde zu viel gereicht. Schließlich wollten ja alle den bestmöglichen Eindruck hinterlassen.

Selbstredend, dass wir auf Dauer zu einem viel gerühmten Vorzeigeprojekt der Stadt wurden. Meine Laube wurde zum beliebten Treffpunkt aller Mitglieder des Vorstands und aller Ratsuchenden. Anders als den erfahrenen Rentnern, die allein wegen ihres Alters schon als Gartenfüchse galten, wurde mir bei diesen Treffen als Mitbringsel nicht kistenweise Bier geschenkt, sondern Rotwein.

Denn eines trieb sie allesamt nach wie vor um: Wie schaffte es Patrizia Paul trotz ihrer vergleichsweise jungen Jahre, noch dazu als Frau, solche sichtbaren Erfolge zu produzieren? Man war, schlicht gesagt, scharf auf meine Tipps zum Bestellen der eigenen Gärten.

Bei allem Wissensdurst ging es natürlich auch ein wenig um den Faktor Neid, das habe ich schon berufsbedingt schnell gemerkt. Aber genauso professionell bin ich diesem Neid durch meine verbindliche Art und meine Ideen für die diversen feierlichen Anlässe gelassen und locker begegnet. Trotz manch rotweingetränkter Nacht, bin ich ihnen nicht auf den Leim gegangen.

Ich gestehe an dieser Stelle gerne, welch schönes und unvergleichliches Gefühl es ist, wenn die Männer einem reihenweise zu Füßen liegen. Niemals zuvor habe ich solche stille Befriedigung erfahren. Von Gartenzaun zu Gartenzaun, an der Pforte, auf der kleinen Terrasse oder am Tresen des Vereinsheims habe ich natürlich gerne und auch stundenlang von meinem Garten erzählt. Von der Beschaffenheit des Bodens, davon, dass ich Prinz Charles verstehen kann, wenn er mit seinen Blumen redet, und davon, dass Hornspäne nicht alles sind, um der fetten Erde den gewünschten Ertrag abzuringen. Aber diese Tipps und Tricks waren im Grunde nur Zitate aus Gartenbüchern.

Ich wurde aber nicht nur um Rat und Hilfe gefragt, jeder meiner Schritte in meinem Garten wurde beobachtet. Was mag sie nun schon wieder vorhaben?, stand in ihren Gesichtern, wenn sie wie zufällig an meinem Garten vorbeischlenderten, um aufmunternd lächelnd einen Blick auf mein jeweils aktuelles Arbeitsgerät werfen zu können.

Vor einigen Wochen kam es jedoch zu einer Situation, die es mir unmöglich machte, den neugierigen Fragen weiterhin auszuweichen. Mir war von unserem Pressewart zugetragen worden, wissend lächelnd und augenzwinkernd, mit Stolz in der Stimme, dass unsere Anlage über die Fachkreise hinaus berühmt werden würde. Weil sich nämlich ein Prüfer bei mir melden würde: Ich, das heißt, meine Laube, sollte in eine Liste besonderer Gärten aufgenommen werden. Auch wenn ich eigentlich nicht eitel bin, hat mich diese Nachricht natürlich sehr gefreut.

Weniger erfreut war ich allerdings, als der freundliche Herr vom Bundesverband am Ende unseres Treffens um einen Spaten bat, um Bodenproben nehmen zu können. Mich hat damals fast der Schlag getroffen. Proben aus jeder Hauptwurzelzone!

Die Fachbegriffe rauschten nur so in meinen Ohren: pH-Wert, Kalkbedarf, Phosphor- und Kaliumgehalt. Ich konnte mich schlagartig nicht mehr auf das zu anderen Gelegenheiten sicher interessante Fachgespräch konzentrieren. Pro Fläche diagonal bis zu 15 Einzelproben, gut vermischt in einem Eimer! Unvorstellbar! 500 Gramm der Mischung in einen Plastikbeutel füllen und exakt beschriften! Ich musste mich unauffällig am Tisch festhalten, um dem Schwindelgefühl Herr zu werden und nicht schlagartig in Ohnmacht zu fallen. Bodenproben aus meinem Garten? Für mich undenkbar! Ich hatte mir doch geschworen, dass ich niemanden einweihen würde. Mein ganzer Wissensvorsprung, mithin mein Renommee stand mit einem Schlag auf dem Spiel! Aber was sollte ich machen? Ich hatte ja keine Argumente dagegen. Mir blieb also keine andere Wahl.

Wir haben uns dann noch lange gut unterhalten. Zum Beispiel darüber, dass lange in Kultur befindliche Gärten häufig sehr hohe Nährstoffgehalte aufweisen, so dass ich bei Nährstoffüberschuss die Düngung reduzieren könnte. Ein interessanter Ansatz, sicher. Aber das Problem hatte sich zum Schluß gewissermaßen selbst erledigt. Zum Glück!

Die Ergebnisse wurden nie veröffentlicht. Weil die Proben nämlich nie im Labor angekommen sind. Ebenso wenig wie der nette Herr von der Prüfungskommission. Merkwürdig. Aber solche Dinge passieren eben.

War schon besser so. Meine kleinen Geheimnisse wollte ich um keinen Preis verraten und aufgedeckt wissen. Es wurde unter den Kleingartenfreunden ohnehin immer mehr zum Sport, mir auf die Schliche kommen zu wollen.

Und wie bei jedem sportlichen Ereignis war bei den Teilnehmern viel Adrenalin im Spiel, dem ich gerne Nahrung gab. Indem ich mir zum Beispiel von einem nahen Reitstall größere Mengen Pferdemist liefern ließ oder ganz bewusst und öffentlichkeitswirksam bestimmte Mondphasen nutzte, um zu säen oder zu ernten. So verblüffte ich meine Gartenfreunde ein ums andere Mal. Diese schamanenhaften Züge, die mir seither nachgesagt werden, kamen mir gerade recht. Je mehr die Kleingärtner eine Naturkundlerin in ihren Reihen vermuteten, umso einfacher wurde im Grunde meine eigentliche Aufgabe.

Natürlich unterliegt unsere Schrebergartenkolonie strengen Regeln und Auflagen, wie diese auch für den Schrebergarten allgemein gelten, auch wenn es mittlerweile im ganzen Land Versuche gibt, diese aufzuweichen. Ich für meinen Teil bin der Überzeugung, dass dies der Anfang vom Ende ist. Niemand darf machen dürfen, was er will. Das gilt für Björn, das gilt für meine Gartenfreunde in der Kolonie, und das gilt im Besonderen auch für diesen sympathischen Herrn von der Prüfungskommission, dessen Namen ich nicht mehr weiß.

Ich erinnere mich trotz allem gerne an seinen Besuch. Er hatte diesen gewissen Blick, so von unten nach oben, über den Rand seiner Brille hinweg. Das gab ihm ein kultiviertes und gebildetes Aussehen, dazu der perfekt getrimmte Vollbart. Ein kleines bisschen wie Björn. Ich hätte mich um ein Haar neu verliebt.

Gärten haben für den Menschen eine grundsätzliche Bedeutung. Mir fällt in diesem Zusammenhang der Garten Eden ein. Wie sehr das Gärtnerische in uns *Homo sapiens* verwurzelt ist, regelrecht Form und Gestalt angenommen hat, zeigt schon der Begriff Kindergarten. Wachse und werde. Es muss viel Kraut gejätet und die zarten Pflanzen in Form gebracht werden, damit wir Menschen wachsen können. Auch in diesem Sinn ist der rechte Dünger unabdingbar. Nur wenn wir unser Menschlichstes in den zu veredelnden Boden bringen, können die zarten Pflanzen wachsen.

Es gilt aber wie in jedem Handwerk: Allein das richtige Gerät hilft, gute Arbeit abzuliefern. Ich habe daher nur Markengeräte in meinem kleinen Schuppen stehen. Die Sammlung Spaten, Grabegabeln, Hacken und Harken hat ein kleines Vermögen gekostet. Und auch bei der Anschaffung der Schubkarre und des Häckslers habe ich nicht gespart. Ein guter Zerkleinerer ist für einen ernsthaften Kleingärtner unverzichtbar! Wie sonst soll der Abfall zu Dünger gemacht werden können. Mein Gerät ist robust und hochwertig, mit starkem Motor und einer hohen Schnittleistung. Selbst Armdicke macht meinem *PSY 2311 logical* kein Problem.

Klobige Stücke oben rein, unten kommt Allerfeinstes heraus: Neben dem technisch ausgereiften Präzisionshäckselwerk ist vor allem der Motor ein wahres Meisterwerk der Ingenieurskunst. Obwohl stark wie ein Bär, schnurrt der Motor fast wie ein Kätzchen. Das macht ihn gerade zu meinen spätabendlichen Einsatzzeiten zu einem unentbehrlichen Helfer. Noch dazu ist dieser Allesfresser auch vergleichsweise klein. Wer will schon einen Häcksler, der den Garten dominiert und allzu neugierige Blicke auf sich zieht oder, schlimmer noch, Begehrlichkeiten weckt.

Im Augenblick treibt mich jedoch eine ganz andere Sorge um. Anhand der Spuren in meinen Beeten habe ich den begründeten Verdacht, dass in meiner Abwesenheit jemand in meinen Garten eingedrungen ist und unerlaubt Proben gezogen hat. Irgendwann in den Morgenstunden. Die Fußspuren waren in der Früh noch ganz frisch. Ich habe auch schon einen konkreten Verdacht. Ich vermute, dass Herbert Kaminski nicht lockerlässt und trotz seiner Arthrose irgendwie über den Zaun gestiegen ist.

Ja, das traue ich ihm durchaus zu, auch wenn er schon weit jenseits der 70 ist. Dass er über Zäune klettert, Proben nimmt und analysieren lässt. Herbert Kaminski war in den Sechzigern lange Jahre der ungekrönte König der Kleingärtner. Voller Ehrgeiz, immer die besten Ernteergebnisse, immer den schönsten Garten. Seit seine Erika voriges Jahr überraschend von uns gegangen ist und seine

Kinder sich im Streit um das Erbe von ihm abgewandt haben, ist Kaminski zusehends grimmiger geworden. Keiner kann ihm etwas recht machen, immer muss er das letzte Wort haben. Und immer streicht er um meine Parzelle herum und will alles ganz genau wissen.

Sein argwöhnischer Blick hat etwas Lauerndes, wenn er am Gartenzaun steht und mich beim Reinigen des Häckslers beobachtet oder stumm auf die frisch geharkten Beete schaut. Als warte er darauf, dass ich mich beim Gärtnern blamiere, einen Fehler mache oder etwas Unbedachtes sage. Er war es auch, der mir nach Björns Verschwinden am längsten mit seinen, nur auf den ersten Blick harmlos daherkommenden, Fragen auf die Nerven gegangen ist.

Ich habe also beschlossen zu handeln. Ich werde Herbert Kaminski noch heute zum Kaffee einladen. Ich muss einfach wissen, ob ich mit meiner Vermutung richtigliege. Danach werde ich entscheiden. In meinem Kühlschrank habe ich noch einen Rest Eierlikör. Nach dem Rezept von Herberts Frau. Damit werde ich ihn ködern, ihm ein Gläschen reichen und um seine Einschätzung bitten.

Im Moment sitzt er auf der winzigen Terrasse seiner Laube, im Unterhemd und mit heruntergelassenen Hosenträgern und hat neben sich einen Eimer mit Mutterboden stehen, den er mit unschlüssigem Blick ab und an von der einen auf die andere Seite stellt.

Der Alte ist aber bei weitem nicht meine einzige Sorge. Wobei, meine zweite, weitaus größere Sorge hängt eigentlich unmittelbar mit ihm zusammen: Ich fürchte, dass ich den Garten in dieser Saison überdüngen werde. Quasi zwangsläufig. Das wird mich den vorderen Platz bei der Ernteschau kosten, aber mir bleibt keine andere Wahl. Man muss wissen, wann man eine Pause einlegen muss im

Leben. Das gilt selbstredend auch für die Gartenarbeit. Zum Nutzen aller, vor allem des Bodens.

Sonst passieren zur falschen Zeit die falschen Dinge. Die sich dazu noch als sehr ungesund auswirken können. Zum Beispiel möchte ich nicht lange auf engem Raum eingesperrt sein. Dazu fühle ich mich in meinem Schrebergarten einfach zu heimisch. Kleingartenluft macht frei! Die Arbeit an der frischen Luft will ich nicht mehr missen. Wenn ich eine Handvoll frischen Boden aufnehme und ihn unter meiner Nase zerreibe, spüre ich, dass ich lebe.

Ich werde also besonders achtgeben. Vielleicht sollte ich ganz in meine Laube ziehen. So hätte ich immer den Überblick und die Kontrolle. Und so kann auch der Boden ohne Not verschnaufen. Unter Kleingärtnern gilt ohnehin, dass nur der ausgeruhte Boden hohe Erträge abwirft. Und gut eingefettet wird auch mein Profi-Häcksler *PSY 2311 logical* nach seinem letzten Einsatz keinen Schaden nehmen.

Sandra Hoffmann

Als ich Pippi Langstrumpf zum ersten Mal in meinem Leben in echt sah

Als ich Pippi Langstrumpf zum ersten Mal in meinem Leben in echt sah, war die Straße verstopft, und Marko wollte nach Madagaskar auswandern. Ich hatte rote Augen, der Magen tat mir weh, die Ampel stand auf Rot, mein Kater schrie auf dem Rücksitz, als ginge es um sein Leben, Ina war in Amerika, und durch den Rost der Fahrertür konnte ich die frisch geteerte Straße sehen.

Ich habe Marko auf der Straße kennengelernt. Diese Straße war nicht geteert, sondern mit großen Steinen gepflastert, und sie führte auf den Marktplatz, und auf dem Marktplatz stand Joschka Fischer in roten Turnhosen und weißem Laufshirt, und der Schweiß rann ihm über den Körper, und in der Hand hielt er ein Mikrofon und sagte gerade: »Sechzehn Kilometer durchs Grüne«, und er strahlte, und in seinen Gesichtsfalten rannen die Schweißbäche, und das Publikum klatschte und jubelte. Nur neben mir stand einer, zog die Stirn in Falten, machte und machte kein Geräusch. Das war Marko, aber ich kannte ihn noch nicht. Marko trug Sandalen, wie man sie in Griechenland kaufen kann, Leinenhosen in Hellblau, ein braunes Hemd, und er war groß, aber nicht zu sehr, und nicht dünn und nicht dick. Es war Sommer, und Joschka Fischer wollte natürlich gewählt werden, und die

Grünen wollten auch gewählt werden, und dafür hungerte Joschka Fischer sich den Speck von den Rippen und aus dem Gesicht und lief mit einem etwas unbedeutenderen Parteimitglied aus unserer Stadt sechzehn Kilometer am Fluss entlang.

Es war also Sommer, und ich wollte dorthin, wo die Sandalen herkamen, die der Kerl neben mir trug. Das war alles. Schöne Sandalen, sagte ich zu dem Kerl neben mir, und der hatte eine sehr schöne Stimme, mit der er nun sagte: Aus Griechenland, und dabei lösten sich die Falten von seiner Stirn, aber mehr passierte nicht auf seinem Gesicht, nur schön blau waren seine Augen. Ich weiß, sagte ich, worauf er »Na also« sagte und wieder in Richtung Joschka Fischer schaute, dem immer noch der Schweiß lief. Ich fahr da in drei Wochen hin, sagte ich, und die schöne Stimme sagte: Ach, echt, und wohin denn dort? Peloponnes, sagte ich. Jetzt leuchteten die blauen Augen ein bisschen, und die schöne Stimme sagte: Schön ist es dort.

Und so ging alles weiter. Joschka Fischer hörte langsam auf zu schwitzen. Die schöne Stimme war mehr und mehr zu hören, Joschka Fischers Stimme wurde zu einem Geräusch im Hintergrund, die blauen Augen leuchteten, und die Falten kamen nicht mehr auf die Stirn. Irgendwann war Joschka Fischer verschwunden, und niemand klatschte mehr und niemand jubelte mehr, und der in den Sandalen, die von dort kamen, wo ich hinwollte, hatte einen Namen.

Marko war schon oft in Griechenland: Kreta, Euböa, Thassos, Amorgos, Folegandros, Andros und in Tinos auf Knien die Straße zur Kirche hochgekrochen, damit sein Vater wieder gesund wird. Und schließlich auf dem Peloponnes, überall dort, sagt Marko.

Markos Vater ist nicht wieder gesund geworden.

Marko sitzt auf der Bordsteinkante am Marktplatz und trinkt Bier aus der Flasche, und das machen hier alle so. Ich sitze auch auf der Kante und trinke auch Bier. Im Sommer sitzen alle auf der Bordsteinkante rund um den Marktplatz, und anders als bei den Schwalben auf den Telegrafenleitungen ist das kein Zeichen für das Ende des Sommers. Manchmal, wenn alle dort sitzen in einer warmen Nacht im Juni oder im Juli, lässt sich einer etwas einfallen oder mehrere tun das, und manchmal läuft dann einer ganz in Ruhe nackt über den Marktplatz, einzig sein bestes Stück ist bekleidet mit einer Art Eierwärmer. Oder zwei kommen auf einem Pferd geritten und verteilen Flugblätter, auf denen steht: *Jesus kommt nicht.* Wenn *Jesus kommt nicht* vom Pferd aus auf den Marktplatz herab auf kleinen Flugblättern verkündet wird, kann man sich sicher sein, dass am nächsten Abend oder in der nächsten Schönwetternacht eine ganze Gruppe von nett anzusehenden jungen Menschen *Jesus live* auf dem T-Shirt trägt und viele Lieder auf dem Marktplatz singt. Wenn der Nackte mit dem geringelten Eierwärmer kommt oder das Pferd, klatschen alle genau so, wie wenn ein Feuerspucker die Nacht erhellt. Wenn die Jesus-live-Singer kommen, passiert gar nichts. Manchmal kommt wegen des geringelten Eierwärmers auch die Polizei.

Am Abend, als Markos Bierflasche zwischen den Sandalen klemmt, die dort herkommen, wo ich hinwill, passiert auf dem Markplatz nicht viel, nur ab und zu fährt eine Polizeistreife langsam über den Platz, und niemand klatscht, und Marko erzählt, dass sein Vater der beste Koch aller Zeiten war, und das mit nur einem Arm. Dass er Koch war, als sehr junger Mann, schon im Krieg, und dass eine Handgranate in einer Feldküche seinen rechten Arm zerfetzt hat, in Stücke gerissen eigentlich, genauer gesagt war er ab. Mehr erzähl ich darüber jetzt besser nicht, sagt Marko, als wir mit den Bierflaschen auf dem Markplatz sitzen und sonst nichts passiert. Überlebt hat er, sagt Marko dann auch noch, mit lauter Splittern im Körper von der Handgranate aus dem Küchenzelt. Und als er fünfundsechzig war, wanderte ein Splitter in die Lunge und einer wanderte Richtung Herz und dann hinein in sein Herz, und Marko war gerade zwanzig, als sein Vater starb. Marko erzählt das nicht traurig, sondern ganz entspannt, und als er fertig ist mit Erzählen, lacht er, zeigt in den Nachthimmel und sagt: Jetzt sieht er uns zu, und ich glaube, du gefällst ihm.

So fing alles an. In der Nacht sang Leonard Cohen *Suzanne,* immer und immer wieder tat er das, und auf dem Pflaster vor dem Fenster von Markos Zimmer klangen Damen in Pumps wie Pferde. Ich schlief nicht und Marko schlief auch nicht, und als es dämmerte, hatten die Tauben vor dem Badezimmerfenster Sex. Als es hell geworden war, zersprangen auf dem Hof des Supermarkts nebenan Flaschen, und Marko lag auf dem Bauch neben mir und wickelte mein Haar um seinen Finger. Wir sprachen nicht und hatten die ganze Nacht kaum gesprochen, nur mit den Fingern gegenseitig Zeichen auf die Haut gemalt und manchmal gelacht.

Markos Bett schwebte im Raum, ungefähr eineinhalb Meter über dem Boden, und wenn man es verlassen wollte, kam man entweder mit einem Sprung aufs Parkett oder man konnte über die Sprossen einer blauen Leiter hinabsteigen. Ich sprang in der Nacht dreimal. Einmal zum Pinkeln, einmal, weil ich aus dem Fenster schauen wollte, und einmal zur Ernüchterung. Über Markos Schwebebett hing der Sternenhimmel und leuchtete weniger neongelb, als man vermuten könnte. So ging alles weiter.

Am Tag, bevor Marko nach Madagaskar fuhr, hatten wir schon mindestens dreihundert Nächte miteinander verbracht, schlaflose heitere und schlaflose traurige, aufregende und sehr trockene, Nächte im Tiefschlaf, Nächte, in denen unsere Körper wie Löffel ineinanderlagen, Nächte mit einem Bein über dem Bein des andern, Nächte mit den Nasen aneinander, Nächte, in denen der Vollmond ins Bett schien und störte, Nächte im Zelt, am Strand und auf der Kuhweide, Nächte im Auto, neben dem Auto, Nächte bei Mama, bei Freunden, bei Fremden: keine Nacht im Hotel.

An diesem Tag rannte ich mit Marko durch die Stadt, um Besorgungen zu machen: Moskitonetz für Madagaskar, Pflaster für Madagaskar, Wasserflasche für Madagaskar, Spezialbenzinkocher für Madagaskar. Ich weinte. Mir liefen die Tränen auf der Straße, die Tränen in der Apotheke, die Tränen beim Expeditionsausrüster.

Vielleicht kannst du mich ja bald besuchen, sagte Marko.

Ich schneide mit Markos ganz neuem großen Opinelmesser ein Stück Putenfleisch auf einem kleinen alten Holzbrettchen in feine Scheiben und lege sie auf einen Aluteller. Dann schaue ich Marko zu, wie er eine Zucchini in kleine Würfelchen hackt, eine Stück Ingwer in noch kleinere Würfelchen hackt, eine Knoblauchzehe in die allerkleinsten Würfelchen hackt. Marko nimmt nur ein Opinelmesser mit nach Madagaskar. Er nimmt zwei Gabeln mit nach Madagaskar, nimmt zwei Löffel mit nach Madagaskar und nimmt zwei kleine Weingläschen mit nach Madagaskar. Falls mal jemand mit mir isst, sagt Marko. Ich schaue zu, wie er eine Kokosnuss auf einen großen Stein donnert und wie die Kokosnuss einen Sprung bekommt und wie Marko die Kokosnuss ganz sanft an diesem Riss entlang auf den Stein klopft und wie der Riss langsam länger wird. Ich schaue zu, wie Marko die Kokosnuss über einem kleinen Alubecher aufbricht und wie der Saft in den Alubecher hineinläuft, und ich höre, wie Marko sagt: Trink. Ich halte den Alubecher zwischen meinen Händen, schnuppere in den Becher, der wenig nach Alu riecht und viel mehr nach dem süßlichen aufdringlichen Geruch von Kokos, und ich vermute, dass so Madagaskar riecht, und wieder laufen mir die Tränen über die Wangen, und das salzige klare Wasser vermischt sich in meinem Mund mit dem süßen nicht so klaren Kokosnusssaft, und Marko sagt: Nicht weinen. Marko schält das Kokosnussfleisch aus der harten Schale und hackt auch davon einen Teil mit seinem ganz neuen Opinelmesser in sehr feine Stückchen.

Der neue Benzinkocher steht zwischen Steinen mitten auf der Wiese, und als es endlich Grund gibt, ihn anzumachen, leuchten Markos Augen und er sagt: So. Eine stabile kleine Flamme kommt aus dem nicht so stabil aussehenden kleinen Benzinkocher. Dem kleinsten und leichtesten Benzinkocher der Welt, sagt Marko, und er stellt eine Art Alupfanne darauf und gibt Öl hinein. Aus einem kleinen Filmdöschen streut er etwas Curry hinein, dieses Curry ist zum Beispiel auch aus Madagaskar, sagt er, gibt den Ingwer dazu und dann das Fleisch, die Zucchini und alles andere außer der Kokosnuss auch.

Wir sitzen auf einer Wiese am Stadtrand, und neben uns steht Markos gepackte Expeditionsausrüstung. Der Rucksack, fertig gepackt, wiegt nur vierzehn Komma acht Kilogramm, sagt Marko, man braucht nicht viel in Madagaskar, sagt er.

Wir sind von Markos Wohnung aus mit Markos Rucksack einmal quer durch die Stadt gelaufen. Ein Testlauf, sagte Marko, schauen, wie das ist mit dem Rucksack, sagte er und strahlte. Marko trug die hellblauen Lieblingshosen, und anstelle der Sandalen aus Griechenland, die von dort kommen, wo ich inzwischen auch war, trug er neue, besonders leichte Wanderschuhe, und auf seinem Rücken hingen die vierzehn Komma acht Kilogramm, in blaues Cordura gepackt. Marko ging aufrecht, wippte in den Knien, sagte, dass sich das gut trage, dass man so wohl unendlich weit laufen könne, dass zur Not auch noch etwas reinpasse, dass er das kleine Zelt nun doch mitnehme, ist ja nun schon drin, sagte er. Marko sah schön aus. Marko leuchtete, legte mir den Arm um die Schulter, sagte, nach deinen Prüfungen kannst du mich ja besuchen kommen, das wird bestimmt schön, nach deinen Prüfungen hast du es dir wirklich verdient. Dann kommst du, sagte er, und wir schlafen am Meer, am Strand, ich kenn mich dann schon aus, ich zeig dir dann alles, was schön ist, sagte er. Ich ging aufrecht in Markos Arm, in der rechten Hand die Tüte mit dem Fleisch, dem Gemüse, der Kokosnuss und dem Weißwein. Den linken Arm ganz dicht an Markos Körper gepresst und die Augen auf das Pflaster der Straße geheftet. Tränen quollen mir heraus, ich sagte: Ja, vielleicht komm ich dann. Nicht weinen, sagte Marko, was ist schon ein halbes Jahr, Zeit ist nicht wichtig, sagte Marko.

Markos Putengericht liegt gelb und dampfend auf den Tellern, und Marko gibt mir einen der beiden Löffel und schenkt Weißwein in die Gläschen und stößt mit mir über die Teller hinweg an und sagt: Salute. Salute, sage ich und atme Wein ein und rieche nichts, weil meine Nase so verrotzt ist, und ich nehme einen ganzen Mund voll Wein, bewege ihn durch meinen Mund und schmecke Aprikose und Mango und Kiwi und Süßes und Saures zugleich und denke, dass so auf keinen Fall Madagaskar schmeckt.

Gut?, fragt Marko und ich sage: Ja, sehr. Der wird mir fehlen in Madagaskar, der Wein, sagt Marko. Ja, sage ich. Guten Appetit, sagt Marko. Ja, sage ich. Marko sitzt im Schneidersitz in der abgemähten vertrockneten Herbstwiese, hält seinen Aluteller so elegant wie ein chinesisches Schälchen, schiebt sich löffelweise Putengericht mit dem madegassischen Curry in den Mund, und seine Augen leuchten. Das Putengericht schmeckt scharf und süß zugleich und macht warm im Gesicht.

Ich möchte heute Nacht alleine schlafen, sagt Marko, ich möchte mich von allem verabschieden, sagt Marko. Ich möchte noch einmal alleine auf meinem Bett liegen, den Sternenhimmel anschauen, die Menschen vor dem Fenster hören, schreiben möchte ich, mich verabschieden, weißt du, sagt Marko, mich einfach verabschieden.

Zwischen uns steht der sensationelle kleine Benzinkocher, zwischen uns liegen Steine, zwischen uns besteht eine Entfernung von ungefähr einem Meter vertrockneter Herbstwiese, zwischen uns ist die Luft dick vom madegassischen Curry und duftig vom deutschen Weißburgunder und was weiß ich. Ich weiß nichts, sage ich zu Marko, ich will mich nicht von dir verabschieden, sage ich, ich will nicht alleine schlafen heute Nacht, sage ich, ich will noch einmal mit dir, sage ich, als Marko mich unterbricht und sagt, das kommt doch wieder, Madagaskar ist nicht aus der Welt, du kannst doch jederzeit kommen, wenn du dein Abitur fertighast. Süße, sagt Marko, sei nicht so traurig, Süße, sagt er, wir sehen uns doch morgen noch einmal, du bringst mich doch noch zum Flughafen, sagt Marko.

Meine Abiturprüfung ist in einem halben Jahr. Meine beste Freundin heißt Ina und hat schon Abitur. Mein Vater ist schon zum vierten Mal verheiratet. Mein Vater sagt, man verliebt sich immer wieder. Mein Vater wird sich bald zum vierten Mal scheiden lassen.

In der Nacht, bevor Marko nach Madagaskar auswandern wollte, habe ich nicht geschlafen. Ich habe auf meinem Bett gelegen, die Wand angeschaut, Marko auf dem Foto angeschaut, Marko, wie er an einem Baum hängt, keinen Klimmzug versucht, aber mit den Beinen Bewegungen macht wie beim Radfahren. Marko, dessen Arme unendlich lang aussehen auf diesem Foto, Marko, dessen Sommerbauch braun unter dem hellen Hemd hervorschaut, Markos lachendes Gesicht. Ich bin aufgestanden, habe mein Gesicht im Spiegel angeschaut, mein rot gewehrtes Gesicht mit rot geweinten Augen. Ich habe mein Gesicht gefragt, ob das alles auch wirklich zum Heulen ist, ob er es wert ist, dieser beschissene Kerl, was ich denn tun soll? Ob ich noch irgendetwas tun kann, damit er bleibt, habe ich mein Gesicht im Spiegel gefragt, aber mein Gesicht im Spiegel hat nur sehr müde den Mund verzogen, und die Augen fingen wieder an zu tränen. Mein nasses Gesicht vor dem Spiegel hat gesagt, dass ich ganz schön hässlich bin heute Nacht, so will dich keiner, hat mein nasses Gesicht im Spiegel gesagt. Ich habe mich abgewandt, mich auf den Klodeckel gesetzt, geheult, meine dünnen Beine, die unter einem von Markos weißen T-Shirts herausschauten, nass geweint beim Aufstützen auf den Knien, habe gefroren, mich wieder ins Bett gelegt, einen Brief an Marko begonnen, den Brief zerrissen, Leonard Cohen aufgelegt, *Suzanne* gehört, die Musik wieder ausgemacht, Licht angemacht und endlich die getrockneten Rosen aus der alten Blechkanne auf dem Schreibtisch herausgezogen, ihnen die getrockneten Köpfe zwischen den Fingern zerbröselt, einen Rosenkopf nach dem anderen zwischen den Fingern zermahlen, zwischen den Handflächen zerrieben, einunddreißig Rosen, rote, gelbe, weiße, rosafarbene und orangefarbene, kurzstielige und langstielige, allen habe ich die Stiele abgeknickt, ab. Mit der Haushaltsschere aus meinem Schreibtisch habe ich die Stiele klein geschnitten, immer kleiner, ich habe an scheußliche rote Schnecken im Garten gedacht, an meinen Vater gedacht, wie er am Abend mit genau derselben Hauhaltsschere durch den Garten geht und verzückt die Schnecken zerschneidet, wie er ekelhaft sagt, e-kel-haft, sagt er, bei jeder Schnecke e-kel-haft. Als die Rosen zerbröselt, zerrieben, zermahlen, nahezu zerstäubt waren, habe ich sie weggewischt, mit der Hand mit einer sehr gelassenen Bewegung in meinen Mülleimer gewischt, eine angegraute Trockenblumenmischung hineingewischt in eine Mischung aus Papier und durchnässten Taschentüchern, Zigaretten- und Tabak- und Kondom- und Schokoriegelverpackungen, den kaputten schwarzen Schnürsenkel begraben, den Staub von unterm Schreibtisch begraben und die Zigarettenkippen, alles begraben. Ich habe den Kopf danach nicht auf den Schreibtisch gelegt und auch nicht mehr geheult.

Die Ampel steht auf Rot; mein Auto ist von Mama und hat keinen Katalysator, mein Auto stinkt an der Ampel. Die Ampel steht lange auf Rot, zu lange auf Rot, mein Auto säuft manchmal an der Ampel ab. Es ist frühmorgens, mein Auto stottert, mein Auto stinkt unglaublich nach Benzin. Es gehen Fußgänger über die Ampel, die schauen alle auf mein Auto, sie schauen alle in mein Auto. Mein Kater sitzt auf dem Rücksitz. Mein Kater läuft nie durchs Auto. Mein Kater sitzt während der Fahrt auf dem Rücksitz zusammengekauert und schreit. Wegen der durchgerosteten Tür kann man ihn draußen bestimmt hören. Um diese Uhrzeit gehen nur Krankenschwestern und Krankenpfleger und Psychiater und Psychiaterinnen und ihre Sekretärinnen über diese Ampel, keine Patienten, sage ich zu meinem Kater, wenn du nicht still bist, musst du dorthin, sage ich zu meinem Kater. Mein Kater hat keine Angst vor der Psychiatrie. Mein Auto säuft ab. Hinter mir hupt einer. Hinter mir hupen zwei. Idioten, brülle ich. Ich muss zu Marko, denke ich. Irgendwie muss ich zu Marko kommen, denke ich. Bitte, flehe ich. Ich drehe den Schlüssel im Zündschloss, mein Auto stottert. Ich habe den Führerschein seit sieben Monaten. Mein Auto stottert, springt an und macht einen kurzen schönen Ton, dann säuft es wieder ab. Mein Auto springt nicht mehr an. Jemand klopft an meine Scheibe, es ist ein kleiner dünner Mann mit langen Haaren, Gang raus, brüllt er. Ich schalte in den Leerlauf. Mein Auto wird gerollt. Nach rechts lenken, brüllt er. Mein Auto rollt nach rechts. Mein Auto steht neben dem Kino. *I hired a contract killer* steht auf dem Plakat. Meine Uhr sagt, dass Marko in drei Stunden fliegt. Der Kater ist still, seit der Motor still ist. Ich drücke den Choke rein. Ich drehe den Zündschlüssel im Schloss, lasse die Kupplung langsam kommen, das Auto macht einen kleinen Ton und geht wieder aus. Es klopft wieder am Fenster. Ich sehe Sommersprossen in der Scheibe, ich sehe sehr blitzende Augen in der Scheibe, jemand winkt in die Scheibe. Ich sehe gescheiteltes rotes Haar in der Scheibe. Ich sehe sehr rote abstehende Haarschwänze über kleinen Ohren in der Scheibe neben sehr vielen Sommersprossen. Ich sehe einen roten Mund in der Scheibe, ich sehe ein orangefarbenes T-Shirt unter einem grünen Latz in der Scheibe. Ich sehe eine kleine, fast runde Brille über den sehr schönen Sommersprossen über den sehr blitzenden lachenden Augen in der Scheibe. Ich mache das Knöpfchen der Beifahrertür hoch. Als die

Tür offen ist, setzt sich eine geringelte Strumpfhose neben mich. Sie schaut unter einem grünen Latzrock hervor. In der Strumpfhose stecken dünne Beine. Im Rock steckt ein etwa zwanzig Jahre alter Frauenkörper. Kann ich dir helfen?, fragt der Mund im unglaublich gut durchbluteten Sommersprossengesicht. Ich starre in lauter Sommersprossen und in die blitzenden Augen. Ich sage nichts, ich bin sprachlos, ich bin in Eile, Marko wartet, mein Auto steht neben dem Killerplakat. Neben mir sitzt jemand, den es gar nicht wirklich gibt. Die Brille stört nicht, ich staune, ich überlege, ich frage mich, woher diese Person plötzlich kommt, weil um diese Uhrzeit doch normalerweise nur Krankenschwestern und Ärzte ... Hast du ein Pferd?, frage ich.

Osman Engin

Urlaubssaison

Mein lieber Onkel Ömer,

wie geht es Dir, und wie geht es meiner lieben Tante Ülkü? Wie geht's der hübschen Kuh Pembe, wie geht's der schwarz gepunkteten Ziege Fatima, wie geht's Deinem störrischen Esel Tarzan, und wie geht's unserem guten alten Dorfvorsteher Hüsnü?

Lieber Onkel Ömer, was Urlaub ist, das weißt Du ja. Urlaubmachen bedeutet auf Türkisch »Gurkensammeln«. Deshalb kommen wir jedes Jahr im Sommer mit unserem Ford-Transit und vielen Koffern mit Geschenken zu Euch ins Dorf, um von meiner Tante Ülkü zum Gurkensammeln auf dem Feld verdonnert zu werden.

Nach vier Wochen Gurkenernte schießen mir natürlich die Tränen in die Augen, wenn wir wieder wegfahren müssen. Einige böse Zungen behaupten zwar, dass dies Freudentränen wären, weil wir endlich die bescheuerten Sisyphos-Gurken (wir sammeln, wir sammeln, wir sammeln vier Wochen lang, und wenn wir nach einem Jahr wiederkommen, sind die ganzen Millionen Gurken auch schon wieder da) los sind, aber in Wirklichkeit sind es Trauertränen, weil wir unser Dorf und Euch wieder für ein Jahr verlassen müssen – ich schwör's Dir!

In Alamanya ist aber alles anders; hier sammelt man im Urlaub nicht, wie jeder normale Mensch, Gurken auf dem Feld von Tante oder Onkel, sondern fährt an die

Nordsee und stapft stundenlang durch den ekelhaft kalten Schlamm, den die unhöfliche Nordsee am Strand als Souvenir für die Touristen zurückgelassen hat.

Die Nordsee ist nämlich kein Meer wie jedes andere. Sie haut alle paar Stunden ab und lässt die armen Menschen, die sie besuchen wollen, auf dreckigem Matsch sitzen. Du kennst das ja mit der deutschen Gastfreundlichkeit. Der respektlose Mehmet meint, es wäre nicht schlecht, wenn die ganzen Gurken bei uns im Dorf auch weniger gastfreundlich wären und immer von alleine verschwinden würden, wenn wir im Sommer zu Besuch kommen.

Lieber Onkel Ömer, bitte versteh mich nicht falsch: nicht etwa, um mich vor der Arbeit auf Deinen Gurkenfeldern zu drücken, sondern einzig und allein aus dem Grund, dass ich Dir berichten will, wie die Deutschen Urlaub machen, sind wir dieses Jahr an die Nordsee gefahren – und kauften uns dort angekommen sofort große Regenschirme.

Regenschirme sind der Verkaufsschlager an der Nordsee. In der Türkei kauft man im Sommer Sonnencreme, Badehosen, Eis und Mückenspray, an der Nordsee kauft man Regenschirme, Gummistiefel, heißen Tee und Ferngläser, um das Wasser wenigstens von Weitem zu sehen.

Von Bremen aus hat es zwei Stunden gedauert, bis wir mit meinem vollgepackten Ford-Transit die Nordseeküste erreichten. Aber wir konnten keinen Kämpingplatz finden. Mal gefielen meiner Frau die Toiletten nicht, mal gefiel mir der Preis nicht. Bis zum Einbruch der Dunkelheit haben wir dieses Spielchen munter fortgesetzt: Da, wo Eminanim ihre Zelte aufschlagen wollte, wollte ich nicht bleiben, und dort, wo es mir richtig gut gefiel, suchte sie mit angewidertem Gesicht und zugehaltener Nase sofort das Weite. Nach drei weiteren Stunden, mitten in der Nacht, kamen wir an einer grünen Wiese vorbei.

»Osman, ich bin total kaputt! Lass uns bitte hierbleiben«, jammerte Eminanim völlig erschöpft.

Über einen steinigen Feldweg rumpelten wir zu dem hübschen, mitten in einem kleinen Wald und sehr idyllisch gelegen Plätzchen. Es war herrlich, keine Menschenseele war weit und breit und somit auch kein Halsabschneider, der Geld kassieren wollte.

Da meine Frau am Ende ihrer Kräfte war, übernahm ich den Bau unserer Behausung. Dabei kam mir erheblich zugute, dass meine Vorfahren ein echtes Nomadenvolk waren. Viele tausend Jahre lang haben die Türken doch ihre Zelte ständig woanders aufgeschlagen, bis sie irgendwann endlich in Anatolien landeten. Die heutige Türkei erklärten sie dann zu ihrem Basislager und zogen von dort in kleinen Gruppen mit ihren transportablen Häusern auf dem Pferderücken weiter. Aber ich bin felsenfest davon überzeugt, dass die Zelte der alten Osmanen nicht so kompliziert waren. Denn sonst hätten die Türken es nicht mal bis nach Istanbul geschafft – geschweige denn bis nach Wien! Selbst mein guter alter Franz-Josef konnte nicht mehr mitansehen, wie ich um Mitternacht völlig kaputt und unglaublich genervt mit den ganzen Rohren, Seilen und Plastikplanen rumhantierte. Immer, wenn ich das eine Rohr drinhatte, rutschte das andere wieder raus! Die Lichter meines Ford-Transit erhellten meine erfolglosen Aktivitäten mittlerweile noch weniger als die Sterne des Großen Bären aus dem Universum. Aber die großen Bären auf der Erde machten mir inzwischen wesentlich mehr Sorgen. Insbesondere die, die sich nachts hinter den vielen dicken Bäumen verstecken.

Völlig entnervt habe ich die ganzen Haken, Ösen, Plastik- und Metallrohre hingeschmissen und ging weg, um die umliegenden Bäume zu begießen. Als ich nach fünf Minuten wieder zurückkam, bekam ich einen Riesenschock!

Unser Zelt stand wie 'ne Eins! Hatte sich dieses verdammte Zelt denn von alleine aufgestellt? Oder war das Dävid Kopperfild, der gerade durch Ostfriesland tourte?

»Osman, du warst nicht da, deshalb habe ich mich schon ein bisschen nützlich gemacht und das Zelt aufgebaut. Kannst du bitte die Luftmatratze aufpusten, ich trage inzwischen die Wolldecken ins Zelt«, murmelte meine Frau in dem Moment schläfrig.

»Das ist mal wieder typisch, Eminanim, die schwierigen Aufgaben landen immer bei mir. Wo soll ich denn um diese Uhrzeit so viel Puste hernehmen?«, meckerte ich und machte mich über die Luftmatratze her.

»Eminanim, diese Luftmatratze ist kaputt«, schimpfte ich kurz darauf.

»Osman, versuch es bitte noch einmal, aber diesmal ohne mit deinem dicken Hintern daraufzusitzen. Ich nehme an, dann wird's einfacher gehen«, sagte sie.

Um zwei Uhr waren wir fertig und lagen endlich in unserem Zelt, aber diese verdammte, unbequeme Luftmatratze war höchstens einen Meter breit! Und davon brauchte Eminanim 99 Zentimeter für sich alleine.

Ich zog den langen Reißverschluss an unserem kleinen Einmannzelt bis nach unten zu, damit uns weder Einbrecher oder Verbrecher noch große oder kleine Bären überfallen könnten. Aber schon fünf Minuten später machte ich hastig nach Luft schnappend den Reißverschluss wieder sperrangelweit auf. Die neue Plastikmatratze stank bestialisch. Dieser unerträgliche Gestank hätte selbst das wildeste Tier unverzüglich in die Flucht geschlagen, aber nicht Eminanim, die ja sonst angeblich eine so feine Nase hat! Meine Frau schlief mit so einem glücklichen Lächeln auf dieser stinkenden Matratze, als würde sie in einem herrlich duftenden Rosengarten liegen. Kurz darauf verwandelte sich der herrlich duftende Rosengarten in ein höllisch lautes Sägewerk, meine Frau fing nämlich aus vollem Rohr an zu schnarchen. Ich rollte sie zur Seite, damit sie wenigstens so lange Ruhe gab, bis ich einschlafen konnte.

Wenige Sekunden später legte das Sägewerk erst richtig los! Ich drehte Eminanim mit viel Mühe von rechts nach links – aber es brachte alles nichts! Egal, wohin ich sie drehte – sie schnarchte fürchterlich und ohne Pause!

Ich riss zwei Stöpsel aus dieser stinkenden Luftmatratze raus und steckte sie mir in die Ohren! Pfeifend strömte die Luft aus der Plastikmatratze heraus, und unsere Hintern landeten auf dem Boden. Was lediglich zur Folge hatte, dass Eminanim noch lauter schnarchte – wer hätte das für möglich gehalten, dass man diesen Lärm noch steigern kann? Als die ersten Sonnenstrahlen sich ihren Weg in unser Zelt bahnten, war ich bereits völlig verzweifelt. Ich hatte die ganze Nacht kein Auge zugetan. Stattdessen hatte ich meine schnarchende Frau hundertzweiundsechzig Mal um ihre eigene Achse gedreht, aber es hatte nichts gebracht, sie schnarchte immer noch wie ein Grizzlybär im Winterschlaf.

Dann endlich wurde sie wach und sagte gut erholt:

»Osman, eins sage ich dir, zu Hause werde ich dir aber nicht erlauben, mich die ganze Nacht über ständig hin und her zu drehen!«

»Wie, hast du das etwa gemerkt? Ich dachte, du schläfst die ganze Zeit«, fragte ich verärgert.

»Wie soll ich denn schlafen können, wenn du mich ununterbrochen hin und her rollst? Ich hab mir gedacht, wir sind ja im Urlaub, der Junge soll seine Sexfantasien ausnahmsweise mal ausleben dürfen«, lachte sie.

»Ich fass es nicht! Sexfantasien sagst du? Mordfantasien habe ich gehabt«, rief ich und stürmte stocksauer und stocksteif aus dem winzigen und stinkenden Plastikzelt raus.

Kaum war ich draußen, ging das höllisch laute Geschnarche schon wieder von vorne los! Völlig erschrocken stellte ich fest, dass die ganze Nacht über nicht meine Frau die Quelle des Lärms gewesen war, sondern ein ungebetener Nachbar, der ungefragt seinen Schlafsack direkt neben unserem Zelt aufgerollt hatte. Der dicke Mann und sein noch dickerer Hund schnarchten so laut um die Wette, dass nicht mal die Brandung des Meeres zu hören war.

Lieber Onkel Ömer, das war doch wirklich zum Haareraufen! Dass ich in Hotels immer von Schnarchern umzingelt werde, das kann ich schon irgendwie als Ironie des Schicksals abtun. Aber dass sich so ein Idiot auf dem tausend Kilometer langen Küstenstreifen direkt vor meiner Nase, besser gesagt, direkt neben meinem Ohr, positionierte, das grenzte schon an Zeltfriedensbruch!

Plötzlich hörte der riesengroße Kampfhund mit dem Schnarchen auf und fing an zu schnüffeln. Bevor er mich entdecken konnte, hechtete ich zurück in mein Zelt und zog den Reißverschluss ganz fest zu. Soviel ich weiß, ist noch kein Mensch durch Lärm gestorben, aber durch brutale Kampfhunde schon etliche!

»Einen wunderschönen guten Morgen, Herr Nachbar«, rief der Mann mir hinterher.

»Ist Ihnen eigentlich klar, dass Sie beim Schlafen einen riesengroßen Schalldämpfer benutzen müssten«, brüllte ich zurück.

»Hahaha, guter Witz«, lachte er, »aber in jedem noch so dummen Spruch steckt ein Fünkchen Wahrheit. Mit dieser Ausrede hat sich damals nämlich auch meine Ex von mir scheiden lassen. Aber selbst wenn ich ab und zu ein bisschen schnarchen sollte, in der freien Natur kann ich ja damit niemanden stören, nicht wahr?«, lachte er sich schief.

»Komm, Osman, lass uns losfahren, ich hab Hunger«, sagte meine Frau.

Ich armer Mensch hatte auch nichts im Magen und war völlig fertig – genauso wie unser armer Ford-Transit, dessen Batterie heute Nacht beim Zeltaufbau den Geist aufgegeben hatte. Der Motor gab überhaupt keinen Ton mehr von sich, und Franz-Josef bewegte sich keinen Millimeter von der Stelle, nach dem lutherischen Motto: »Hier stehe ich – ich kann nicht anders!« Unser Auto war über Nacht Protestant geworden.

Danach tat ich das, was alle Männer machen, wenn der Wagen nicht anspringt – nein, nicht mit dem Händy den ADAC anrufen, so was machen doch nur Frauen. Der Mann von Welt öffnet in so einem Fall mit einem sehr fachmännischen Gesichtsausdruck energisch die Motorhaube. Betrachtet den ganzen vergammelten Schrott, der sich darunter befindet, legt sich dann einen sehr kritischen Blick zu und zieht dabei den rechten Mundwinkel nach unten und die linke Augenbraue nach oben. Dann tut er so, als würde er sich von keinem noch so hinterhältigen Motor was vormachen lassen.

»Osman, glotz den Motor doch nicht so doof an! Nur vom Anschauen springt er bestimmt nicht an«, unterbrach mich in dem Moment Eminanim.

Der Mann von Welt ignoriert selbstverständlich die unqualifizierten Zwischenrufe, tut ganz kuul und ruft mit einer sehr selbstbewussten und männlichen Stimme:

»Nichts zu machen! Die Batterie ist im Eimer. Sag mal, Kollege, kannst du mal kurz mitanpacken, um diesen Wagen den Deich raufzuschieben, beim Runterrollen wird er dann garantiert anspringen.«

»Also ehrlich gesagt, hinter so einer alten Rußschleuder zu stehen, dazu habe ich überhaupt keine Lust«, knurrte der unhöfliche Schnarcher ziemlich unkollegial.

»Entschuldigung, der Herr, könnten Sie uns vielleicht helfen, unseren Wagen diesen Hügel rauf…«, zwitscherte Eminanim, und bevor sie ihren Satz vollendet hatte, schleimte der Mistkerl sich bei meiner Frau ein:

»Aber gerne, gnädige Frau, es ist doch selbstverständlich, dass man sich in so einer Situation gegenseitig hilft. Da brauchen Sie mich nicht mal zu bitten«, rief er höflich bis zum Gehtnichtmehr.

Da dachte ich natürlich, was hat meine Frau, was ich nicht habe?

»So, ihr seid euch also einig, dann könnt ihr jetzt anfangen zu schieben – ich lenke«, rief ich vom Fahrersitz aus.

»Osman, komm sofort raus, du schiebst mit ihm zusammen – ich lenke«, zischte Eminanim und warf mich aus dem Wagen.

»Aber du kannst doch gar nicht fahren«, protestierte ich.

»Ich will nichts hören, ihr beide schiebt, ist das klar?«, kam als Antwort.

Wie befohlen haben wir mit vereinten Kräften und viel Mühe den Transit bis oben auf den Deich geschoben. Wobei die Kräfte sehr unterschiedlich verteilt waren. Er beschränkte sich nur aufs Kommandieren und Fluchen – ich musste schwitzen und rackern! Erst als wir auf dem Deich ankamen, gab er dem Transit einen kräftigen Klaps auf den Hintern und rief erleichtert:

»So, das wäre geschafft, Kollege!«

Durch diesen unerwarteten Schlag stürzte mein armer Wagen den Abhang hinunter.

Eminanim wusste überhaupt nicht, was sie machen

sollte, bekam einen Schock und fing an zu kreischen. Ich spurtete blitzschnell hinterher!

»Eminanim, auf die Bremse treten ... die Bremse treteeeen«, brüllte ich außer Atem.

»Tu ich doch die ganze Zeit, passiert aber nichts, welcher Hebel ist es deeeennn?«, schrie sie voller Angst zurück.

»Zieh die Handbremse hoch ... die Handbremse hochziiieheeenn!«, versuchte ich ihr von Weitem zu helfen.

»Wie sieht die denn aaaauuus?«, war die verzweifelte Antwort.

Mein armer Ford-Transit polterte immer schneller den Abhang runter, meine noch ärmere Frau war darin eingesperrt.

»Eminanim, pass doch auf, fahr nach rechts, fahr nach rechts, du knallst gleich gegen den Baum ... Dreh das Lenkrad um ... das Lenkrad umdreeeheeenn ...«, brüllte ich aus vollem Hals und in vollem Lauf.

Mit einem Riesenknall umarmten sich in dem Moment mein Franz-Josef und der dicke Baum wie ein Liebespaar, das lange voneinander getrennt war.

Zum Glück war Eminanim nichts passiert. Was man von unserem armen Franz-Josef leider nicht behaupten konnte.

Beide Scheinwerfer würden, so traurig es auch ist, in Zukunft nie mehr scheinen können, die Stoßstange wollte ab dem Moment nicht mehr stoßen, hatte sich für immer verabschiedet und ruhte sich unter einem anderen Baum aus. Der Kotflügel war total verbeult, hatte tatsächlich Flügel bekommen und flatterte die ganze Zeit ungeduldig hin und her, offenbar versuchte er, sich auch ganz schnell aus dem Staub zu machen.

»Eminanim, du hast es doch klasse gemacht«, tröstete ich meine Frau, »wenn ich die Wahl zwischen einem

Baum und der Nordsee gehabt hätte, hätte ich mich genauso entschieden und wäre lieber in den Baum gekracht. Obwohl du theoretisch natürlich auch auf dem Weg hättest bleiben können.«

»Osman, du Idiot, du solltest den Wagen ja auch nur bis auf den Deich schieben und nicht gleich runterschubsen«, stotterte sie kreidebleich im Gesicht.

Nach dem Schock lief der Ford-Transit plötzlich wie 'n Weltmeister! Nur das Lenkrad war noch ein klein wenig gewöhnungsbedürftig: Wenn ich nach links drehte, fuhr die Karre nach rechts, und wenn ich nach rechts wollte, musste ich nach links drehen. Das Ganze war etwas irritierend, und ab und zu kam ich auch durcheinander. Dann landete der eine Radfahrer links im Straßengraben und der andere Radfahrer rechts im Rapsfeld, von dort aus winkten sie uns nicht ganz so freundlich hinterher.

Aber nach ein paar Kilometern, einigen Kurven und mehreren Radfahrern hatte ich das Spiel, das unser Franz-Josef mit mir spielen wollte, voll drauf.

»Eminanim, siehst du, wie schnell ich Rechtsdrehen und Linksfahren gelernt habe«, freute ich mich.

»Osman, es kommt dir zugute, dass du schon immer verkehrt getickt hast! Ein vernünftiger Mensch wäre schon längst gegen eine Mauer geknallt«, lachte sie.

Eine halbe Stunde später entdeckten wir ein wunderschönes Landcafé, wo man auch frühstücken konnte.

Eminanim bestellte sich ein riesengroßes Käse-Frühstück. Ich natürlich auch! Zusätzlich bestellte ich mir noch ein italienisches Frühstück, ein französisches Frühstück, ein englisches Frühstück und als Aperitif ein ostfriesisches Bauernfrühstück! Türkisches Frühstück hatten sie leider nicht. Zum Nachtisch wollte ich Omas Apfelkuchen aus dem Steinofen haben. Eminanim bestellte sich ein Blech Zwetschgenkuchen.

»Wie viele Personen kommen denn noch?«, fragte die Kellnerin irritiert.

»Zehn«, sagte ich. Ich wollte nicht, dass die arme Frau völlig durcheinanderkommt. In der Hinsicht haben die Ostfriesen ohnehin nicht den besten Ruf.

Nach zwanzig Minuten packte die Kellnerin alles auf den Tisch, und nach neunundzwanzig Minuten war alles wieder weg!

Wirklich, wir hatten nur neun Minuten gebraucht, um alles aufzuessen. Ich erinnere mich nicht mehr, wann ich in letzter Zeit ein Brötchen nach dem anderen mit nur zwei Bissen weggeputzt habe.

Lieber Onkel Ömer, dann taten meine Frau und ich das, was bei windigem Sauwetter alle Touristen tun: Wir schauten uns, um die Zeit totzuschlagen, stundenlang in den Souvenirläden um und kauften nichts! Außer einem Regenschirm natürlich. Unseren zweiten schon, denn der orkanartige Wind hatte unseren ersten sofort in Rente geschickt.

Plötzlich kam dann die Dunkelheit und mit ihr zusammen unser Hunger. Ich hätte nie gedacht, dass ich nach dem heutigen Frühstück in diesem Urlaub jemals wieder Hunger kriegen würde – vor allem nicht schon am gleichen Tag! Eminanim sagte, wenn sie schon mal an der Nordsee sei, wolle sie Fisch essen.

»Du hast recht, Frau, wann haben wir denn schon mal die Gelegenheit, original ostfriesisch zu essen«, sagte ich und schaute mir auf der Speisekarte die Spezialitäten der dortigen Gegend an:

»Makrele Käpt'n Ahab«, »Jan Wilmink's Kabeljautopf«, »Thedo's Lachsforelle«, »Heilbutt mit Gemüse«, aber entschieden habe ich mich dann doch für einen leckeren »Haifisch-Döner«.

Als wir um 22 Uhr das Restaurant verließen, war es schon ganz schön dunkel. Unsere Scheinwerfer hatten sich ja, intelligent wie sie sind, bereits morgens von uns verabschiedet. Meine Frau zeigte mir vom Beifahrersitz aus mit der Taschenlampe den Weg, und ich drehte das Lenkrad nach links, wenn wir nach rechts wollten, und nach rechts, wenn wir nach links fuhren. So was nennt man wohl Abenteuerurlaub.

Auf der ganzen Fahrt betete ich, dass unser ungebetener Nachbar von gestern sich mit seinem Köter hoffentlich mindestens 50 Kilometer von uns entfernt zum Schlafen gelegt hatte.

Total frustriert hörte ich aber schon zwei Kilometer vorher, dass meine Gebete nicht erhört wurden.

Zu allem Überfluss sah ich völlig schockiert, dass sich der verdammte Penner diesmal nicht neben unser Zelt, sondern gleich in unser Zelt zum Schlafen gelegt hatte! Und das mit seinem Flohsack zusammen!

»So eine Unverschämtheit«, brüllte ich und zog den frechen Kerl an seinem Schwanz und seinen Köter an seinem Schlafsack aus unserem Zelt heraus – oder war es umgekehrt?

»Osman, sei doch nicht so sauer. Die haben bestimmt nur vor dem Regen Zuflucht gesucht. Hättest du doch auch gemacht«, versuchte meine Frau mich zu beruhigen. Die beiden ließen sich durch mich aber überhaupt nicht stören und brummten, grunzten und schnarchten weiterhin genüsslich um die Wette.

In zwei Minuten baute ich unser Zelt erfolgreich ab. Abbauen ging viel schneller als Aufbauen. Einmal Gegentreten reichte völlig aus!

Mit der Taschenlampe in der Hand lief ich weiter und fand ein anderes, viel hübscheres Plätzchen für unser Zelt.

»Eminanim, ich muss mal so dringend, wenn du willst, kannst du ja schon mal anfangen aufzubauen«, sagte ich.

Dann ließ ich mir genug Zeit, damit sie bis zu meiner Rückkehr auch wirklich fertig wäre. Anscheinend hatte ich mir etwas zu viel Zeit genommen, denn als ich wieder da war, hatte sie das Zelt schon aufgebaut und schlief tief und fest darin. Ich legte mich mit den ganzen Klamotten neben sie. Kurz danach fing es wieder an, wie aus Eimern zu gießen, und ich konnte nach zwei anstrengenden Tagen endlich die Augen schließen. Ich schlief fest wie ein Toter!

Als Ausgleich zur unserer chaotischen Reise träumte ich zum Glück nur von angenehmen und schönen Dingen: Ich lag zum Beispiel bei strahlendem Sonnenschein mit der Luftmatratze auf dem Mittelmeer und ließ mich von den sanften Wellen romantisch hin und her schaukeln.

Doch als plötzlich die Wellen immer heftiger wurden, wachte ich auf und stellte erschrocken fest, dass mein süßer Traum überhaupt nicht süß, nämlich kein Traum, sondern bitterböse Wirklichkeit war!

Lieber Onkel Ömer, ich befand mich tatsächlich mit unserer stinkenden Matratze auf dem Wasser, aber leider auf der kalten Nordsee! Der stürmische Monsunregen hatte mich und meine Frau ins Meer gespült! Aber Eminanim war gar nicht da, neben mir auf der Luftmatratze lag nur der dicke Köter und leckte mein Gesicht.

»Bei Allah, ist meine Frau etwa ertrunken?«, fragte ich mich.

Oder vielleicht noch schlimmer: Hatte diese Bestie sie womöglich verspeist?

»Halloo, Osman, hallooo, Osman«, hörte ich in dem Moment die Stimme meiner Frau aus dem Jenseits.

»Eminanim, wo bist duuu? Was ist denn passieeert?«, brüllte ich, so laut ich konnte.

»Was passiert ist, fragst duuuu? Du hast uns heute Nacht als Zeltplatz ausgerechnet ein altes Flussbett ausgesucht, du Schwachkoooopf! Und der Regen hat die Luftmatratze rausgespült, aber wieso hast du den Hund mitgenommeeeeen?«, brüllte sie wieder.

»Frau, ich möchte viel eher wissen, was du gerade in dem Schlafsack von diesem Kerl treeeeiiibst, so viel kann ich nämlich seheeeen!«, brüllte ich ganz schön böse zurück.

»Osman, als wir mit unserer Luftmatratze bei ihm vorbeischwammen, hast du mich runtergeschubst und stattdessen seinen Hund mitgenommen. Eine ganz neue Variante von Partnertausch, wie ich finde. In diesem Urlaub hast du mit deinen Sexfantasien eigentlich schon ein bisschen übertrieben! Ich hoffe, du wirst mit dem Köter glücklich«, schrie sie.

Als ich da mitten in der Nordsee auf der winzigen Luftmatratze zitternd vor Kälte immer weiter auf das offene Meer hinaustrieb, wurde mir plötzlich der Sinn unserer Türkeiurlaube bewusst! Ich habe mir in dem Moment nichts sehnlicher gewünscht, als von morgens bis abends auf Deinem Feld schwitzend Gurken zu ernten!

Zum Glück hat mich der Köter zusammen mit der Luftmatratze wieder zurück an Land gezogen, weil er so dringend musste. Wusstest Du, dass Hunde im Gegensatz zu Menschen niemals ins Meer pinkeln?

Lieber Onkel Ömer, ich küsse Dir, Tante Ülkü und allen Älteren in unserem schönen Dorf ganz herzlich mit großem Respekt die erfahrenen Hände und allen Jüngeren mit viel Liebe die hübschen, unschuldigen Augen.

Eminanim und die Kinder grüßen Euch selbstverständlich auch und küssen den Älteren mit viel Respekt die Hände und den Jüngeren mit viel Liebe die Augen.

Pass gut auf Dich auf, bleib gesund, iss genug Knoblauch und danke fünfmal am Tag Allah, dass Du da wohnst, wo andere Leute Urlaub machen, und dass Dein Bett nachts nie selbstständig schwimmen gehen möge!

Dein Dich über alles liebender Neffe aus dem sehr nassen Alamanya

Osman

PS: Lieber Onkel Ömer, dieser horrormäßige Urlaub hatte einen großen Vorteil: Ich war endlich mal mit meiner Frau alleine und hab ihr knallhart meine Meinung gesagt:
»Eminanim, bei mir meckerst du, wenn ich einen meiner Freunde mal zum Essen mitbringe. Aber deine Arbeitskollegen dürfen sich hier gleich monatelang einnisten!«
Zugegebenermaßen war das etwas respektlos einer Medizinerin gegenüber, aber die beiden treiben mich langsam zum Äußersten!
»Osman, welchen deiner Freunde meinst du denn?«, sagte sie etwas abfällig.
»Na, meine Kumpels eben. Hans, Hasan, Ahmet, Nedim«, zählte ich sie stolz alle auf.
»Ist einer von den Parasiten etwa Arzt?«, fragte sie unverschämt.
»Arzt vielleicht nicht, aber ganz hervorragende Staplerfahrer und Lackierer sind darunter. Ich persönlich brauche auch keinen Arzt mehr, allein in unserer Wohnung gibt es schon

zwei, und das ist mehr als ausreichend«, rief ich ironisch.
Ich glaube, das saß!
Sie hat sich nämlich daraufhin ganz schön aufgeregt und hysterisch gekreischt:
»Osman, jeder Mensch, der vor all meinen Freundinnen glaubhaft versichert, mit mir zusammen Medizin studiert zu haben, darf hier so lange wohnen, wie er will!«
Lieber Onkel Ömer, ich hab's mir überlegt: Morgen höre ich in Halle 4 auf und werde versuchen, irgendwie Medizin zu studieren, sonst wird meine Frau mich mit Sicherheit vor die Tür setzen.
Mein vielleicht letzter Gute-Nacht-Gruß von hier. Schlaf gut!

Benno Hurt

Wir hatten ein Ziel: Italien. Das Meer

Eigentlich geht Eugen und mir der Gesprächsstoff nie aus. Nicht, daß wir fortwährend miteinander reden. Wir sitzen im Waldbräu und beobachten das Spätnachmittagslicht, wie es durch die holzgetäfelte Stube wandert; wir stehen unter der Nibelungenbrücke und lassen uns auf den Donauwellen gen Osten tragen oder wir schauen einfach durch die Windschutzscheibe ins Abendrot. Ein Satz klingt nach, den einer von uns beiden gesprochen hat. Meist geht es um die jüngere Geschichte, in der Eugen zu Hause ist. Nicht immer sind wir einer Meinung, aber immer schlägt ein letzter Satz eine Brücke zwischen uns beiden, auf der sich unsere Gedanken dann hin und her bewegen in einem wortlosen Zwiegespräch. Bis alles gesagt ist. Doch so war das Schweigen jetzt nicht.

In Österreich wurde mir klar, daß ich einen Kranken transportierte. Er hatte ein paar »Ostermann«-Würste zuviel hinuntergewürgt. Zu oft waren seine Finger in die Dose eingetaucht, um eine weitere »Ostermann« an Land zu ziehen. Ab und zu wölbte sich sein Bauch nach außen, und es hob seinen Oberkörper auf dem Beifahrersitz leicht an. Ein geräuschvoller Luftaustritt durch den Mund war von ihm nicht mehr zu unterdrücken. Dabei schaute er mit Unschuldsmiene geradeaus. Dieses Geräusch war so ein letzter Satz. Ein Satz, der eine Brücke baute, über die ich jetzt aber lieber nicht gehen wollte. Noch sprach ich das Thema nicht an. Es stellte sich uns sowieso. Es gab kein Zurück, nur ein Heraus. Ich dachte dabei an die Würste.

In Rechtskurven sah ich ihm ins Gesicht, das er vor unserer Abfahrt aus Kürren mit dem Bräunungsmittel behandelt hatte. Der Spruch, mit dem die Firma für ihr Produkt warb, fiel mir ein. »Oh, welche Wonne, Tamlo bräunt ohne Sonne!« In seinem Gesicht erinnerte nichts an Sonne. Die lächerliche Kriegsbemalung, die das Eincremen bewirkt hatte, erschwerte die Feststellung, wie es ihm ging. Vierzig Kilometer vor Velden übergab er sich auf dem Beifahrersitz. »Ausgerechnet in Österreich!« war das einzige, womit er sein Fehlverhalten kommentierte.

Ich nahm mir vor, den nächstbesten Zeltplatz anzufahren. »Ausgerechnet in Österreich!« blieb auch weiterhin das einzige mündliche Lebenszeichen. Er würgte noch einmal den Inhalt einer »Ostermann«-Dose heraus.

Endlich war ich fündig geworden. Dieses Mal stellte sich uns keine Schranke in den Weg. »Setz dich ins Gras!« forderte ich ihn auf. »Ich schaff das auch ohne dich.«

Wieder einmal saß er im Gras. Nur die Konservendose und die Beißzange fehlten auf dem Bild, das er abgab. Ich hatte den Mund ziemlich voll genommen. Vor mir lag nämlich ein unbekanntes Stück Arbeit. Der Zeltmeister hieß Eugen. Aber auf ihn war kein Verlaß. In Rosenheim hatte er unter dem eingestürzten Teil des Zelts gelegen, und jetzt kauerte er arbeitsunfähig am Boden. Ich breitete die Plane aus, legte das Gestänge daneben und schüttete die Heringe auf die Wiese.

Zwar schaute ich auf das, woraus ein Zelt besteht. Doch in Wirklichkeit war ich auf diesem Zeltplatz noch gar nicht angekommen. Ich mußte immer noch daran denken, wie ich auf der Fußmatte gekniet und mit meinem Taschentuch am Stoffbezug des Beifahrersitzes gerieben, wie ich im letzten Moment scharf abgebremst hatte, um die Kühlerhaube herumgesaust war und Eugen aus dem Standard gezerrt hatte.

Ich sah auch nicht gleich den Mann, der hinter Eugen stand. Er hatte ein Auge auf Eugen und mich geworfen, schon eine Weile.

»Das ist Ihrem Freund doch jenseits der Grenze widerfahren?« Er deutete geringschätzig nach Süden und sah dabei auf Eugen im Gras herab, der jetzt ausschaute wie der letzte Gegner von Bubi Scholz.

Ein hagerer Typ, um die sechzig, mittelgroß. In seinem Gesicht blitzten zwei Augen, die stechen konnten. Er hatte eine Lederhose an. Aber von anderer Qualität als Konrad Mosers Sepplhose. Ein weiches, blondes Braun, enggeschnitten an den Schenkeln, das die Kniescheiben zur Hälfte bedeckte. Ein rotweiß kariertes Hemd verlieh ihm ein frisches Aussehen. Bei genauem Hinsehen freilich war der Rentner unverkennbar. Auf dem Kopf hatte er einen moosfarbenen Trachtenhut, der nur leicht aufsaß, weil er ein paar Hutnummern zu klein ausgefallen war.

Kürrens »Alleedackel« stolzierte mit einer ähnlichen Maskerade durch den Dörnbergpark, den Fürstenpark, den Villapark und all die anderen Baumgänge. Auch er hatte einen drahtigen Schnurrbart und blitzende Augen, mit denen er nachts vor allem die Alleebänke ausleuchtete, damit es mit rechten Dingen zuging.

»Jenseits der Grenze ...«, das spielte auf Italien an.

»Nein, an einem See, irgendwo zwischen Rosenheim und hier«, antwortete ich. »Er ist selber schuld. Aber wir sind unterwegs dorthin.«

»Sie haben nicht viel Erfahrung damit«, stellte er fest.

Ich schüttelte den Kopf. Ich wußte nicht, was er meinte. Er spitzte die Lippen und pfiff. Sein Oberlippenbart schrumpfte dabei auf Nasenlöcherbreite zusammen. Von seinem Schnauzer standen die Haare wie Borsten ab. Auf den Pfiff hin hielt eine Frau ihren Kopf aus der Luke eines kugelförmigen Wohnanhängers. Er hob seinen Arm theatralisch hoch und krümmte einige Male quasi im Befehlston den Zeigefinger, um schließlich mit gestrecktem Finger von oben nach unten auf Eugen zu picken: Das Einsatzgebiet war unmißverständlich beschrieben. Denn Sekunden später schon hatte sich die Wohnanhängerfrau, die ich mühelos als seine Ehefrau identifizierte, eingefunden. Sie war mollig, aber nicht dick. Sie trug ein Dirndl mit tiefem Dekolleté. Alles, was sie anhatte, bewegte sich auf der Skala rosa bis rot. Nicht nur die üppig über den weiten Rock verstreuten Rosen, die in verkleinerter Größe ihre weiße Bluse sprenkelten; auch was da im Ausschnitt aufblühte, war rosa gepudert, die Wangen rosa geschminkt. Die Vorbereitungen für einen Operettenauftritt schienen abgeschlossen. Obwohl der Auftritt von Eugen und mir nicht angekündigt war, hatte sie der Pfiff ihres Partners in ihrem Umkleide- und Schminkraum nicht überraschen können.

»Meine Frau, Rosemarie Söderling«, stellte er sie vor. »Dirk Söderling. Wir kommen aus Söderland, was bekanntlich dasselbe wie Sauerland ist.«

Herr Söderling sah Frau Söderling mit einem wissenden Lächeln an. Dann richtete er seinen Blick nachsichtig auf Eugen und dann auf mich. Sie spuckten sich zwar nicht in die Hände. Doch irgendein geheimes Kommando gaben sie sich. Die Situation war ihnen nicht neu und traf sie nicht unvorbereitet. Sie ergab sich sicherlich nicht jeden Tag. Doch wenn sie da war, packten sie sie beim Schopf: Ein eingespieltes Team, bei dem jeder Handgriff saß. In folkloristischem Gewand stellten sie in Windeseile unsere leichte Behausung aus Plane und Stangen auf die Beine.

»Sind Sie zufällig auf uns gestoßen?« fragte mich Frau Söderling.

»Der Zufall«, sagte ich, »hat einen Namen.« Ich stellte Eugen vor, der, am Boden kauernd, sich verbeugte, so gut dies im Sitzen ging.

»Sie müssen wissen«, sagte Herr Söderling, »wir sind hier unter uns. Das ist ein Zeltplatz erster Klasse.«

»Keine einzige Familie wohnt mehr als hundert Kilometer von Lüdenscheid oder Hagen entfernt«, sagte Frau Söderling.

»Wir kommen aus Kürren. Das ist in Bayern.«

»Bayern ist schön«, sagte Frau Söderling mit sich erinnernden Augen.

»Bayern – das geht in Ordnung«, sagte Herr Söderling.

Mir fiel ein Stein vom Herzen. Ich selbst hatte zwar nichts von meiner Beweglichkeit eingebüßt. Aber Eugen war, so wie es aussah, nicht transportabel.

»Sehen Sie sich ruhig mal um«, forderte uns Frau Söderling auf. »Das sind alles neue Wagen.«

Autos der gehobenen Mittelklasse, deren Lack blitzte wie die Augen von Herrn Söderling. Autos, denen keiner ansah, daß sie um die tausend Kilometer von Söderland bis zum Wörthersee zurückgelegt hatten. Manche vor Zeltanhänger gespannt. Einige wenige, die einen Faltwohnwagen vom Großraum Lüdenscheid bis hierher gezogen hatten. Alles, was hier auf Rädern lief, strahlte vor Sauberkeit bis unter die Felgen. Ich dachte an den Beifahrersitz meines tapferen Standard. Wir hatten eine Decke im Wagen, die mein Vater auf den Namen »Notdecke« getauft hatte. Sie würde ich über das Polster breiten.

»Und den da!« sagte Frau Söderling. Sie deutete jetzt auf ihr fahrbares Daheim.

»Den hat es vor einem Jahr noch gar nicht gegeben«,

sagte Herr Söderling. »Schauen Sie sich ihn an! Machen Sie ein paar Schritte auf ihn zu!«

Er deutete auf einen eiförmigen Wagen. Ein Ei auf zwei Rädern. Durch eine Tür konnte man es betreten. Das Fenster, in dem Frau Söderlings Kopf erschienen war, war jetzt ausgeklappt. Andächtig näherten wir uns, Eugen ausgenommen, dem Wohnanhänger. Herr Söderling ging so nahe an das Kunststoffgehäuse heran, daß er es mit der Nase berührte. Es sah aus, als würde nun eine Röntgenaufnahme von Herrn Söderling gemacht werden. Er breitete seine Arme weit aus und streichelte mit flachen Händen den Wohnanhänger.

»Nicht eine Falte! Keine einzige!« sagte er. Er spielte dabei auf die Faltwohnwagen an, die in gebührendem Abstand zu Herrn Söderlings Glattwohnanhänger auf dem Campingplatz standen. Ich wollte mich als dankbar erweisen und nahm ebenfalls einen unmittelbaren körperlichen Kontakt mit dem Kunststoffgehäuse auf. Ich klopfte mit dem Zeigefingerknöchel ein paarmal dagegen, als würde ich Einlaß begehren oder wenigstens eine Antwort erwarten. »Phantastisch! Wirklich phantastisch!« lobte ich.

»Wir haben uns im Lauf der Jahre bis hierher vorgearbeitet«, sagte Frau Söderling.

»Bis hierher. Und keinen Schritt weiter!« sagte Herr Söderling.

»Der Tegernsee war auch sehr schön«, sagte Frau Söderling.

»Der Chiemsee war noch schöner«, sagte Herr Söderling.

»Aber nicht zu vergleichen mit dem Wörthersee«, sagte sie.

Sie mußten es mir angesehen haben, daß ich innerlich nach dem Wörthersee Ausschau hielt. Kein Wasser weit und breit.

»Es sind noch ein paar Kilometer. Im Grunde genommen ein Katzensprung«, versuchte er, meine Zweifel zu beseitigen.

Verglichen mit der Strapaze ihrer Anreise hatte er recht. Andererseits sah keines der hier versammelten Fahrzeuge so aus, als hätte es sich in den letzten Tagen von seiner Stelle bewegt. Allein auf der Landstraße, die von der Asphaltstraße bis zu diesem Zeltplatz führte, hatte ich genug Staub aufgewirbelt.

»Sie haben sich das mit Italien gut überlegt?«

»Ja, eigentlich schon.«

»Und Sie wissen, was Sie dort unten erwartet?«

»Eigentlich nicht. Wir waren noch nicht unten.«

»Eben. Sehen Sie«, er holte jetzt aus, »der Südländer ist schon vom Typ her ...«

»Dirk, ich glaube, dem jungen Mann geht es nicht gut«, sagte seine Frau Rosemarie und sah auf Eugen, der in einiger Entfernung von uns noch immer am Boden saß. »Sieh mal, was du für ihn tun kannst.«

Herr Söderling war verärgert, daß sie ihn unterbrochen hatte. Wir wandten uns von dem Wohnwagen ab.

»Wie fühlst du dich denn?« fragte ich Eugen.

»Mich fröstelt! Mich friert!« klagte er.

»Kommen Sie, junger Mann! Folgen Sie mir!« nahm sich Frau Söderling seiner an. Sie ging voraus. Er trottete ihr hinterher wie ein Bernhardiner. Sie gingen geradewegs auf das Ei zu und schlüpften hinein.

Auch wenn Eugen zum gegenseitigen Kennenlernen nichts beigetragen hatte, so vermißte ich ihn augenblicklich. Ohne ihn kam ich mir vor wie die Luftmatratze von Rosenheim, die, sich am Boden krümmend, Luft abgelassen hatte. Und während ich schrumpfte, wuchs dieser Fremde aus Söderland in seiner bayerisch-österreichischen Tracht über sich hinaus.

Wir schwiegen. Er musterte mich wie seinen Schüler. Ich ließ meinen Blick ausschweifen und über mehrere Plastikkübel gleiten, die neben Zelten oder Wohnanhängern standen. Putzlappen und ausgewrungene Fensterleder hingen aus den Kübeln. Dazwischen bewegten sich Zelter und Camper, die Kübel abstellten oder Kübel abholten. An den Frieden Kürrener Samstagnachmittage erinnerte mich das, wenn mein Vater sich über seinen Mercedes hermachte. »Wir ledern noch schnell den Daimler ab!« rief er mir zu. Als wäre der Daimler ein Mitglied unserer Familie, ein Kind, das man schnell noch mal in die Wanne steckte, bevor es zu Bett gebracht wurde. Meinetwegen sollte der Daimler verrosten. Mein Vater hatte das Geld, sich einen neuen in die Garage zu stellen. Dennoch, friedliche Samstagnachmittage waren das, denen erst am Abend in aller Regel der Absturz von Eugen und mir folgte.

»Sie wollen tatsächlich da hinunter«, nahm Herr Söderling das Italien-Thema wieder auf.

»Wir wollen ans Meer.«

»Was gibt Ihnen denn das Meer, was Sie an diesem See nicht haben?«

»Wir dachten ...«

»So, Sie dachten. Der Durchfall ist noch das geringste Übel.«

»Aber es fahren doch jedes Jahr Tausende von Menschen hinunter.« Das Wort »Italien« ging mir nicht mehr über die Lippen. »Und die kommen doch alle auch wieder zurück.«

»Dem Herrn Janzen, ein Zelt weiter, ist seine Brieftasche unten geblieben«, sagte er. Er sagte es in einem Tonfall, als wäre ein Sohn des Herrn Janzen »unten« im Krieg geblieben.

»Außerdem ist Ihr Begleiter nicht reisefähig. Aber vielleicht dankt er es eines Tages dem Schicksal, das ihn angehalten hat, fünfzig Kilometer vor der Grenze. Ich wurde im Krieg verletzt. Das hat mir das Leben gerettet.«

Er legte seine rechte Hand auf den Hutkniff und zog schließlich den Hut. Als würde er seinen Hut vor jenem Schicksal ziehen, dem er seine Kriegsverletzung und damit sein Leben verdankte. Vielleicht war es ihm aber auch nur heiß geworden unter dem moosfarbenen Filz, und er hob seinen Hut, um die abgestandene Luft abziehen zu lassen.

Ab und zu gingen Leute an uns vorbei. Sie spazierten nicht vorbei, wie es sich für erholungssuchende Urlauber gehörte. Zielstrebig passierten sie uns, als hätten sie pünktlich woanders einzutreffen. Doch keiner versäumte es, Herrn Söderling zu grüßen. In dem Nicken des Kopfes, das schon fast einer Verbeugung gleichkam, in dem gut von den Lippen ablesbaren »Guten Tag!«, vor allem aber in dem Augenkontakt, den sie schon von weitem zu Herrn Söderling suchten, spiegelte sich die Führerrolle meines Gesprächspartners wider.

»Alles ordentliche Leute. Viele von ihnen Industriearbeiter. Manche von ihnen können sich so einen Urlaub nicht leisten. Sie erholen sich in den großen Wäldern unseres Söderlandes.«

Da war er wieder, der deutsche Wald. In den man sich zurückzog mit Kind und Kegel, um es raunen zu hören. Eugen, der Spezialist für das Unsichtbare und Unhörbare, sollte sich ihnen anschließen, als Waldspion. Aber der lag jetzt in dem Ei und schaute in einen rosagepuderten Ausschnitt, und es war ihm wahrscheinlich kotzübel dabei.

Eugen verbrachte eine unruhige Nacht in unserem Zelt. Um dreiundzwanzig Uhr dreißig zog ich die frische Nachtluft der verbrauchten Zeltluft vor, die sich mit Eugens Körperausdünstungen vollgesogen hatte und mir so dick erschien, daß sie auch bei geöffnetem Einstieg freiwillig nicht abgezogen wäre; wahrscheinlich hätte man sie hinausschieben müssen wie einen aufsässigen Gast.

Eine wundersame Stille lag auf dem Zeltplatz. Der Gedanke daran, daß diese Eigenheime den weiten Weg vom Söderland bis an den Wörthersee auf sich genommen hatten, berührte mich, ja, ich war ergriffen. Befanden sich diese Menschen, die jetzt gegen Mitternacht in ihren Zelten und Wohnanhängern schlummerten, nicht alle auf der Flucht? Das Allernötigste und das, wovon sie sich auf keinen Fall trennen mochten, führten sie in der Enge ihrer Notunterkünfte mit sich. Zwar konnte ich mich an die Kriegszeit nur wenig erinnern; meine Mutter trug mich im Arm an den Einweckgläsern vorbei in die hinterste Ecke unseres Kellers. Doch was damals das Allerwichtigste für mich gewesen war, das hatte ich nicht vergessen: Ein aus festem Stoff gefertigter Spitz, von dem ich mich niemals trennen ließ. Eine rote Zunge hing wie ein Lappen aus seinem »Hundemund«. Alles andere Spielzeug war in unserer Wohnung im zweiten Stock zurückgeblieben. Herr Söderling hatte am Nachmittag von »Krieg« gesprochen. Doch um dreiundzwanzig Uhr dreißig klang das Wort in meiner Erinnerung versöhnlich, wie Krieg in Stammtischgesprächen.

Ich wurde Opfer oder Nutznießer einer ungewollten Verbrüderung mit der Camping- und Zeltgesellschaft, obwohl ich sie noch gar nicht kannte. Dabei hatte meine Solidarität ein solches Ausmaß erreicht, daß ich sie vor mir selbst nicht mehr geheimhalten konnte. Mit anderen Worten: Die Situation, in der ich mich befand, und wie ich darauf reagierte – beides wurde mir peinlich.

Die Kübel mit Putzlappen standen noch immer da, wo sie bei unserer Ankunft gestanden hatten. Sie standen einsatzbereit. Ihre Gegenwart verkündete den unbedingten Willen ihrer Eigentümer, für Sauberkeit zu sorgen, wo immer man sich auch aufhielte. Diese Söderländer, kam es mir vor, hatten sich hier versammelt, um sich und der Welt zu beweisen, daß sie unter allen Bedingungen entschlossen und in der Lage waren, Ordnung zu schaffen und sie zu bewahren.

Herr Söderling hielt vor seiner eiförmigen Wohnung Wache. Er schnüffelte an der kühlen Nachtluft, wie an einer teuren Zigarre, bevor er sie tief einatmete.

»Der See«, sagte er, »Sie können ihn riechen.«

Ich stellte mich neben ihn und fing ebenfalls zu schnüffeln an. Ich stand neben mir selbst und spielte Herrn Söderling. Aber warum übernahm ich diese Rolle? Ich spielte sie für die Zeltplatzgemeinschaft und für Herrn Söderling. Schließlich hatten die Söderlinge unser Zelt auf die Beine gestellt und dann versucht, Eugen wieder auf die Beine zu helfen.

»Der Wald riecht auch gut, aber anders. Wenn Sie nach einem Regen durch einen Wald gehen, riecht es würzig. So wie Südtiroler Speck.«

Er nahm seinen Hut ab und hielt ihn an seine Hüfte. Er schüttelte kurz seinen Kopf. Als wollte er seine grauen, borstigen Haare aufwecken und sie auffordern, Wörtherseeluft zu riechen. Er hatte noch immer seine Tagesgarderobe an. Ich konnte ihn mir nur im Trachtenanzug vorstellen. Unvorstellbar, daß er im Schlafanzug oder Nachthemd zu seiner Frau Rosemarie ins Wohnanhängerbett stiege.

Eugens Genesung hatte auch am nächsten Morgen noch keine Fortschritte gemacht. Dort, wo die »Tamlo«-Einfärbung verblaßt war, zeigte er sein wahres krankes, schneeweißes Gesicht. Sein gescheckter Teint wies verschiedene Zonen auf: Die »Tamlo«-Zone, in der ein kräftiges Gelb in ein goldenes Braun hinüberspielte. Die Zone der orangefarbenen Inseln, die von einem zu sorglosen Auftragen der Creme herrührten. Und schließlich die Zone der unterversorgten Hautpartien, die er beim Einreiben vernachlässigt hatte. Und auch wenn diese drei Zonen nur ein Gesicht teilten, erinnerte es mich entfernt an ein Deutschland-Plakat mit der Aufschrift »3-geteilt? – niemals!«

Eugen lag auf seiner Luftmatratze. Aus einem Fleckenteppich schauten seine Augen müde auf mich. Kein Zweifel: Es hatte ihn arg erwischt. Der Vormarsch an die Isonzo-Front war vor Velden zum Erliegen gekommen. Wahrscheinlich hatte er sich bereits in Kürren etwas eingefangen. »Meide die Weide, denn sie nimmt Krankheiten auf.« Nein, an Aberglauben glaubte ich nicht. Schon eher an eine auffällige Häufung von Zufällen und an Fallensteller.

Frau Rosemarie Söderling, die darauf bestand, daß Eugen sie »Rosi« nannte, übernahm seine Tagespflege. Sie versorgte ihn kannenweise mit Tee. Einem Aufguß aus trockenen Blättern, dem ich feindselig gegenüberstehe. Die Frage meiner Mutter: »Soll ich dir nicht lieber doch einen Tee machen?« verbinde ich mit Husten, Fieber und Bettlägerigkeit. Kräutertee, Heiltee, auf eine Tasse Tee einladen, geselliges Beisammensein zu einer Teestunde, oftmals verbunden mit Nachmittagstanz … Wenn ich Tee höre, weiß ich, was die Stunde geschlagen hat.

»Lach nicht, Michael«, überraschte er mich, »aber ich schlage vor, du fährst voraus und sondierst das Terrain.«

»Du meinst, ich soll unseren Einmarsch vorbereiten?«

Ich hatte den richtigen Ton getroffen. Als wäre ein

kräftiger Wind aufgekommen, blies ihm das Wort »Einmarsch«, das ihn an Führerbunker, Stahl- und Kürassierhelm erinnerte, für Sekunden die Müdigkeit aus dem Gesicht.

»Einer kam durch«, lächelte er. Er spielte auf einen Film an, den wir miteinander in den Gloria-Lichtspielen gesehen hatten. ›Einer kam durch‹ war die Geschichte des deutschen Fliegeroffiziers Franz von Werra, der auf vielen Umwegen als einziger Deutscher aus britischer Kriegsgefangenschaft fliehen konnte. Eugen verwechselte diesen Film immer wieder mit ›Lohn der Angst‹. In diesem Streifen saßen einige Kerle, zum Nichtstun verurteilt, in einem Kaff, aus dem es kein Entrinnen gab. Es bot sich nur eine Chance: Einen Lkw, beladen mit Sprengstoff, durch ein Niemandsland aus sandigen Straßen, Hügeln und Erdlöchern an einen zwar nicht allzu fernen, doch angesichts dieser natürlichen Barrieren weit entlegenen Punkt der Landkarte zu fahren. Einem der Männer schien es zu gelingen. Der Film nahm einen mit. Man rührte sich nicht in seinem Kinosessel, machte keinen Mucks, wenn die Kamera auf ein Schlagloch hielt und der Lastwagen mit seiner explosiven Fracht langsam darauf zugeschaukelt kam. Eineinhalb Stunden lang ging das gut. Eineinhalb Stunden hielten die Kinogänger und ich, wir waren zwischenzeitlich zu einer Schicksalsgemeinschaft zusammengewachsen, durch. Ich will nicht überheblich sein: Aber wahrscheinlich war ich der einzige, der von Anfang an wußte, daß es am Ende krachte. Tatsächlich war es der Lohn unserer Angst, daß mit dem letzten Bild die Hoffnung des Lastwagenfahrers und meiner Lichtspiel-Genossen buchstäblich in die Luft flog.

»Einer kam durch«, hieß im Klartext, keiner kam durch. Ich wog ab. Es lag viel Vernünftiges in seinem Vorschlag. Er war schwach auf den Beinen. Nicht auszudenken, daß sich am Meer auch noch »Durchmarsch« zu seinem angeschlagenen Gesundheitsstatus gesellen würde. Andererseits: Wenn er den Film richtig in Erinnerung hatte und mich dennoch losschickte, welchen Gewinn erwartete er dann von meinem Alleingang? Ich konfrontierte ihn nicht mit dieser Frage. Es war eine der Ungereimtheiten, aus denen sein Leben bestand.

»Das Land ist voller Dünnschiß« war ein italienfeindliches Bonmot, das zur Reisezeit im Waldbräu unter den Arbeitern der Ziegelfabrik »Meier & Reinhard« die Runde machte. In Wirklichkeit ging es ihnen doch nur darum, daß sie ihre Frauen von Italienern fernhalten wollten und lieber Bier statt Wein tranken. »Der Dünnschiß in Deutschland ist schlimm. Der Dünnschiß in Italien ist eine Strafe Gottes.« Von Vorarbeiter Lehmann stammte dieser Spruch, einen roten Kopf hatte er auf, als hätten die heißen Ziegel auf ihn abgestrahlt. Er grinste hämisch. Er vergönnte den Südländern ihren Dünnschiß. Anscheinend begriff er nicht, daß der liebe Gott nicht die Inländer, sondern die Fremden damit bestrafte. Dabei hatte Lehmann schon einmal einen Urlaub in Italien verbracht. Die Erinnerungen, die er sich daran bewahrt hatte, waren einseitig und stellenweise unappetitlich. Eugen und ich hörten ihm nicht gern zu. Aber sollten wir uns seinetwegen erheben und unter Protest das Waldbräu verlassen, wie Bundestagsabgeordnete gelegentlich den Plenarsaal? Besonders eklig war Lehmanns Augenzeugenbericht vom südlichen stillen Örtchen, auf dem es, glaubte man ihm, alles andere als still zuging. Noch war ich an keinem derartigen Ort gewesen. Doch strotzte Lehmanns Reportage so vor Details, daß er sie nicht erfunden haben konnte. Sie war von einer Anschaulichkeit, die man zu riechen glaubte. »Ihr kennt doch alle diese

Haltegriffe in den Aborten, an denen man sich festhält, bevor man speit. An denen hält sich der Südländer fest, wie unsereiner in der Straßenbahn. Aber nicht um sich zu übergeben. Er steht mit ausgebreiteten Armen in einer gefliesten Telefonzelle. Die Hose hat er heruntergelassen, die Beine weit auseinander, damit er nicht in die Hose trifft …«

Er war ein ekelhaft guter Erzähler. Ich sah das an den Reaktionen seiner Arbeitskollegen, aber auch an Eugen und mir: Betroffen und appetitlos blickten wir über Gläser und Teller hinweg auf Lehmann, der es genoß, uns fest im Griff zu haben. Unser gebanntes Zuhören und Staunen steigerte seine Ausdruckskraft.

An diesen Lehmann aus dem Waldbräu dachte ich jetzt. Ich sah den schneeweißen Eugen in einer Klozelle aus schneeweißem Porzellan stehen. Er stand auf gerillten Bodenkacheln. Um nicht den Halt zu verlieren bei der Anstrengung, die ihm gleich bevorstand, klammerte er sich unter Aufbietung seiner letzten Kräfte an die Haltegriffe. Es bedurfte keines Lehmanns, um mir mit meinen eigenen Ohren auszumalen, daß diese Kabine wie ein Schalltrichter funktionierte.

Der kranke Eugen hatte ein Talent, sich lieb Kind bei den kinderlosen Söderlingen zu machen. Vor »Rosi« hatte er keine Geheimnisse. Daß die Söderlinge ihn »Herrn Eugen«, aber mich »Herrn Kaltenbrach« nannten, beruhte auf den Hintergrundinformationen, die er ihnen geliefert hatte. Mit »Herr Kaltenbrach« meinten sie weniger mich als meinen alten Herrn. Die Tonart, in der sie beiläufig seine Rolle im Dritten Reich erwähnten, hätte mich in ihren Augen stolz machen müssen. Daß es sich bei dem Volkswagen Standard um den Zweitwagen unserer Familie handelte, schien ihnen bekannt gewesen zu sein, lang schon, bevor wir ihren »Zeltplatz erster Klasse« damit angefahren hatten. Mein Mitleid mit Eugen nahm im selben Maße ab, wie das Wissen der Söderlinge um meine Familienverhältnisse zunahm. Was das Faß aber schließlich zum Überlaufen brachte, war ein überlauter Ruf von der Luftmatratze, der »Rosi« im Ei erreichte: »Frau Rosi, bi... bi... bitte, wenn möglich, noch eine Kanne Tee!«

Den Vormittag des darauffolgenden Tages verbrachte ich im »Feldlazarett«. Zwar wurden gegen meine Anwesenheit keine Einwände erhoben, Begeisterung löste sie aber weder bei Eugen noch bei »Rosi« aus. Sie steckte dem Kranken Zigaretten zu, die ihm ungewohnterweise nicht über die Schulter gereicht wurden, sondern von einer offenen Hand in die andere wanderten. Dieses Mal verfolgten keine Zeugen aus Porzellan die friedliche Spende, die nichts mit dem häßlichen Nikotinkrieg in der Rommelallee 7 gemein hatte. Nur ich stand dabei und schüttelte den Kopf. Herr Söderling war unterdessen in fürsorglicher Funktion auf dem Zeltplatz unterwegs. Bloße Zelteigner mußten allein mit Hering, Plane und Stock zurechtkommen. Nur Wohnwagenbesitzer kamen in den Genuß seiner Ratschläge. Ich wußte die Sonderbehandlung, die Eugen und ich mit unserem Zweimannzelt erfahren hatten, noch mehr zu schätzen.

Das Leben der Söderlinge stimmte mich nachdenklich. Fuhr man nicht besser damit, ein Leben für die anderen zu leben, statt einem Glück nachzulaufen, das es am Ende gar nicht gab? Schriftsteller erfinden manchmal so ein Glück. Ich lese gern in solchen Büchern. Auch in meinen Gedichten geht es oft um so ein Glück. Meine Eltern sehen nicht gern, daß ich dichte. Mein Vater liest nur Schriftsätze und Kommentare. Schriftsätze sind voller Lügen der Gegenseite, behauptet er. Und seine Kommentare schlägt er nur auf, um zu beweisen, daß er recht hat und nicht der andere. Ansonsten geht er Gedichten und Erzählungen aus dem Weg. Und meine Mutter warnt, von dem vielen Lesen mache man sich nur die Augen kaputt. Die beiden sind nicht unglücklich. Vielleicht deshalb, weil sie keine Romane lesen.

Frank Goldammer

Die Tiefe des Raums

Die Geschichte, die ich Ihnen jetzt erzähle, ist absolut wahr.

Eines schönen Tages verschlug es mich bei einem Spaziergang an einen Fußballplatz in der Nähe meiner Wohnung, auf dem gerade eine klägliche Heimmannschaft eine andere klägliche Truppe zu besiegen versuchte. Blaugrün Striesen gegen Wacker Gorbitz. Keine Ahnung, welche Liga das war. Stadtliga glaub ich. Ich kenne mich mit Fußball nicht so aus.

Zuerst dachte ich auch, die machten Gartenarbeit, weil es aussah, als würden sie umgraben. Jedenfalls war es ein hirnloses Gebolze mit wüsten Fouls, Trikotgezerre und sinnlosem Gestochere. Ständig beschimpfte jemand den Schiedsrichter, der redlich versuchte, das Beste aus dem Spiel zu machen.

Warum ich stehen blieb, weiß ich nicht mehr. Wahrscheinlich steckt es in einem drin, dass man bei einem Duell wissen möchte, wer Sieger wird. Nach zehn Minuten ödete mich das Geholze trotzdem an, und ich wurde zunehmend wütender. Als es dann endlich ein Spieler schaffte, allein mit dem Ball auf das gegnerische Tor loszustürmen, regte sich die Hoffnung auf den lang ersehnten Treffer. Vorfreude machte sich breit, und ich glaube, ich ballte sogar eine Faust. Doch ich wurde enttäuscht. Von seinem eigenen Sprint überrascht, drehte der Stürmer sich zu seinen Mitspielern um, die ihm gestenreich klarmachen wollten, den Ball ins Tor zu schießen.

»Aber der Torwart steht mir doch im Weg!«, brüllte der Stürmer mit sich überschlagender Stimme und verstolperte den Ball, der daraufhin dem Torwart harmlos in die Arme kullerte, anstatt ihm um die Ohren zu pfeifen und das Netz zu bauschen.

»Herrgott noch mal!«, brüllte ich vom Spielfeldrand.

»Man muss ihnen noch Zeit lassen«, beschwichtigte ein älterer Herr neben mir, der, wie es aussah, immer hier war, um sich bei Wind und Wetter noch das schlechteste Spiel bis zur letzten Minute anzusehen.

»Zeit lassen! Die Pfeifen können nichts, auch in 100 Jahren nicht!«, blaffte ich ihn mürrisch an.

»Na, Sie müssen es ja wissen«, feixte er mich höhnisch an. Das konnte ich nicht auf mir sitzen lassen.

»Die müssen die Räume enger machen«, sagte ich. Das hatte ich irgendwo im Fernsehen aufgeschnappt.

»Ach ja!«, erwiderte er schnippisch, doch offenbar schon leicht verunsichert.

Ich atmete durch und gab mich moderat. »Die müssen die Räume enger machen und dem Gegner die Bälle ablaufen!«

Er nickte still und sah kurz auf den Platz, wo sich beim Kopfballversuch gerade zwei Spieler derselben Mannschaft Platzwunden zugefügt hatten.

»Wissen Sie, wir könnten einen Trainer brauchen!«, sagte er dann leise.

Also, ich weiß nicht, warum ich zugesagt habe. Vielleicht weil ich mir ein bisschen wichtig vorkam und ich ein gutes Dutzend Männer anschreien konnte, ohne dass sie sich darüber beschwerten oder gleich losprügelten. Ich weiß auch nicht, warum, aber wir stiegen in diesem Jahr auf.

Man bat mich, ein Interview mit der Lokalzeitung zu machen.

»Wir haben die Räume enger gemacht«, sagte ich, »und dem Gegner die Bälle abgelaufen.« Ein wenig unzufrieden sah mich der Reporter an. »Wir müssen mehr hohe Bälle spielen!«, fügte ich nach kurzem Grübeln hinzu, und er nickte glücklich, während er etwas auf seinen Notizblock kritzelte. Irgendwie geriet sein Bericht in die richtigen Hände, jedenfalls klingelte einige Zeit später mein Telefon.

Der erste FC Haudrauf Dobritz meldete sich und fragte an, ob ich als Trainer zu ihnen wechseln wollte. Das sei dann zwei Spielklassen höher.

»Nein«, dachte ich sofort. Mir hatte eigentlich das eine Jahr schon gereicht.

»200 im Monat!«, sagten die.

»Euro?«, fragte ich.

»Ja, Euro.«

»Okay!«, sagte ich. Ich meine, wer will schon Nein sagen, wenn er Geld dafür bekommt, schwitzende Männer anzuschreien. Fragen Sie nicht, wieso, aber wir gewannen den Ligapokal und stiegen als Zweitplatzierter auf.

Für das Radio gab ich ein Interview. »Wir haben die Räume enger gemacht«, sagte ich, »und dem Gegner die Bälle abgelaufen. Außerdem haben wir mehr hohe Bälle gespielt.« Der Rundfunkreporter wirkte noch nicht wirklich zufrieden. »Doch manchmal haben wir noch zu wenig Kampfgeist gezeigt«, fügte ich dann noch dazu.

»Prima!«, sagte der Reporter und zog ab.

Sie ahnen es bestimmt schon. Der SV Waldheim Halle rief an. 500 im Monat. Ich sagte nein. 1000 sagten sie. Wir verpassten knapp den Aufstieg. Vielleicht hatte ich zu wenig gebrüllt. Voller Trauer druckten die lokalen Zeitungen ein Interview mit mir.

»Wir hatten die Räume eng gemacht, dem Gegner mehr

Bälle abgelaufen und wir haben mehr hohe Bälle gespielt. Zu wenig Kampfgeist haben wir auch nicht gezeigt. Wir hätten nur mehr Gras fressen und vielleicht den Ball mehr laufen lassen müssen.«

Ich hätte diesen zweiten Zusatz wohl weglassen sollen. Der Übermut hatte mich leichtsinnig gemacht. Prompt rief mich der SG Fahrradtransformator Dresden an. »Nein!«, sagte ich, ich müsste mich schonen. Und ich fürchtete, mir würden die Phrasen ausgehen.

»10 000«, sagten die, »und einen Dienstwagen!«

»Ist er rot?«, fragte ich.

»Nein, schwarz!«

»Schwarz geht auch«, sagte ich und war engagiert. Nun musste ich noch viel mehr brüllen. Ich entließ im Laufe der Saison sieben Spieler und veranlasste den Verein, einen zweistelligen Millionenbetrag für neue Spieler auszugeben. Doch das störte diesen nicht, weil die Stadt bürgte. Unangefochten stiegen wir in die Dritte Bundesliga auf. Tausende glänzende Augenpaare starrten mich am Tag des Triumphes an.

»Wir haben die Räume enger gemacht ... macht ... macht ...«, hallten meine Worte aus den Stadionlautsprechern. »Wir haben dem Gegner mehr Bälle abgelaufen ... laufen ... laufen ... Wir haben hohe Bälle gespielt und Kampfgeist gezeigt ... eigt ... eigt. Gras haben wir gefressen ... fressen ... fressen ...«, rief ich pathetisch. »Den Ball haben wir laufen lassen. Wir lernten die Spiele zu lesen und sagten uns: Die Null muss stehen ... ehen ... ehen!« Tosender Jubel brandete auf und ließ das Stadion in seinen Grundfesten beben.

»Was haben Sie noch zu sagen?«, fragte mich vor dem Stadion ein RTL-Reporter.

Ich war vorbereitet. »Der nächste Gegner ist immer der schwerste und das Runde muss ins Eckige!«

»Klasse!«, freute sich der Mann und klopfte mir anerkennend auf die Schulter.

»Wie viel?«, fragte der Manager vom 1. FC Kernkraft Cottbus. »Wir wollen dieses Jahr in die Zweite aufsteigen!«

»Eine Million«, witzelte ich. Niemals würden die …

»Geht in Ordnung!«, sagte er.

Es war knapp, aber wir haben es geschafft. Das Sportstudio rief an, und den erwartungsvollen Blicken der ZDF-Leute konnte ich nicht widerstehen.

»Wir haben die Räume enger gemacht, dem Gegner die Bälle abgelaufen. Wir haben mehr hohe Bälle gespielt und Kampfgeist gezeigt. Wir haben Gras gefressen und den Ball laufen lassen. Wir lasen die Spiele richtig und ließen die Null stehen. Das war unsere Devise. Der nächste Gegner ist immer der schwerste, und das Runde muss ins Eckige. Nächstes Jahr müssen wir körperbetonter spielen und 110 Prozent geben!«

»110?«, fragte der Moderator ehrfürchtig.

Ich nickte. »Wenn wir in die Erste aufsteigen wollen, ja!«

Noch im Studio wurde ich an den Schultern gepackt und in eine Ecke gedrängt. Ich erkannte die Vereinsführung von Eintracht Freiburg.

»Wir«, sagten sie aufgeregt, »wir zahlen das Doppelte!« Sie konnten kaum sprechen. Ich wischte mir ihre Hände von den Schultern.

»Vier Millionen also?«, fragte ich süffisant.

Sie zuckten zurück. »Wir dachten eher an zwei.«

»Tja, na dann«, sagte ich, »der Ball ist rund!«

»Oh, mein Gott!«, keuchte der Manager. »Vier! Ja? Vier geht in Ordnung!«

Nun ja, Sie wissen es sicher, wir stiegen ungefährdet auf. Es gab keine einzige Niederlage. Die Männer lauschten in der Kabine meinen Worten, und ich musste nicht mal mehr brüllen. Und als ich es doch tat, flehten sie mich an, niemals zu einem anderen Verein zu gehen.

»Mein Herz gehört hierher!«, sagte ich, und sie weinten vor Glück. Als mein Telefon klingelte, brauchte ich nicht einmal zu raten, wessen Nummer es war.

»VfB München hier«, sagte jemand.

»Ich weiß«, sagte ich.

»Sieben Millionen im Jahr, Siegprämie 100 000 pro Spiel. Freie Spielerwahl ohne Geldlimit, einen Hubschrauber als Dienstgefährt und eine Grünpflanze im Zimmer.«

»Wird die regelmäßig gegossen?«, fragte ich.

»Jeden Tag!«

»Ich komme.«

»Morgen ist große Pressekonferenz. Wissen Sie, was Sie sagen werden?«

»Aber natürlich!«, sagte ich.

Blitzlichtgewitter empfing mich. Ich schüttelte Dutzende Hände. Wichtige Leute sprachen. Dann war ich an der Reihe, und der Saal wurde still.

»Wir werden die Räume enger machen, dem Gegner die Bälle ablaufen. Wir werden mehr hohe Bälle spielen und Kampfgeist zeigen. Wir werden Gras fressen und den Ball laufen lassen. Wir werden die Spiele richtig lesen, und die Null wird als unser oberstes Ziel stehen. Der nächste Gegner ist immer der schwerste, und das Runde muss ins Eckige. Wir werden körperbetonter spielen und hundertzehn Prozent geben!« Mit der Faust haute ich auf den Tisch, und die Journalisten klatschten frenetisch Beifall.

»Wir werden rotieren und dichter an den Gegner gehen. Wir werden schneller umschalten und richtig stehen!«, brüllte ich, und die Menge drehte durch.

»Der Ball ist rund, und wir werden Pässe in die Tiefe des Raums spielen. Es wird keinen Hurrafußball geben. Wir werden taktisch spielen und uns keine Blöße geben. Und ein Spiel hat nun mal 90 Minuten!«

»Er ist der neue Fußballgott!«, kreischte jemand hysterisch, und die Leute warfen sich mir zu Füßen.

»Und nach dem Spiel ist vor dem Spiel!«, fügte ich episch hinzu, was die Leute veranlasste, reihenweise in Ohnmacht zu fallen.

Ich müsste es Ihnen eigentlich nicht erzählen. Sie haben es im Fernsehen miterlebt. Am letzten Spieltag gewannen wir die Meisterschaft, holten eine Woche später den Pokal und gewannen die Champions League. Ich weiß nicht, warum. Ich stand immer nur am Spielfeldrand, fuchtelte mit den Armen und brüllte. Bei der Siegesfeier hielt ich meine übliche Rede, und hunderte Rettungswagen mussten kommen, um ohnmächtige Fans zu versorgen. Schließlich trat ein Herr vom DFB im schwarzen Anzug an mich heran, und ich machte mich darauf gefasst, verhaftet zu werden, weil ich gar keine Trainerlizenz hatte. Doch es war der Präsident des deutschen Fußballbundes höchstselbst, und er dachte gar nicht daran, mich verhaften zu lassen.

»Wir könnten Sie Teamchef nennen!«, sagte er. »Das Gehalt wird nicht so hoch sein, dafür winken Ihnen Werbeverträge in Millionenhöhe. Sie können tun und lassen, was Sie wollen. Wir halten Ihnen den Rücken frei. Wir bürgern ein, wen Sie wollen. Wir machen Trainingslager auf dem Mond, wenn Sie wollen. Wir wollen Weltmeister werden!«

»Es wird mir eine Ehre sein, für unser Land zu arbeiten. Nichts kann mich davon abhalten, diesen Posten anzunehmen!«, sagte ich feierlich, und wir schüttelten die Hände.

Außer wenn Real Madrid anruft und mir 20 Millionen im Monat bietet, hatte ich witzigerweise noch hinzufügen wollen, es dann aber gelassen, weil solche Kalauer in solchen feierlichen Momenten völlig unpassend sind, sogar ich weiß das.

Lustig war, dass Real Madrid tatsächlich anrief und 20 Millionen im Monat bot. Noch am gleichen Tag flog ich nach Spanien, unterschrieb dort, scheiterte kläglich bei der Pressekonferenz noch vor dem Trainingsauftakt und wurde umgehend gefeuert.

Mein Dolmetscher raunte mir auf meine Frage nach dem Warum heiser zu, dass man in Spanien kein Gras fresse und dass nicht jeder nächste Gegner der schwerste sei, weil es erhebliche Leistungsunterschiede innerhalb der Liga gäbe. Dass der Ball rund sei, wüsste doch jeder Idiot. Und außerdem dauerte kein Spiel 90 Minuten, weil die Schiedsrichter immer ein paar Minuten nachspielen ließen. Und nach dem Spiel ist erst mal Pause und Training. Und nackt spiele sowieso keiner, jeder müsse etwas anhaben, nämlich die Hose und das Trikot der eigenen Mannschaft. So endete meine Karriere als Fußballtrainer ziemlich abrupt.

Aber nun, da ich Geld und außerdem gelernt hatte, was man nur mit blödem Gequatsche alles erreichen kann, habe ich mich nach einem neuen Betätigungsfeld umgesehen und bin schnell fündig geworden. Hören Sie mal:

Der demografische Progress sollte rückwirkend nicht die Präambel der sozialen Marktwirtschaft als solide Basis von vornherein erschüttern dürfen, erst recht nicht, wenn das Dogma des ewig Rückschrittlichen systematisch den demokratischen Gesetzesschaffungsprozess in unserem Staat blockiert. Die Legislative sollte implizieren, dass eine erhöhte Umsatzsteuer der Exekutive keine

Handlungsfreiheit ließe, um der globalen Erwärmung Vorschub zu nehmen. Außerdem sollte jeder hier im Staat weniger Steuern bezahlen müssen.

Na, wie klingt das? Holen Sie sich einen Termin bei meiner Sekretärin im Rathaus, dann können wir darüber reden. Ich bin ein volksnaher Bürgermeister.

Katinka Buddenkotte

Ich bin alle, genau wie du

Oft sind es die kleinen Dinge, die mich faszinieren. Zum Beispiel diese Taste auf meinem alten Staubsauger, die mit dem Steckdosen-Symbol. Man drückte einfach darauf und ssssst, schnappte sich das Biest das Kabel und verschluckte es, röderröderröder. Ich wusste, es funktioniert irgendwie, konnte aber nie voll und ganz verstehen, wie genau, da ich nicht sehen konnte, was im Inneren meines Staubsaugers vorging. Also verschaffte ich mir Einblick – brutal, doch im Sinne der Wissenschaft. Meine Beobachtungen dieser Versuchsreihe lassen sich zu einer simplen, aber wegweisenden These zusammenfassen: Neugier tötet nicht nur Katzen, sondern auch Elektrogeräte.

Ich habe jetzt wieder so einen neuen altmodischen Staubsauger zum Kabel-Selbstaufwickeln. Und ich wage zu behaupten, dass die Macht des Wissens über das Innenleben meines alten neuen Staubsaugers in etwa genauso groß ist wie das Generve mit dem Aufrollen beim neuen alten. Seither muss oder will ich einige Dinge gar nicht mehr so genau wissen.

Zum Beispiel wollte ich nie wissen, wie das tatsächlich funktioniert, wenn ich eine SMS mit der Botschaft »Flirt« an eine hundertstellige Nummer schicke und sofort Kontakt bekomme mit »coolen Leuten, die genauso sind wie du«. Allein den Gedanken, dass es Leute wie mich gibt, die gleichzeitig cool sind, fand ich ziemlich gruselig.

Es begab sich aber, dass eine verheerende Dürre über mein Konto hereinbrach und ich mich gezwungen sah, selbst an dem geringfügigsten aller Joblöcher zu graben. Für 400 Ocken im Monat bewarb ich mich trotz besseres Wissen bei einem dieser Call-Center, die damit um »nette Kolleginnen« buhlten, dass es sich um etwas »Seriöses« und auf keinen Fall um »Telefonmarketing« handele.

Ich bin aufgrund mannigfaltiger Erfahrung etwas misstrauisch gegenüber Dingen geworden, auf denen explizit drangeschrieben steht, was sie sind beziehungsweise nicht sind. Ich meine, ich stecke mir ja auch keinen Zettel an den Hut, auf dem »Hut« steht. Und wenn ich mir statt eines Hutes einen Truthahn aufsetzte, würde die ganze Angelegenheit auch nicht dadurch besser werden, dass ich »kein Hut« auf meinen Truthahn schriebe. Ich denke, wir verstehen uns.

Aber wie gesagt, ich brauchte das Geld und beruhigte mich damit, dass ich als neue Kollegin nur »nett« und nicht etwa »aufgeschlossen« sein sollte oder gar den heimlichen Wunsch zu hegen hatte, mich »in der Welt der bizarren Erotik neu zu entdecken«.

Und siehe da, die erste positive Überraschung in dem neuen Call-Center war perfekt. Es gab keine Telefone.

Spontan dachte ich, dass mir die Arbeit dort gefallen könnte. Dann begrüßte mich mein zukünftiger Chef, der Herr Wedel, und die Zeit der Überraschungen war flugs vorbei. Herr Wedel sah genauso aus wie die Jungen, die man immer vergisst, wenn man die Mitschüler seiner ehemaligen Abiturklasse aufzählt, auch wenn es ein sehr geburtenschwacher Jahrgang war.

Herrn Wedels Motivation, dieses Call-Center ohne Telefone aufzubauen, war eindeutig die gewesen, einmal in seinem Leben gesiezt oder wenigstens bemerkt zu werden. Seine erste Frage an mich war, ob ich noch Fragen hätte. Ich sagte »Erst mal nicht« und fragte dann, worum es denn ginge. Herr Wedel sagte, ihm gefiele meine Einstellung und eine nette Kollegin würde mir das jetzt mal zeigen.

Die nette Kollegin saß vor einem Computerbildschirm und piekte hektisch mit drei Fingern auf der Tastatur herum, als würde sie Brüsseler Spitze online klöppeln wollen. Ich fragte, ob der freie Stuhl neben ihr noch frei sei. Sie sagte ja, und dann zeigte sie *es* mir.

Es war so grausam, dass ich es nicht einmal in meine schlimmsten, schmutzigsten Phantasien miteinbezogen hätte, wenn ich Kontrolle über meine Phantasien hätte. Denn meine Kollegin war »Flirt«. Sie war all die coolen Leute, die genauso sind wie du, und sie war alle auf einmal. Denn die gesamten SMS-Botschaften der hoffnungsvollen Handyflirter landeten alle auf ihrem Computerbildschirm, und sie beantwortete sie mit E-Mails, die dann aber wieder als SMS bei den zahlreichen Handyopfern landeten. Je nachdem, ob der »Klient« weiblich oder männlich war, war sie das Gegenteil. Selbst für den Fall einer unvorhergesehenen Homosexualität hatte die nette Kollegin vorgebaut: »Wenn du nicht genau weißt, was die so wollen, schreibste einfach, dass du Chris oder Alex heißt. Dann kannste dir dein Geschlecht noch zehn Minuten später aussuchen oder so, ne?«

Ich war tief beeindruckt. Wer hätte gedacht, dass es einen Minijob gibt, der genau wie das Sexualleben der Weinbergschnecke funktioniert. Eine geschlagene Stunde saß ich mit der netten Kollegin da und starrte gebannt auf ihren Monitor. Ich sah, wie sie unter dem Tarnnamen Marco die kleine Angela nach ihrem Männergeschmack ausfragte und dann wieder unter dem Pseudonym Vanessa den Ulf aus Heidelberg scharfmachte. Zwischendurch verdrückte sie drei Bananen, eine Literflasche Cola light und zwei *Bild der Frau*.

Vier andere nette Kolleginnen saßen im Raum verstreut und stöhnten zwischendurch auf, wobei sie kodierte Phrasen droschen wie: »Oh nein, ich habe wieder den mit dem Gummimatten-Fetisch online« oder »Weiß jemand, was gerade auf Sat 1 läuft? Ich hab dem Typen geschrieben, dat ich auch gerade gucke.« Das Einzige, was mich vom sofortigen Erbrechen zurückhielt, war, dass es von Minute zu Minute noch ekelerregender wurde: »Und wenn de gar nicht weißt, was du so antworten sollst, dann mach einfach so einen Smiley oder so dazu«, sagte meine nette Kollegin noch, bevor ich wieder zurück ins Chefbüro wankte.

»Herr Wedel«, keuchte ich, »das hier ist das Mieseste, Verabscheuungswürdigste und Widerlichste, was ich jemals auf dem freien Arbeitsmarkt gesehen habe.«

Herr Wedel sah mich an, als würde er noch überlegen, ob ich den Job oder ihn persönlich meinte: »Es zwingt Sie natürlich keiner, hier zu arbeiten.«

Ich holte tief Luft.

»Zahlen Sie zum Ende oder Anfang des Monats?« Herr Wedel reichte mir wortlos meinen Arbeitsvertrag und den Schichtplan. Schon am nächsten Tag würde ich alle coolen Leute sein, die genauso sind wie du, nicht wie ich.

Die ganze Nacht zuvor tat ich kein Auge zu. Dann redete ich mir ein, ich sei Günter Wallraff. Als ich mich einigermaßen davon überzeugt hatte, musste ich nur noch meinem Freund einreden, dass ich Günter Wallraff sei. Er war wenig begeistert, schließlich erklärte er sich aber für eine Provisionsbeteiligung von fünfzig Prozent dazu bereit, für die Zeit der Recherchearbeiten Frau Wallraff zu sein.

Das erste Mal war das schlimmste. Geschlagene fünf Minuten starrte ich die Nachricht an, die auf meinem Bildschirm aufblinkte. Sie lautete: »Hi, ich bin Sabrina.«

Schließlich überwand ich mich und schrieb zurück:

»Hi, hier ist Günter. Was geht ab?«

Aller Wahrscheinlichkeit nach ging bei Sabrina gerade so viel ab, dass sie mir nicht sofort zurückschreiben konnte. Dafür bekam ich eine Nachricht von Ralf. Ralf war ein alter Bekannter im Call-Center. Leider nicht für mich. Laut seines aussagekräftigen »Klienten-Profils« war er Kfz-Lehrling, gepierct, stand auf Frauen und unterhielt sich mit mir, also der Meike, 19, die gern ins Kino ging. Ralf ließ mich wissen, dass er einen »doofen Scheißtag« gehabt hatte, und das um zwölf Uhr mittags. Ich schrieb ihm in meiner Funktion als Meike zurück: »Ich auch.«

Ich zögerte etwas, die Nachricht abzuschicken und malte schließlich noch ein paar Smileys dazu, um sie gehaltvoller zu gestalten.

Dann schrieb mir Sabrina zurück: »Ich glaube, du bist zu alt für mich.«

Sofort bemerkte ich meinen eklatanten Fehler und schrieb an Sabrina:

»Hey, ich heiße nur Günter, bin aber erst 19.«

Ich fand mich ziemlich raffiniert, und den Günter auch.

Dann war ich eine halbe Stunde fast nur Lars, der sich mit der Conny unterhielt. Conny hatte keinen Bock mehr, sich mit mir per SMS zu unterhalten, und wollte mich endlich sehen. Hektisch blätterte ich im Handbuch, das ein paar Standardantworten für solche Fälle parat hielt, und wählte die ehrlichste aus. Ich schrieb Conny zurück, dass ich »halt total schüchtern« sei, und malte ein paar Smileys dazu. Vierzig Smileys, um genau zu sein.

Die Conny schlug mir daraufhin ein paar interessante Möglichkeiten der sexuellen Befriedigung durch Nutzung diverser Körperteile vor, ich mailte, ganz schüchtern, einen traurigen Smiley und schrieb dazu, dass traurige Smileys ja etwa gleichbedeutend mit schwarzen Schimmeln seien. Conny schrieb eine lange Reihe Fragezeichen zurück, dann riet sie mir, meinen Kühlschrank zu entleeren, wenn es schon so arg mit dem Schimmel sei. Ende des Kontakts mit Conny.

Sabrina allerdings meldete sich wieder. Sie, Sabrina, sei schon 22, also ginge das wahrscheinlich nicht, ich hätte bestimmt Probleme mit älteren Frauen. Ich mailte ihr zurück, dass das Alter doch unwichtig sei und sie ihr ganzes Leben doch noch vor sich hätte. Sabrina meinte, dass ich das schön gesagt hätte. Ich schickte ihr einen philosophischen Smiley, den ich aus den Paragraphenzeichen kreierte. Sie verstand das nicht. Sie wagte zu behaupten, ich würde nur mit ihren Gefühlen spielen. Ich schrieb zurück: »Ich auch.«

Dann meldete sich Ralf wieder, der es bedauerte, dass mein Tag auch scheiße gewesen sei. Ich schrieb ihm: »Danke, Ralf, das habe ich gebraucht. Dein Günni.« Ralf und ich führten anschließend eine rege Diskussion darüber, warum sich Meike an ihren Scheißtagen Günni nannte. Schließlich konnten Meike, Günter und ich ihn von der Idee überzeugen, und Ralf beschloss, sich an seinen Scheißtagen Uschi zu nennen. Kurz vor Schichtende versuchte ich diese neue Information in Ralfs Profil mit aufzunehmen, aus Platzmangel konnte ich aber lediglich die Botschaft »Wenn scheiße Uschi« unterbringen. Am Abend hielt ich mich für äußerst durchschnittlich begabt, was heiße Flirts anging.

Bei meiner nächsten Schicht wurde ich etwas gelöster. Die ersten zwei Stunden meldete sich aufgrund eines Computerfehlers niemand bei mir. Ich sah, dass jemand hinter meine Meldung in Ralfs Profil tatsächlich noch ein »Transe?« gequetscht hatte, und freute mich.

Dann hatte ich zum ersten Mal Sex. Sie hieß Jutta und

wollte mit mir in die Wanne. Ich schrieb ihr, getarnt als Udo, zurück, sie solle sich schon mal ausziehen, ich käme dann gleich. Jutta missverstand das und schrieb, ich solle wenigstens warten, bis sie in der Wanne läge. Sie wolle auf meinem heißen Ständer reiten. Ich erlaubte es ihr und schrieb noch ein »mmhaoooooooooooooooh« mit sechzehn »o« dazu. Nach zehn Minuten bestätigte mir Jutta, dass ich genau wüsste, wie man eine Frau in der Wanne zu nehmen habe.

Dadurch angespornt lud ich alle meine aktuellen Flirts zu einem heißen Bad ein. Christian zierte sich erst etwas, aber als ich ihm versicherte, er habe das schönste Quietsche-Entchen, machte er sich richtig locker. Katharina, die Hebamme, kam richtig aus sich heraus, und bei Schichtende waren alle sauber und Katharina immer noch feucht.

Nur Kerstin wollte nicht mit mir baden. Sie wollte mit mir, also dem Kai, 35, der den Sommer und gutes Essen liebt, reden. Über ihren Benny, der ihr Sorgen bereitete. Nachdem ich mich erkundigt hatte, ob Benny vielleicht seinen Vater vermisse oder schulische Probleme habe, erfuhr ich, dass Benny erst vier sei. Aber an der gestörten Vaterbeziehung, da sei vielleicht was dran, immerhin sei Benny schon mit fünf Wochen vom Rest des Wurfes getrennt worden, und Siamkatzen seien ja bekanntlich sehr empfindlich.

Am Abend schwor ich mir, die Profile meiner Flirtpartner genauer zu lesen und nur einmal wöchentlich mit allen zu baden.

Tags darauf tat ich etwas Unüberlegtes. Ralf gestand mir, dass er nur noch Uschi sein wolle. Ich mailte ihm die Adresse eines befreundeten Schauspielers, der ihm bestimmt mit Pumps Größe 44 aushelfen könne.

Stolz darauf, einem jungen Mann sein Coming-out ermöglicht zu haben, schwafelte ich einige Zeit mit Kerstin über Gott und die Welt. Ich ließ mich von der Existenz eines Katzenhimmels überzeugen, gab aber zu bedenken, dass es dort vegetarisch zugehen musste, weil es ja der Gerechtigkeit halber auch einen Thunfisch-, Hammel- und Lammragouthimmel geben müsse. Als Kerstin schrieb, ich brächte sie zum Lachen (mit drei Smileys), fiel mir siedend heiß ein, dass Ralf ja jetzt tatsächlich und in echt meinen befreundeten Schauspieler anrufen könnte und ihm sagen würde, er habe die Nummer von Meike. Oder Günter. Mist. Ich schickte eine echte SMS an meinen schauspielernden Freund mit der Botschaft: »Wenn Uschi oder Ralf dich anrufen, ich bin Meike oder Günter, okay?«

Bevor ich eine Antwort bekam, hatte sich Kerstin zu einem großen Schritt entschlossen. Sie wollte mich kennenlernen. Live und in Farbe. Weil ich so aufgeregt war, schrieb ich ihr zurück, dass ich im Moment keine Zeit für sie hätte. Mein Handy piepste, die SMS kam von meinem Schauspieler und bestand aus Fragezeichen ohne Smileys. Kerstin war verletzt und weinte. Sie wollte sich umbringen, ein Leben ohne mich mache keinen Sinn. Ein Smiley mit durchgekreuzten Augen am Ende ihrer SMS bestätigte die Ernsthaftigkeit dieser Botschaft. Ralf schrieb mir gleichzeitig, er könne bei der Arbeit keine Pumps anziehen. Ich hämmerte meine Antworten hektisch in die Tastatur ein.

Ich schrieb »Natürlich kannst du das, Schatz« an Kerstin und ein knappes »Stimmt« an Ralf. Ich atmete tief durch, bis ich bemerkte, dass ich die Antworten vertauscht hatte. Ich beschloss, dass Kerstins Lage ernster war, und jagte folgende Nachricht hinterher:

»Stimmt. Ich kann ohne dich auch nicht leben. Aber ich kann dich nicht treffen. Ich bin hässlich.«

Für Ralf kam jede Hilfe zu spät: »Wenn du das sagst,

Günni, dann geh ich jetzt los. Ich ziehe jetzt das Sissi-Kleid an. Melde mich nach der Schicht noch mal.«

Kerstin schrieb: »Das ist doch kein Hindernis. Ich bin auch nicht so schön. Wir können ja erst mal telefonieren.«

Völlig verzweifelt schrieb ich Kerstin zurück: »Es geht nicht. Ich ... ich ... stottere.«

Das hatte gesessen. Kerstin antwortete nicht mehr. Ich versuchte, die Nummer von Ralfs Arbeitgeber herauszufinden, um ihm mitzuteilen, dass Ralf eine Wette verloren habe und deswegen im Abendkleid aufkreuzen würde. Ich erreichte den Meister tatsächlich, der ein echter Sportsfreund zu sein schien und nur meinte:

»Na, die Figur dafür hat der Ralfie wenigstens.«

Meine netten Kolleginnen im Call-Center sahen mich schon ganz merkwürdig an. Ich sah Kerstins neue Nachricht aufblinken. Es waren fünf neue Nachrichten, um genau zu sein. Sie schrieb: »Kai, mein Schatz, es gibt doch für alles eine Lösung. Wenn du mich jetzt anrufst, ist das ein erster Schritt. Ich habe dir auch die Nummern einiger Selbsthilfegruppen für Stotterer herausgesucht. Aber das Wichtigste ist jetzt, dass wir reden.« Ich fühlte mich so schlecht. Und ich fühlte Günni, Meike und Kai schlecht. Ich schämte mich für sie alle. Ich war kurz davor, Kerstin zu beichten, dass ich ein Computer war. In diesem Moment gab mir meine nette Kollegin ein Zeichen, dass unser Chef gerade meinen Computer anzapfte. Ich nahm alle Ekelhaftigkeit meines verdorbenen Charakters zusammen und schrieb Kerstin: »Schatz. Es tut mir leid. Ich stottere nicht nur, sondern bin außerdem noch taubstumm.«

Ich weiß nicht mehr, ob oder was Kerstin geantwortet hat, denn ich war so bewegt von meiner eigenen Niederträchtigkeit, dass ich die Tastatur aus dem Fenster schleuderte. Vielleicht habe ich deswegen bis zum heutigen Tag keine Kohle von meinem ehemaligen Arbeitgeber gesehen.

T. C. Boyle

Geblendet

Also stürzt der Himmel ein. Oder, um genauer zu sein: Er sendet schädliche Strahlen aus, Strahlen, die beide Wangen und die Spitze von Manuel Banquedanos Nase mit Hautkrebsflecken gesprenkelt und die Linsen von Slobodan Abarcas alten, wässrigen Augen getrübt haben. Das jedenfalls will uns der unermüdliche Mr John Longworth aus Long Beach, Kalifornien, glauben machen. Ich bin zweimal in Long Beach gewesen und glaube einem Mann, der freiwillig in einer solchen Gegend lebt, kein Wort. In Wirklichkeit ist er genau das, für was meine Nachbarn ihn halten: ein Hysteriker, wie das Huhn in der Kindergeschichte, das denkt, der Himmel stürze ein, nur weil ihm irgendwas auf den Kopf gefallen ist. Auf *seinen* Kopf. Auf seinen persönlichen, mit vorgefassten Meinungen gefüllten Kopf. Und schon ist der ganze Hühnerhof in Panik – und was soll das bringen? Nichts. Eine große, fette Null.

Aber lassen Sie mich von ihm erzählen, von diesem Dr. John Longworth und davon, wie er mit seinen Theorien zu uns kam – dann können Sie sich selbst ein Urteil bilden. Zunächst sollte ich mich vorstellen. Ich bin Bob Fernando Castillo und besitze südlich von Punta Arenas eine fünfzigtausend Morgen große Estancia mit etwa neuntausend Schafen, die Wolle und Fleisch liefern. Vor mir gehörte die Estancia Castillo meinem Vater – Gott hab ihn selig – und vor ihm seinem Vater und so fort, und zwar seit damals, als Punta Arenas noch Strafkolonie und einer der wichtigsten Handelsposten der Welt war – das heißt, bevor die Nordamerikaner den Kanal durch die Landenge von Panama gruben, sodass die Schiffe nicht mehr um Kap Hoorn fuhren. Es ist ein altehrwürdiger Grundbesitz, ganz gleich, welche Maßstäbe man anlegt. Ich bin dreiundfünfzig und in guter Verfassung, und ich bin verheiratet mit Isabela, geborene Mackenzie, die mir sieben prächtige Kinder geschenkt hat, dessen ältestes, Bob Fernando junior, jetzt zweiundzwanzig ist.

Im vergangenen September, als Don Pablo Antofagasta wie jedes Jahr seine dreitägige *fiesta primavera* veranstaltete, tauchte dieser Dr. John Longworth zum ersten Mal bei uns auf. Hier unten hat man nicht viel Gesellschaft, es sei denn, man nimmt die lange, strapaziöse Fahrt nach Punta Arenas mit seinen 110 000 Einwohnern auf sich, und darum freuen sich die Menschen auf solche Feiern – nicht nur die Erwachsenen, sondern auch die Kinder. Die Besitzer mehrerer Estancias kommen jedes Jahr und zum Teil von weit her zu Don Pablos großem Fest und bringen ihre Kinder und ein paar Bedienstete (und, im Fall von Don Benedicto Braun, auch ihre Hunde und Pferde) mit. Für Don Pablo ist das alles kein Problem – er ist einer der Reichsten und Großzügigsten unter uns. Wie wir sagen: Die Größe seines Geldbeutels wird nur noch übertroffen von der Größe seines Herzens.

Ich traf schon am Donnerstag vor der Fiesta ein, zusammen mit meiner Tochter Paloma, nach einem Flug mit der Piper Super Cub über die Pampa. Ich wollte einen kleinen Vorsprung vor den anderen haben und mit Don Pablo und seinem achtzigjährigen spanischen Sherry einen ruhigen Abend vor dem Kamin verbringen. Isabela, Bob Fernando junior und der Rest der Familie würden am nächsten Morgen zu der zwölfstündigen Fahrt über Waschbrettpisten und durch ausgewaschene Bachbetten aufbrechen, und ehrlich gesagt vertragen meine Nieren diese Art von Gerüttel und Geschüttel nicht mehr. Ich reite noch immer regelmäßig, aber den Range Rover und den Suburban überlasse ich lieber Isabela und Bob Fernando junior. Jedenfalls war der Flug hoch über dem unerbittlichen Wind, der Tag und Nacht über unser Land fegt, ein Genuss, und nachdem wir auf Don Pablos hervorragend instand gehaltener Landebahn aufgesetzt hatten, ließ ich die Maschine bis vor das große Haus rollen.

Der Propeller hatte noch nicht aufgehört, sich zu drehen, als Don Pablo schon herauskam, um uns zu begrüßen – er freute sich auf unsere Gesellschaft nicht weniger als wir uns auf die seine freuten. (Paloma war immer sein besonderer Liebling, und sie ist inzwischen ein hochgewachsenes, kerzengerades Mädchen mit intelligenten Augen und einer Mähne, so üppig und glänzend, dass sie beinahe unnatürlich wirkt, und ich mache kein Hehl daraus, wie stolz ich auf sie bin.) Mein alter Freund kam in Stiefeln und Reithosen und einem dieser karierten Flanellhemden, die er sich aus Boston kommen lässt, über den schütteren Rasen auf uns zu, gefolgt von Teresa und zwei Kindern. Ich wandte mich kurz ab, um den Motor abzustellen und die Sonnenbrille für den Rückflug zu verstauen, und als ich wieder aufsah, bemerkte ich neben Don Pablo eine vierte Person, die ebenso weit ausschritt wie er.

»*¿Cómo estás, mi amigo estimado?*«, rief Don Pablo, nahm meine Hand und umarmte mich, und dann wandte er sich zu Paloma, um sie auf die Wangen zu küssen, ihre Schönheit zu preisen und sich darüber zu wundern, wie sehr sie gewachsen war. Dann umarmte ich Teresa und die Kinder, denen ich ein paar Süßigkeiten in die Hände drückte. Und schließlich sah ich in das wüste Gesicht eines Nordamerikaners: rotes Haar, roter Schnurrbart, zwei Meter Knochen und Sehnen, an deren oberem Ende ein kleiner Nachgedanke von einem Kopf saß, nicht größer als eine Kokosnuss und beschwert mit einer Nase, nicht auszumessen bis an das Ende beider Amerikas. Diese Nase war eine Prüfung für ihren Besitzer, ein Instrument zum Schnüffeln und Wühlen, und ich senkte unwillkürlich den Blick, als ich dem Mann die schmale, knochige Hand schüttelte und Don Pablo verkündete: »Dr. John Longworth ist ein Wissenschaftler aus Nordamerika, der unseren einzigartigen Himmel studieren will.«

»Mucho gusto en conocerle«, sagte er, und sein Spanisch war tatsächlich sehr gut, bis auf seinen nordamerikanischen Akzent und den enervierenden Hang, die Konsonanten zu stark zu akzentuieren, bis man das Gefühl hatte, er schlage einem eine nasse Wurzel rechts und links um die Ohren. Er war auf eine Art gekleidet, die ich, selbst wenn ich alle kulturellen Unterschiede in Anschlag bringe, nur als bizarr bezeichnen kann: Die Hände steckten in Handschuhen, der Rest des Körpers in einem knöchellangen Regenmantel, und sein unproportional kleiner Kopf wirkte durch die große, eng anliegende Sonnenbrille und die Sherlock-Holmes-Mütze noch kleiner. Seine Nase, die Wangen und das harte, gereckte Kinn waren mit einem beinahe schimmernden Überzug versehen, bei dem es sich, wie ich später erfuhr, um in Schichten aufgetragenen Sunblocker handelte.

»Es ist mir ein Vergnügen«, versicherte ich ihm, wobei ich es, um der Höflichkeit willen, mit der Wahrheit nicht so genau nahm. Er begrüßte meine Tochter mit einer Art schmachtender Förmlichkeit, und dann gingen wir alle hinein, um zu Abend zu essen.

Ich stellte bald fest, dass es nur ein einziges Gesprächsthema gab, und das galt nicht nur für das Abendessen, sondern für die ganzen drei Tage der Fiesta, wo und wann immer Dr. John Longworth Gelegenheit fand, sich in ein Gespräch einzumischen – und er besaß eine beinahe übernatürliche Fähigkeit, überall zugleich zu sein. Er war so allgegenwärtig wie ein Kakerlak. Und was war dieses penetrante, unerschöpfliche Thema? Der Himmel. Oder vielmehr das Loch im Himmel, das er über Magellanes, Tierra del Fuego und der Antarktis ausgemacht hatte, ein Loch, durch das alle Gifte des Universums Einlass finden würden, was schließlich zur Auslöschung allen Lebens führen werde. Er sprach von Algen und Krill, von saurem Regen, Kohlendioxid und Stürmen, die mit nie gekannter Gewalt über die Erde fegen würden. Für mich war er bestenfalls ein Enthusiast, aber insgeheim fragte ich mich doch, aus welcher Irrenanstalt er wohl ausgerissen war und wann man kommen würde, um ihn wieder einzufangen.

Er begann, als die Suppe aufgetragen war, und wandte sich an die gesamte Runde, als hielte er einen Vortrag, wobei er Don Pablo und mich unterbrach – wir ergingen uns gerade in Erinnerungen an einen Angelausflug an den Penitente, den wir in unserer Jugend unternommen hatten. »Sie alle«, begann er und prügelte mit seinen Konsonanten auf uns ein, »und ganz besonders Menschen mit einer so hellen Haut wie Paloma oder Señora Antofagasta, sollten um diese Jahreszeit nur mit einem Maximum an Schutz ins Freie gehen. Wir haben festgestellt, dass infolge des Ozonlochs die UV-B-Strahlung in Punta Arenas im Frühjahr um tausend Prozent zunimmt.«

Paloma ist ein scharfsinniges Mädchen, das in Santiago auf der Klosterschule war und im Herbst auf die Universität gehen wird. Sie sah ihn ausdruckslos an. »Aber Mr Longworth«, sagte sie, und ihre Stimme war so klar wie eine Glocke und ohne eine Spur von Angst oder Scheu,

»wenn das stimmt, dann können wir ja gar keine Bikinis mehr tragen.«

Ich musste laut lachen, und Don Pablo stimmte ein. Tierra del Fuego ist keine Gegend für Sonnenbäder und Bikinis. Doch John Longworth schien den ironischen Unterton meiner Tochter gar nicht zu bemerken, jedenfalls ließ er sich nicht beirren. »Wenn Sie sich jetzt eine Stunde lang ungeschützt, also ohne Kleidung – ich meine, äh ... in einem Bikini – dort draußen, vor diesem Fenster, aufhalten würden, dann würde Ihre Haut, das garantiere ich Ihnen, Blasen bekommen, und diese Blasen könnten und würden das Vorstadium von Melanomen sein. Von den Schädigungen Ihrer Augen und Ihres Immunsystems ganz zu schweigen.«

»So wunderschöne Augen«, warf Don Pablo, galant wie immer, ein. »Sollen Paloma und meine Frau sie etwa hinter dunklen Gläsern verstecken?«

»Wenn ihnen daran liegt, ihr Augenlicht zu bewahren«, erwiderte er, ohne auch nur Luft zu holen.

Das brachte meinen Kessel zum Kochen, wie man bei uns sagt. Was fiel diesem unerträglichen Menschen mit seiner Rüsselnase und seinem deformierten Kopf ein, uns Vorträge zu halten? Wer gab ihm das Recht? »Entschuldigung, Señor«, sagte ich. »Ich habe im Laufe meines Lebens schon viele unglaubliche Prophezeiungen des Weltuntergangs gehört, aber diese hier schlägt doch alles. Ich nenne das Weltuntergangshysterie. Ich will Beweise, Señor. Welche Beweise haben Sie?«

Sogleich wurde mir klar, dass ich einen schweren Fehler begangen hatte. Ich konnte es am unsteten Blick seiner blassen Augen erkennen, an der Art, wie er die Stirn in Falten legte und wie sein schwerfälliger Rüssel eine Witterung aufzunehmen schien, als wäre dieser Dr. John Longworth ein Bluthund auf der Fährte. Während der nächsten anderthalb Stunden – bis ich Verdauungsbeschwerden vorschützte und mich zurückzog – wurde ich mit Statistiken, chemischen Analysen, Hypothesen, Studien, obskuren Wörtern und noch obskureren Forschungsergebnissen bombardiert, bis ich nur noch dachte, das Ende der Welt werde ein Segen sein, und sei es nur, weil es diese unaufhörliche, penetrante, salbadernde, konsonantenspuckende Nervensäge, die mir da gegenübersaß, zum Schweigen bringen würde.

Damals wusste ich nicht, was uns erwartete. Hätte ich es gewusst, dann wäre alles ganz anders gekommen. Dann hätte ich Pläne machen können, dann hätte ich in Paris, Rio oder Long Beach sein können. Ich hätte mich ins Krankenhaus legen und endlich mal mein Knie reparieren lassen können. Alles, sogar eine langwierige Zahnbehandlung, wäre besser gewesen als das, was dann kam. Aber bevor ich fortfahre, sollte ich Ihnen sagen, dass es außerhalb von Punta Arenas in ganz Magellanes kein Hotel gibt und dass wir darum eine lange, starke Tradition der Gastfreundschaft haben: Bei uns wird keinem Fremden, wie unsympathisch oder unwürdig er auch sein mag, die Tür gewiesen. Dies ist ein offenes Land, über dem Caracaras und Kondore fliegen und durch das Nandus und Guanakos und Pumas streifen, eine Steppe mit zwergwüchsigen Bäumen und gnadenlosen Winden, wo sich Unvertrautheit und Ungeschick gegen den Wanderer verbünden. Worauf ich hinauswill: Genau drei Wochen nach dem letzten Tag von Don Pablos Fiesta traf Dr. John Longworth in seiner ganzen langnasigen Pracht auf der Estancia Castillo ein, und er hatte vor, eine Weile zu bleiben.

Wir saßen gerade beim Abendessen – es gab Hammelkoteletts, neue Kartoffeln und eine weiße Soße mit gehackten Zwiebeln und Chili, deren Rezept ich der Köchin selbst gegeben hatte –, als mein Vormann Slobodan Abarca, einer der angesehensten *huasos* der ganzen Provinz, hereinkam und sagte, von Osten nähere sich ein Flugzeug und es höre sich an wie Don Pablos Cessna. Wir alle, auch die Diener, eilten hinaus und suchten den eisengrauen Himmel ab. Don Pablos Maschine erschien als kleiner Fleck über dem Horizont, und ich staunte wieder einmal über das feine Gehör, das Slobodan entwickelt hat, seit seine Augen nicht mehr so recht wollen. Binnen Kurzem war das Flugzeug über uns und setzte in einem weiten Bogen zur Landung an. Wir sahen, wie die kleine Maschine gegen den Wind ankämpfte, der sie bei jedem Manöver auf den Rücken zu werfen drohte, und dann hatte sie aufgesetzt und hüpfte und holperte über das zarte Grün der Landebahn auf uns zu. Don Pablo stieg aus, gefolgt von der langen, dürren Gestalt von John Longworth.

Ich war perplex. Ich war so perplex, dass ich kaum eine Begrüßung herausbrachte, während der Wind mir die Haare um die Ohren peitschte und das Essen auf dem Tisch kalt wurde, doch Bob Fernando junior, der sich während der Fiesta offenbar mit dem Nordamerikaner angefreundet hatte, eilte ihm entgegen und hieß ihn willkommen. Ich umarmte Don Pablo und schüttelte John Longworth benommen die Hand. Isabela lächelte heiter, und Paloma bedachte unseren Gast mit einem Blick, der mir, hätte ich seine Bedeutung auch nur geahnt, das Blut in den Adern hätte gefrieren lassen.

»Willkommen«, sagte ich. Das Wort kratzte in meiner Kehle.

Mein alter Freund Don Pablo war vollkommen verändert, das merkte ich sofort. Er sah so beschämt und schuldbewusst aus wie Señora Whiskers, unser schwarzer Labrador, wenn sie ihr Geschäft nicht draußen, in der

Weite der Pampa, sondern hinter dem Ofen verrichtet. Ich fragte ihn, was mit ihm sei, doch er gab keine Antwort – vielleicht hatte er mich auch wegen des Windes nicht gehört. Ein paar Männer halfen, Dr. John Longworth' Gepäck auszuladen. Es war eine so gewaltige Menge, dass ich mich fragte, wie das Flugzeug überhaupt hatte abheben können. Ich nahm Don Pablos Arm und wollte ihn zum Haus führen, doch er blieb stehen.

»Ich kann nicht bleiben«, sagte er und sah auf seine Schuhe.

»Du kannst nicht bleiben?«

»Don Bob«, sagte er und vermied es noch immer, mich anzusehen, »ich sage das nicht gern, aber Teresa erwartet mich, und ich kann nicht ...« Er sah auf zu John Longworth, der in seinem flatternden Regenmantel wie ein turmhohes Gerippe aufragte, und sagte noch einmal: »Ich kann nicht ...« Dann drehte er sich um und ging zurück zur Maschine.

Eine halbe Stunde später saß ich trübsinnig am Kopf der Tafel, hörte das sich entfernende Summen von Don Pablos Flugzeug und betrachtete die vertrockneten Reste der aufgewärmten Koteletts und der geronnenen weißen Soße, die wie verbrannte Opfergaben auf meinem Teller lagen, während John Longworth sich über das Essen hermachte, als hätte er die letzten drei Wochen an einen Pfahl gebunden in der Pampa zugebracht. Ich stellte fest, dass er die seltene Gabe besaß, essen und gleichzeitig sprechen zu können, wie ein Bauchredner, und mit jedem Bissen Lammfleisch oder Kartoffel brachte er einen atemlosen Satz zu Ende und ließ den nächsten vom Stapel. Die Kinder waren ganz Ohr, Bob Fernando junior sagte rätselhafte Dinge über diesen Sport Basketball, für den er sich seit seinem ersten Studienjahr an der Universität von Akron, Ohio, begeisterte, und sogar Isabela und Paloma beugten sich beinahe unmerklich zu Dr. John Longworth, damit ihnen kein kostbares Wort aus seinem Mund entging. Es deprimierte mich. Nicht dass ich mich ausgeschlossen gefühlt oder ihnen das gewissermaßen linguistische Vergnügen einer Unterhaltung mit diesem seltenen Gast nicht gegönnt hätte – ich wusste einfach, dass es nur eine Frage der Zeit war, bis er von den Feinheiten einer schwer verständlichen und gewiss langweiligen Sportart zu seinem eigentlichen Thema überleiten würde. Was für einen Sinn hatte es denn auch, über ein Ballspiel zu diskutieren, wenn der Himmel selbst verseucht war?

Ich brauchte nicht lange zu warten. Nachdem mein Sohn einer Bemerkung von John Longworth über einen »Drei-Punkte-Wurf« – was immer das sein mag – vollkommen zugestimmt hatte, trat eine kleine Pause ein, die John Longworth nutzte, um abrupt das Thema zu wechseln. »Ich habe auf Don Pablos Besitz eine ganze Population blinder Kaninchen gefunden«, sagte er zusammenhanglos und ohne zum Kauen oder Schlucken innezuhalten.

Ich rutschte unruhig hin und her. Serafina schlich lautlos herein, trug das Geschirr ab und brachte Dessert, Portwein und Brandy. Ich konnte den Wind an den Fenstern heulen hören. Paloma war die Erste, die reagierte, und damals dachte ich, sie wolle ihn ein bisschen aufs Glatteis führen, doch wie ich sehr bald merken sollte, verhielt es sich vollkommen anders. »Vielleicht ein vererbter Defekt?«, sagte sie. »Oder eine Mutation?«

Das war alles, was er an Ermunterung brauchte, dieser Windbeutel, dieser Schwarzmaler, diese elende Nervensäge mit der spitzen Nase und dem Kokosnusskopf, und der Vortrag, den Palomas Frage einleitete, überdauerte das Dessert, den Kakao und den Maté am Kamin und die erste, zweite und dritte Abendglocke für die *niñitos*. »Weder noch«, sagte er. »Wenn sie als blinde Population zahllose Generationen überleben würden – was, fürchte ich, nicht sehr wahrscheinlich ist –, könnten sie vielleicht eine Art genetischen Schutzmechanismus entwickeln, so wie die Afrikaner südlich der Sahara, die den Melaninanteil in ihrer Haut erhöht haben, um besser mit der Sonneneinstrahlung fertigzuwerden. Aber wir haben die natürliche Umwelt dieser Tiere so radikal verändert, dass es dafür zu spät ist.« Er lud sich ein riesiges Stück Käsekuchen auf die Gabel und hielt inne. »Don Bob«, sagte er und sah mich über das Geschirr auf dem Tisch und die rundlichen Gesichter meiner Kleinen hinweg an, »diese Kaninchen haben ihr Sehvermögen infolge der Strahlung verloren, auch wenn Sie sich weigern, das zu sehen, und ich könnte einfach hingehen und diese Tiere an den Ohren packen und einsammeln, so viele, wie Sie nur wollen, und sie wären mir so ausgeliefert wie Steine.«

Es war an mir, den Handschuh aufzunehmen, und obwohl ich Gerüchte von blinden Lachsen in den Oberläufen der Flüsse und von blinden Vögeln und anderen wilden Tieren gehört hatte, war ich nicht gewillt, ihn in meinem Haus, an meinem Tisch nach Belieben schwadronieren zu lassen. »Ja«, bemerkte ich trocken, »und jetzt wollen Sie allen Tieren der Pampa Sonnenbrillen verpassen, habe ich recht?«

Er gab keine Antwort, was mich erstaunte. War er nun endlich bezwungen, besiegt, widerlegt, hatte er sich in seinem Netz aus haltlosen Übertreibungen verfangen? Doch nein – ich hatte mich zu früh gefreut. Katastrophen hören nicht einfach auf. Sie haben ein unbewegtes, unerschütterliches Zentrum, das fortwährend neue Desaster gebiert. »Vielleicht nicht den Kaninchen«, sagte er schließlich, »aber dieses Tier hier könnte eine Sonnenbrille gut gebrauchen ...«

Ich beugte mich zur Seite und sah am Tisch entlang zu Señora Whiskers, der Überläuferin, die ihren Kopf auf den Schoß des Verrückten gelegt hatte. »Wie meinen Sie das?«, wollte ich wissen.

Paloma und Isabela hörten aufmerksam zu; Bob Fernando junior und die Kleinen saßen gespannt da. »Rufen Sie sie zu sich«, sagte er.

Ich rief Señora Whiskers, und sie kam – anfangs widerwillig – zu ihrem Herrn. »Ja?«, sagte ich.

»Sehen Sie denn nicht, wie sie geht – mit gesenktem Kopf? Wie sie den Weg mit der Nase findet? Ist Ihnen noch nicht aufgefallen, dass sie an Möbelstücke stößt und an den Türrahmen entlangschrammt? Sehen Sie sich ihre Augen an, Don Bob: Sie ist dabei, zu erblinden.«

Am nächsten Morgen erwachte ich von einem Geräusch, wie ich es noch nie gehört hatte: einem unablässigen raschen Pochen. Es klang wie das riesige Herz eines reumütigen Sünders, gefangen im Rhythmus seines Kummers. Neben mir erwachte auch Isabela. Ich spähte durch die Lamellen der Jalousie hindurch auf den Hof, der, noch schwer von Schatten, unter einem strahlend klaren Himmel dalag. Gestalten bewegten sich hin und her wie in einem Traum – meine Kinder, alle miteinander, sogar Paloma –, und sie balgten sich um einen großen, pochenden, orangeroten Ball und warfen ihn in die Luft zu einem orangeroten Ring, an dem ein Netz hing. Sie riefen durcheinander, sie schrien vor nackter Freude, die ans Ekstatische grenzte, und geleitet wurde das Ganze von dem Regenmantel und der Nase und dem hüpfenden, an eine vertrocknete Blumenzwiebel erinnernden Kopf: *Basketball.*

Fühlte ich mich gestört? Allerdings. Ich freute mich für sie, ich freute mich auch über ihre Freude und ihre fließende Eleganz, doch tief innen spürte ich Empörung über diese Impertinenz: erst Basketball und dann die Verkündung des Weltuntergangs. Und tatsächlich waren sie bereits gekleidet wie seine Jünger. Sie trugen Mützen mit Ohrenklappen und lange, sich bauschende Mäntel, die wir längst für den Winter weggepackt hatten, und auf Händen und Gesichtern glänzte sein Sunblocker. Und was noch schlimmer war: Ihre Augen waren hinter identischen schwarzen Sonnenbrillen verborgen – Dr. John Longworth' Geschenk, das er ihnen zusammen mit Angst und Hoffnungslosigkeit überreicht hatte. Der Himmel stürzte ein, nun wussten sie es.

Ich stand wie betäubt am Fenster. Ich brachte es nicht über mich, ihr Spiel zu unterbrechen, es zu verbieten – das hätte seine Position nur gestärkt, das hätte mich zur Stimme von Zurückhaltung und Vernunft gemacht (und es war offensichtlich, dass Zurückhaltung und Vernunft bei diesem Basketballspiel so willkommen waren wie eine Explosion während der Siesta). Als *dueño* einer der angesehensten Estancias des Landes konnte ich einem Gast auch unmöglich verbieten, von bestimmten besorgniserregenden und phantastischen Themen zu sprechen, ganz gleich, wie geschmacklos ich sie fand. Was also konnte ich tun? Dieser Mann war offenbar gestört, wenn nicht sogar gefährlich, doch er konnte jederzeit seine Studien und Forschungsberichte auffahren, um alle Argumente, die ich vorbringen mochte, zu entkräften.

Señora Whiskers war nicht blind, das konnte jeder Idiot sehen. Es gab da vielleicht gewisse Trübungen der Linse, aber bei einem Hund in ihrem Alter war das normal, und wenn sie tatsächlich dabei war zu erblinden – was war damit bewiesen? Ich hatte viele Hunde gehabt, die im Lauf der Jahre blind, taub, lahm oder altersschwach geworden waren. So war das eben bei Hunden, und bei

Menschen ebenfalls. Es war traurig, es war bedauerlich, aber es war nun einmal Teil des großen Plans, und es hatte keinen Sinn, auf dem Hof herumzulaufen und sich deswegen die Seele aus dem Leib zu krähen. In diesem Augenblick beschloss ich, für ein paar Tage wegzufahren. Der Reiz von Basketball und Dr. John Longworth' Anwesenheit würden sich verflüchtigen wie die atmosphärischen Gase, von denen er pausenlos sprach.

Ich stand noch immer am Fenster, ich war noch immer abgestoßen von diesem subversiven Pochen. »Isabela«, sagte ich, »ich glaube, ich werde mal für ein paar Tage ins obere Weideland fahren und sehen, wie es Manuel Banquedanos Herde geht. Würdest du bitte meine Sachen packen?«

Es war Lammzeit, und die meisten *huasos* waren draußen bei den Herden, um Adler und Pumas abzuschrecken. Es ist eine Jahreszeit, die mich immer wieder tief berührt. Sie stärkt meine innere Bindung an dieses Land und seine Fähigkeit, sich immer wieder zu erneuern, und für meinen Vater und seine Vorväter muss es ebenso gewesen sein. Da waren die Lämmer: Sie kamen aus dem Nichts, standen auf wackligen Beinen, tranken und tollten herum, und sie waren Geld in meiner Tasche und in den Taschen meiner Kinder, sie waren Nahrung und Kleidung, sie waren ein Reichtum auf vier Beinen. Ich kampierte bei den Männern, wir brieten Lammkeulen über dem offenen Feuer und ließen den *aguardiente* herumgehen. Doch diesmal war es anders als sonst, diesmal ertappte ich mich dabei, dass ich verstohlen die Leberflecke, Pickel, Warzen und Sommersprossen auf Manuel Banquedanos Gesicht musterte und das Schlimmste befürchtete, diesmal ließ ich den Blick über die zerklüfteten *cerros* und weiten Ebenen schweifen und sah die hagere, flatternde Gestalt von Dr. John Longworth, und er erschien mir wie ein Vorbote der Apokalypse. Ich hielt es nur vier Tage aus, dann kehrte ich, wie Jesus, der sich den Hügel zur Schädelstätte hinaufschleppt, nach Hause zurück, um mich meinem Schicksal zu stellen.

Unser Gast war während meiner Abwesenheit nicht untätig gewesen. Ich hatte Slobodan Abarca beauftragt, ein Auge auf ihn zu haben, und sobald ich Isabela und die Kinder begrüßt hatte, schlenderte ich hinüber, um mit dem alten *huaso* ein Gespräch unter vier Augen zu führen. Es war ein trüber, kalter Tag, und der Wind war über irgendetwas in Aufruhr. Ich trat durch die Tür in die lang gestreckte, niedrige Holzbaracke, deren Bodendielen eine komplizierte Geruchsmischung aus Tabak, Schweiß und Stiefelleder verströmten, und fand sie verlassen bis auf Slobodan Abarca, der im hinteren Teil an einem Fenster saß und sich über ein Schachbrett beugte. Ich erkannte den vertrauten sonnengebleichten Poncho und die Manta, den spatenförmigen Hinterkopf mit den viel zu großen Ohren und dem melierten Haar, und dann drehte er sich um, und ich erschrak, denn er trug eine Sonnenbrille. In einem geschlossenen Raum. An einem Schachbrett. Ich war sprachlos.

»Don Bob«, sagte er mit seiner knarzenden, schlecht geölten Stimme, »ich will wieder raus zu den anderen, und es ist mir egal, für wie alt und schwach Sie mich halten, aber alles ist besser als das hier. Noch ein Tag mit diesem Teufel, und ich schneide mir die Kehle durch, das schwöre ich.«

Offenbar hielt John Longworth – wenn er nicht gerade »Messungen« vornahm oder Zähne, Augen, Häute und Zungen sämtlicher Lebewesen, die er fangen, nötigen oder sonst wie zwingen konnte, untersuchte – den Arbeitern, dem Schmied und den Hausangestellten Vorträge über das schreckliche Schicksal, das sie erwartete. Sie seien, verkündete er, zum Untergang verurteilt – die gesamte Menschheit sei zum Untergang verurteilt, und die Katastrophe stehe unmittelbar bevor –, und wenn ihnen an der kurzen Zeit, die ihnen noch bleibe, ein wenig liege, sollten sie ihre Sachen packen und nach Norden gehen, nach Puerto Montt oder Concepción, jedenfalls fort von dem giftigen Loch im Himmel. Und diese Leberflecken an ihren Händen, ihren Kehlen, zwischen ihren Schulterblättern oder tief im Ausschnitt zwischen den Brüsten seien Krebswucherungen, mindestens aber eine Vorstufe von Krebs. Sie dürften nicht mehr in die Sonne gehen. Sie bräuchten ärztliche Behandlung durch einen Dermatologen oder Onkologen, Laseroperationen, Sunblocker, Sonnenbrillen. (Diese verteilte er aus seinem anscheinend unerschöpflichen Vorrat, und diese leichtgläubigen Dummköpfe, die an den Voodoo der Wissenschaft glaubten, setzten sie gehorsam auf.) Die Küche drohte mit Streik, und Crispín Mansilla, der sich um die Fahrzeuge kümmert, war über eine offene Wunde auf seiner Nase so entsetzt, dass er zwei Tage zuvor auf sein Fahrrad gestiegen und in Richtung Punta Arenas verschwunden war. Seither hatte man nichts mehr von ihm gehört.

Doch es kam noch schlimmer, weit schlimmer. Slobodan Abarca vertraute mir etwas an, was mein Blut zum Kochen brachte und mich an die geflochtene Büffellederpeitsche denken ließ, die über dem Kamin hing, und an die mit Perlmutter eingelegten Duellpistolen, mit denen mein Großvater einen Disput über das Jagdrecht am Südufer des Castillosees entschieden hatte: Dr. John Longworth widmete meiner Tochter Paloma seine ganz besondere Aufmerksamkeit. Man hatte sie flüstern sehen, man hatte Tête-à-Têtes belauscht und Lachen und Scherzen gehört. Man hatte beobachtet, wie sie am Ufer des Sees spazieren gegangen waren, und dabei hatten sich ihre Schultern berührt, ja sie hatten vielleicht sogar Händchen gehalten (Slobodan Abarca war sich nicht sicher, seine Augen waren ja nicht mehr die besten). Bei den Mahlzeiten wollten sie nebeneinandersitzen, und auf dem Hof ließen sie mit großem Ernst den Basketball springen und warfen ihn sich zu, als wäre er ein wertvoller Preis. Er war gerade mal dreißig, wenn überhaupt, dieser Eindringling, diese Rüsselnase, dieser Mr John Longworth, und meine Paloma war gerade erst aus der Obhut der Nonnen entlassen, ein Kind noch, das sein ganzes Leben vor sich hatte. Ich war außer mir vor Zorn. Diese Sache mit der Zerstörung der Natur war schlimm genug – dass er ehrlichen Menschen Angst einjagte und Tag und Nacht wie ein Verrückter brabbelte, bis die ganze Estancia in Aufruhr war –, aber dass er versuchte, sich ins Herz meiner Tochter zu schleichen, brachte das Fass zum Überlaufen.

Ich marschierte den Hügel hinauf und über den Hof. Ich sah und hörte nichts, und in mir tobte ein solcher Sturm, dass ich glaubte, explodieren zu müssen. Der Wind heulte. Er schrie nach Blut und Vergeltung und warf mir schwarzen Staub ins Gesicht, Staub aus der unbarmherzigen Pampa, die mich genährt und hart gemacht hatte, Staub, der zwischen meinen Zähnen knirschte. Ich stampfte durch das Haus, die Dienstboten zogen ängstlich die Köpfe ein, und die Kinder weinten, aber John Longworth war nirgends zu finden. Ich hielt nur inne, um eine der Pistolen meines Großvaters aus der mit Samt ausgeschlagenen Schatulle in der großen Halle zu nehmen, dann stürzte ich zur Hintertür hinaus und durchsuchte die Ställe, das Räucherhaus und den Generatorenraum. Als ich um die Ecke des Schweinestalls bog, nahm ich aus dem Augenwinkel eine Bewegung wahr. Da war er.

Er beugte sich, hässlich wie ein Aasvogel und mit im Wind flatternden Mantelschößen, über eine der Säue und spähte in das beengte Universum ihrer tückischen kleinen Augen, als könnte er dort alles Böse dieser Welt am Werk sehen. Ich rief etwas, und er hob den Kopf und sah mich unter der Krempe hervor an, geschützt durch die Festung seiner eng anliegenden Sonnenbrille, doch er zuckte nicht, als ich auf ihn zuging, die Pistole auf ihn gerichtet wie eine Peilantenne. »Es ist mir wirklich unangenehm, dass ich immer nur schlechte Nachrichten habe«, rief er und begann bereits den nächsten Vortrag, »aber dieses Schwein braucht tierärztliche Hilfe. Diesmal sind es nicht nur die Augen, fürchte ich, sondern auch die Haut – sehen Sie, hier?«

Zehn Schritte von ihm entfernt blieb ich stehen. Die Pistole zielte auf seinen mickrigen Kopf. Das Schwein sah mich hoffnungsvoll an. Seine Artgenossen grunzten, wälzten sich im Staub und drängten sich, den Hintern zum Wind, aneinander.

»Melanome«, sagte er traurig und schüttelte seinen bemützten Kopf. »Auch die meisten anderen haben welche.«

»Wir machen jetzt einen kleinen Spaziergang«, sagte ich.

Unter der dunklen Fläche der Sonnenbrille klappte sein Kinn herunter, und ich konnte seine Schneidezähne bewundern. Er versuchte zu lächeln. »Einen Spaziergang?«

»Ihre Zeit ist um, Señor«, sagte ich. Der Wind schob den Jackenärmel an meinem ausgestreckten Arm mit der unverhüllt drohenden Pistole zurück. »Ich werde Sie zur Estancia Braun bringen. Jetzt. Ohne Ihre Sachen, ohne auch nur eine einzige Tasche und ohne einen Abschied.

Ich fürchte, Sie werden für ein paar Tage ohne Basketballring und Sunblocker auskommen müssen – jedenfalls so lange, bis ich Ihnen Ihr Gepäck nachgeschickt habe. Und jetzt los – die Maschine ist aufgetankt und startbereit.«

Er richtete sich auf, der Wind zerrte an seinen Kleidern und ließ das Haar über seinen glänzenden Ohren erzittern.

»Sinnlos, es zu leugnen, Don Bob«, sagte er über seine Schulter, als wir zu dem Schuppen gingen, in dem die Super Cub stand, vor dem Wind geschützt. »Es ist geradezu kriminell, Tiere unter diesen Bedingungen im Freien zu halten, es ist unverantwortlich, verrückt – denken Sie an Ihre Kinder, an Ihre Frau. Das Land ist nichts mehr wert – es ist tot oder wird es jedenfalls binnen Kurzem sein. Und wir, die sogenannten zivilisierten Nationen mit unseren Klimaanlagen und Deosprays, haben es getötet. Es wird Jahrzehnte dauern, bis all das FCKW abgebaut ist, wenn es überhaupt je abgebaut wird, und bis dahin wird es hier nur noch blinde Kaninchen geben und Vögel, die gegen die Wände verlassener Häuser fliegen. Es ist vorbei, Don Bob – Ihr Leben hier ist vorbei.«

Ich glaubte ihm kein Wort. Es war alles bloß Schwarzseherei und Bitterkeit. Am liebsten hätte ich ihn auf der Stelle über den Haufen geknallt, nur um endlich Ruhe zu haben – wie konnte ich ihn guten Gewissens zu Don Benedicto Braun bringen oder irgendwo anders hin? Er selbst war ja das Gift, die Seuche, die ökologische Katastrophe. Wir traten entschlossen aus dem Windschatten, und er redete und redete. Fetzen seiner Litanei drangen an mein Ohr – ultraviolett, Ozon, ein Loch im Himmel, größer als die USA –, doch als Antwort knurrte ich nur Anweisungen: »Jetzt links, da hinüber, drücken Sie gegen die Tür.«

Letztlich leistete er keinen Widerstand. Er faltete seine

Gliedmaßen ein und zwängte sich auf den Passagiersitz, und ich legte die Pistole beiseite und startete den Motor. Das vertraute Vibrieren und Dröhnen besänftigte mich ein wenig und hatte den weiteren Vorzug, Mr John Longworth' Jeremiade zu übertönen. Als wir zur Start- und Landebahn rollten, stürzte sich der Wind auf uns. Ich hätte an jenem Nachmittag nicht fliegen sollen, doch ich war, wie Sie sicher verstehen, ein verzweifelter Mann. Nach einem holprigen Anlauf hoben wir ab. Vor uns lag der Himmel in all seiner unendlichen Herrlichkeit – für die kranken Augen meines Passagiers war es sicher ein schrecklich trauriger Anblick. Wir flogen hoch über den windgepeitschten Bäumen, den nackten Felsen, den Schafherden, die die Weiden weiß färbten wie Schnee, und er hörte nicht eine Sekunde lang auf zu reden. Ich blendete ihn aus, dachte an gar nichts und suchte den Horizont nach den ersten wettergegerbten Nebengebäuden der Estancia Braun ab.

Es heißt, die Höflichkeit sei nur der dünne Firnis der Zivilisation, das Erste, was man in Zeiten der Krise über Bord wirft, und ich bezweifle nicht, dass das stimmt. Ich frage mich, wo an jenem schrecklichen, windgepeitschten Nachmittag meine Manieren waren – man hätte meinen können, ich sei bei den Indianern aufgewachsen, so eilig hatte ich es, meine unheimliche Fracht loszuwerden und wieder zu verschwinden. Wie Don Pablo blieb ich keine Sekunde länger als nötig, und ich sah das Erstaunen und die Enttäuschung und vielleicht auch den Schmerz in Don Benedictos Gesicht, als ich ihm die Hand drückte und in die Maschine stieg.

»Wetter!«, rief ich und wies auf den Himmel, wo eine Wolkenwand heraufzog. Ich sah mich um, als er dort unten zurückblieb, an seiner Seite die kaum menschenähnliche Gestalt von Mr John Longworth, der mit den Armen fuchtelte und seinen Vortrag bereits begonnen hatte. Erst als ich die Grenze meines eigenen Besitzes überflogen hatte, als mir die Estancia Castillo wie ein abgetretener Teppich zu Füßen lag und die pechschwarzen Wolken den Himmel erstickten, kamen mir Zweifel. Und wenn er nun recht hatte? Wenn Manuel Banquedano tatsächlich Hautkrebs hatte, wenn Señora Whiskers tatsächlich vom Licht der Sonne erblindet war, wenn meine Kinder in Gefahr waren? Was dann?

Unter mir lag die unendliche Weite, und ich hob die Hand und rieb mir, plötzlich müde, die Augen. Ich war besiegt, vernichtet. Eine teuflische Vision überkam mich: Neuntausend Schafe blökten auf den Weiden, ihr Fell war mit schwarzen Flecken übersät, und jedes von ihnen, jedes einzelne dieser kostbaren, geliebten Tiere, mein Erbe, mein Leben, war eingesperrt hinter einer neuen, glänzenden, eng anliegenden Sonnenbrille. Die Vision war so eindrücklich, dass ich glaubte, ihr jämmerliches Blöken zu hören. Mein Herzschlag setzte für eine Sekunde aus. Tränen traten mir in die Augen. Wozu noch weitermachen?, dachte ich. Es gibt ja doch keine Hoffnung.

Doch dann brach die Sonne in zwei Säulen aus Feuer durch die düsteren Wolken, die sichtbare Welt erwachte mit einer Plötzlichkeit, die mir den Atem nahm, zum Leben, überall leuchteten Farben, das Land erstreckte sich grün bis zum Horizont, Bäume nickten im Wind, die Felswände der *cerros* standen in Flammen, und meine Vision war ausgelöscht. Ich lauschte dem Dröhnen des Motors, legte die Super Cub in die Kurve und dachte nicht mehr daran.

Die Autoren

Dietmar Bittrich, 1958 als Kind Hamburger Auswanderer in Triest geboren, ist Autor und Herausgeber. 1999 erhielt er den Hamburger Satirepreis und verfasste Bestseller wie ›Das Gummibärchen-Orakel‹ (1996) und ›Böse Sprüche für jeden Tag‹ (dtv 20676, 2003). Mehr über den Autor unter: www.dietmar-bittrich.de

(Erstveröffentlichung. Abdruck mit freundlicher Genehmigung des Autors. © 2015 Dietmar Bittrich)

T. Coraghessan Boyle, geboren 1948 in Peekskill/New York im Hudson Valley, entdeckte seine Liebe zum Schreiben während des Geschichtsstudiums. Heute zählt er zu den bekanntesten und produktivsten amerikanischen Autoren. Für seinen Roman ›World's End‹ erhielt er 1987 den PEN/Faulkner-Preis. Er lebt mit seiner Familie in Kalifornien und unterrichtet an der University of Southern California in Los Angeles.

(Abdruck mit freundlicher Genehmigung des Carl Hanser Verlags, München. Aus: T. C. Boyle, Zähne und Klauen. Erzählungen. Deutsch von Annette Grube und Dirk van Gunsteren, München 2008)

Katinka Buddenkotte, Jahrgang 1976, lehrte nach langen Lehr- und Wanderjahren die Betreiber von Call-Centern, Jugendherbergen und Messeständen das Fürchten.

Nach Aufenthalten in Berlin, Hamburg, Los Angeles und Düsseldorf, lebt die Autorin mittlerweile in Köln.
›Ich bin alle, genau wie du‹ 234
(Abdruck mit freundlicher Genehmigung des Verlags Die Muschel, Köln. Aus: K. Buddenkotte, Ich hatte sie alle, Köln 2007)

Rena Dumont, 1969 als Rena Zednikova im mährischen Prostejov geboren, flüchtete als Siebzehnjährige mit ihrer Mutter nach Deutschland. Nachdem sie acht Monate in einem Asylbewerberheim verbracht hatte, zog sie nach München und absolvierte später in Hannover ein Schauspielstudium. Seit 1995 tritt sie an verschiedenen deutschsprachigen Bühnen auf und ist in zahlreichen Film- und Fernsehproduktionen zu sehen. Sie schreibt Drehbücher und Kurzgeschichten und veröffentlichte 2013 ihren ersten Roman: ›Paradiessucher‹. Mehr über die Autorin und Schauspielerin unter: www.renadumont.de
›Bernie‹ 124
(Erstveröffentlichung. Abdruck mit freundlicher Genehmigung der Autorin. © 2015 Rena Dumont)

Osman Engin, 1960 in der Türkei geboren, lebt seit 1973 in Deutschland. Der studierte Soziologe schreibt Satiren für Presse und Rundfunk. 2006 wurde er für seine Hörfunkbeiträge mit dem ARD-Medienpreis ausgezeichnet. Bei dtv sind alle seine Romane sowie mehrere Satire-Bände erschienen. Zuletzt veröffentlichte er ›Deutschland allein zu Haus‹ (dtv 21447, 2013).
›Urlaubssaison‹ 192
(Aus: O. Engin, Lieber Onkel Ömer. Briefe aus Alamanya. Deutscher Taschenbuch Verlag GmbH & Co. KG, München 2008)

F. Scott Fitzgerald, geboren 1896 in St. Paul, Minnesota, begann an der Princeton University Literatur zu studieren, entschloss sich dann jedoch, Schriftsteller zu werden. 1920 erschien sein erster Roman ›Diesseits vom Paradies‹. In Paris lernte er Ernest Hemingway kennen und vollendete dort 1925 sein berühmtestes Werk ›Der große Gatsby‹, das sich zu Lebzeiten allerdings nicht gut verkaufte. Auch seine späteren Werke waren finanzielle Misserfolge. Fitzgerald verfiel dem Alkohol und bekam Depressionen. Ab 1937 arbeitete er als Drehbuchschreiber in Hollywood, wo er am 21. Dezember 1940 starb.

(Aus: F. S. Fitzgerald, Bernice schneidet ihr Haar ab. Neu übersetzt von Lutz-W. Wolff. Deutscher Taschenbuch Verlag GmbH & Co. KG, München 2012)

Wilhelm Genazino, 1943 in Mannheim geboren, arbeitete als Journalist, Redakteur und Hörspielautor. Als Romanautor wurde er 1977 mit seiner ›Abschaffel‹-Trilogie bekannt. Für sein umfangreiches Werk wurde er mit zahlreichen Preisen geehrt, u. a. 2004 mit dem Georg-Büchner-Preis und 2007 mit dem Kleist-Preis. 2011 wurde Genazino in die Akademie der Künste gewählt. Der Autor lebt in Frankfurt am Main.

(Abdruck mit freundlicher Genehmigung des Carl Hanser Verlags, München. Aus: W. Genazino, Tarzan am Main. Spaziergänge in der Mitte Deutschlands, München 2013)

Frank Goldammer wurde 1975 in Dresden geboren. Er lernte einen Handwerksberuf und begann mit zwanzig zu schreiben. Sein erster Roman wurde 2006 veröffentlicht. Er schreibt Kriminalromane, Thriller und

Satire. Zuletzt erschien sein Kriminalroman ›Schrammstein‹ (2015). Frank Goldammer ist geschieden, hat drei Kinder mit zwei Frauen und lebt in Dresden.

(Erstveröffentlichung. Abdruck mit freundlicher Genehmigung des Autors. © 2015 Frank Goldammer)

Elke Heidenreich, geboren 1943 in Korbach/Waldeck, verbrachte ihre Jugend im Ruhrgebiet, studierte Germanistik, Theaterwissenschaft und Publizistik in München, Hamburg und Berlin. Seit 1970 arbeitet sie als freie Autorin und Moderatorin für Funk, Fernsehen und verschiedene Zeitungen.

(Abdruck mit freundlicher Genehmigung der Rowohlt Verlag GmbH, Reinbek bei Hamburg, Aus: E. Heidenreich, Kolonien der Liebe, Reinbek 1992)

Dora Heldt, 1961 auf Sylt geboren, ist gelernte Buchhändlerin, Verlagsvertreterin und Autorin. Mit ihren spritzig-unterhaltenden Romanen erobert sie regelmäßig sämtliche Bestsellerlisten. Viele ihrer Romane wurden bereits verfilmt. Zuletzt erschien: ›Wind aus West mit starken Böen‹ (dtv 26039). Dora Heldt lebt in Hamburg.

(Erstveröffentlichung. Abdruck mit freundlicher Genehmigung der Autorin. © 2015 Dora Heldt)

Diana Hillebrand ist Autorin und Dozentin und lebt mit ihrer Familie in ihrer Wahlheimat München. Seit 2006 gibt sie Kurse im Kreativen Schreiben in ihrer »Wort Werkstatt SCHREIB&WEISE«. Einmal im Monat moderiert sie einen Literaturtreff und organisiert regelmäßig Lesungen. Sie hat mehrere Bücher und Kurzgeschichten veröffentlicht und eine Vielzahl von Fachartikeln. 2013 wurden zwei ihrer Kinderbücher für einen Jugendsachbuchpreis nominiert.

›Blau‹ 142

(Aus: D. Hillebrand, Heute schon geschrieben? Band 1. Abdruck mit freundlicher Genehmigung des Verlags dot.books, 2014)

Sandra Hoffmann, 1967 in Oberschwaben geboren, lebt als freie Schriftstellerin in Tübingen und München. Sie studierte Literaturwissenschaft, Italianistik und Mediävistik. Für ihren Roman ›Liebesgut‹ erhielt sie 2009 den Mörike-Förderpreis. Zuletzt erschien ihr Roman ›Was ihm fehlen wird, wenn er tot ist‹ (2014).

›Als ich Pippi Langstrumpf zum ersten Mal in meinem Leben in echt sah‹ 180

(Abdruck mit freundlicher Genehmigung der Autorin. © 2014 Sandra Hoffmann)

Benno Hurt, geboren 1941, studierte Jura und schlug die Richterlaufbahn ein. Schon früh veröffentlichte er Lyrik, Prosa und schrieb Theaterstücke. 2012 wurde er mit dem Friedrich-Baur-Preis der Stadt Nürnberg ausgezeichnet. Zuletzt erschien sein Roman ›Die Richterin‹ (dtv 28029). Benno Hurt lebt in Regensburg.

›Wir hatten ein Ziel: Italien. Das Meer‹ 208

(Auszug aus: B. Hurt, Eine Reise ans Meer, Deutscher Taschenbuch Verlag GmbH & Co. KG, München 2007)

Jess Jochimsen, 1970 geboren, lebt als Autor und Kabarettist in Freiburg. Seit 1992 tritt er auf allen bekannten deutschsprachigen Bühnen auf und erzählt dort meist lustige Geschichten, zeigt immer schlimme Dias und singt oft traurige Lieder. Ausgezeichnet wurde er u. a. mit dem Kleinkunstpreis Baden-Württemberg 2011. Zuletzt erschien von ihm ›Liebespaare, bitte hier küssen!‹ (dtv 34772, 2013).

›Blöde Eltern‹ 81

(Aus: J. Jochimsen, Krieg ich schulfrei, wenn du stirbst?, Deutscher Taschenbuch Verlag GmbH & Co. KG, München 2012)

ARNOLD KÜSTERS, geboren 1954, arbeitete nach dem Studium als Journalist für Hörfunk und Fernsehen und veröffentlichte zahlreiche Kurzkrimis und Kriminalromane. Zuletzt erschien ›Endstation Allgäu‹ (2014). Als Musiker gehört er zu der Krimiautorenband »HANDS UP! and the shooting stars« und spielt Bluesharp in der Rockband »STIXX«. Arnold Küsters lebt mit seiner Familie am Niederrhein. Weitere Infos unter www.arnold-kuesters.de, www.stixx-online.de und www.hiergehtwas.de

›Strebergarten‹ 168

(Erstveröffentlichung. Abdruck mit freundlicher Genehmigung des Autors. © 2015 Arnold Küsters)

SIEGFRIED LENZ, geboren 1926 in Lyck/Ostpreußen, zählte zu den bedeutendsten und meistgelesenen Autoren der deutschen Nachkriegs- und Gegenwartsliteratur. Sein Werk wurde mit zahlreichen Preisen und Auszeichnungen geehrt, u. a. dem Goethe-Preis der Stadt Frankfurt und dem Friedenspreis des Deutschen Buchhandels. Er starb 2014 in Hamburg.

›Der heimliche Wahlsieger‹ 7

(Abdruck mit freundlicher Genehmigung des Hoffmann und Campe Verlags, Hamburg. Aus: S. Lenz, Die Erzählungen. Hamburg 1975)

Caro Martini studierte englische und deutsche Literatur in Leipzig und London. Seit ihrer Jugend ist sie süchtig nach Büchern und hat schließlich selbst mit dem Schreiben begonnen. Wenn sie gerade nicht schreibt, kümmert sie sich um die zahlreichen Lebewesen in ihrem Haus: Kinder, Mann, Mops, Schäferhund, Katze, Igel und eine sich ständig ändernde Anzahl von Koi-Fischen. Bei dtv ist 2015 ihr Roman ›Beim nächsten Mann links abbiegen‹ (dtv 21588) erschienen.

(Erstveröffentlichung. Vermittelt durch die Literaturagentur Kai Gathemann, München. Abdruck mit freundlicher Genehmigung der Autorin. © 2015 Ulrike Rylance)

Jutta Profijt wurde gegen Ende des Babybooms in eine weitgehend konfliktfreie Familie hineingeboren. Nach einer kurzen Flucht ins Ausland kehrte sie ins Rheinland zurück und arbeitete als Projektmanagerin im Maschinenbau. Heute schreibt sie sehr erfolgreich Bücher und lebt mit ihrem Mann, fünf Hühnern und unzähligen Teichfröschen auf dem Land. Mehr über die Autorin unter www.juttaprofijt.de

(Erstveröffentlichung. Abdruck mit freundlicher Genehmigung der Autorin. © 2015 Jutta Profijt)

Rafik Schami wurde 1946 in Damaskus geboren. 1971 kam er nach Deutschland, studierte Chemie und schloss das Studium 1979 mit der Promotion ab. Heute lebt er in der Pfalz. Schami zählt zu den bedeutendsten Autoren deutscher Sprache. Sein Werk wurde vielfach ausgezeichnet und in 24 Sprachen übersetzt.

(Aus: R. Schami, Eine deutsche Leidenschaft namens Nudelsalat und andere seltsame Geschichten. Deutscher Taschenbuch Verlag GmbH & Co. KG, München 2011)

PHILIP TEIR, geboren 1980 in Jakobstad, arbeitete als Feuilletonchef bei der schwedischsprachigen Zeitung ›Hufvudstadsbladet‹. Er schreibt Gedichte und Erzählungen und hat auch bereits seinen ersten Roman veröffentlicht. Der Autor und Journalist lebt in Helsinki.

(Aus: Alles frisch. Neue Erzählungen aus Finnland. Herausgegeben von Stefan Moster. Die Erzählung wurde von Gisela Kosubek aus dem Finnlandschwedischen übersetzt. Deutscher Taschenbuch Verlag GmbH & Co. KG, München 2014)

UWE TIMM, geboren 1940, lebt als freier Schriftsteller in München und Berlin. Zahlreiche Veröffentlichungen (Romane, Erzählungen, Kinderbücher, Essays), unter anderem ›Die Entdeckung der Currywurst‹ (dtv 25227, 2000), ›Rot‹ (dtv 13125, 2003) und ›Freitisch‹ (dtv 14152, 2012). Zuletzt erschien sein Roman ›Vogelweide‹ (dtv 14379, 2015). Uwe Timm zählt zu den wichtigsten deutschsprachigen Gegenwartsautoren und wurde für seine Werke vielfach ausgezeichnet.

(Abdruck mit freundlicher Genehmigung des Verlags Kiepenheuer & Witsch GmbH & Co. KG, Köln. Aus: U. Timm, Vogel friss die Feige nicht. Römische Aufzeichnungen. Köln 1989)

Liv Winterberg, 1971 in Berlin geboren, studierte Germanistik, Theater-, Film- und Fernsehwissenschaft. Sie arbeitet für Film und Fernsehen als Rechercheurin. Mit ihrer Familie lebt sie in Berlin. Bei dtv sind drei sehr erfolgreiche historische Romane von ihr erschienen: ›Vom anderen Ende der Welt‹ (dtv 21451), ›Sehet die Sünder‹ (dtv 24940) und ›Der Klang der Lüge‹ (dtv 26018).

(Erstveröffentlichung. Abdruck mit freundlicher Genehmigung der Autorin.)